权威·前沿·原创

皮书系列为
"十二五""十三五"国家重点图书出版规划项目

中国社会科学院创新工程学术出版项目

扬州蓝皮书
BLUE BOOK OF YANGZHOU

扬州经济社会发展报告（2018）

ANNUAL REPORT ON ECONOMIC AND SOCIAL DEVELOPMENT OF YANGZHOU (2018)

主　编／陈　扬
副主编／姜　龙　沙志芳　余　珽　王克胜　尤在晶

社会科学文献出版社
SOCIAL SCIENCES ACADEMIC PRESS (CHINA)

图书在版编目(CIP)数据

扬州经济社会发展报告.2018／陈扬主编. -- 北京：社会科学文献出版社,2018.12
 (扬州蓝皮书)
 ISBN 978-7-5097-7400-7

Ⅰ.①扬… Ⅱ.①陈… Ⅲ.①区域经济发展-研究报告-扬州-2018②社会发展-研究报告-扬州-2018 Ⅳ.①F127.533

中国版本图书馆CIP数据核字(2018)第286383号

扬州蓝皮书
扬州经济社会发展报告(2018)

主　编／陈　扬
副主编／姜　龙　沙志芳　余　珽　王克胜　尤在晶

出版人／谢寿光
项目统筹／王　绯　曹长香
责任编辑／曹长香

出　　版	／社会科学文献出版社·社会政法分社 (010) 59367156
	地址：北京市北三环中路甲29号院华龙大厦　邮编：100029
	网址：www.ssap.com.cn
发　　行	／市场营销中心 (010) 59367081　59367083
印　　装	／三河市龙林印务有限公司
规　　格	／开本：787mm×1092mm　1/16
	印张：22.25　字数：336千字
版　　次	／2018年12月第1版　2018年12月第1次印刷
书　　号	／ISBN 978-7-5097-7400-7
定　　价	／98.00元

皮书序列号／PSN B-2011-191-1/1

本书如有印装质量问题，请与读者服务中心 (010-59367028) 联系

▲ 版权所有 翻印必究

扬州蓝皮书编委会

主　　任　陈　扬

副 主 任　姜　龙　沙志芳　余　斑　王克胜　尤在晶

委　　员　徐宏宇　林正玉　黄俊华　汤天波　房学明
　　　　　　陈亚平　杨　蓉　陶伯龙　周应华　徐　龙
　　　　　　夏洪春　陈　钧　陈博文　刘晓明　范　耘
　　　　　　王正年　陈　星　王振祥

执 行 主 编　房学明

执行副主编　刘　斌　张锡文

编　　辑　杜　平　孔　悫　肖建平　李雪晨

摘　要

　　2018年度"扬州蓝皮书"是在扬州蓝皮书编委会的指导下，由扬州市社科联、社科院组织编写，综合研判扬州经济社会发展形势的第九部蓝皮书。全书共分为总报告、专题发展报告、经济发展报告、社会与文化发展报告、生态文明发展报告、区域发展报告等六部分，主要分析扬州2018年度经济社会发展总体形势，重点关注高质量发展、重点领域深化改革、大运河文化带建设、扬州现代公园体系建设等重大主题。根据扬州主要经济领域和重要产业、各项社会事业的相关数据、发展状况等展开研判，提供决策参考，同时针对江都区、广陵区、邗江区的特色发展主题进行分析。

　　2018年，扬州市深入贯彻落实党的十九大精神和习近平新时代中国特色社会主义思想，围绕省委、省政府"六个高质量发展"的决策部署，按照省委书记提出的"把人们心目中的扬州建设好，满足世界人民对扬州的向往，争创扬州发展的第四次辉煌"要求，系统推进科创名城、旅游名城和公园城市建设，全市经济运行呈现"总体平稳、稳中有升"的发展态势。前三季度，扬州市坚持以供给侧结构性改革为主线，推动经济高质量发展，实现平稳开局，经济运行总体平稳，市场预期较为稳定。工业生产稳中趋缓，现代服务业保持较快增长，就业物价保持平稳。民间投资保持较快增长。扬州坚持推动新动能，保持快速增长，对经济高质量发展的引领支撑作用进一步凸显。产业结构持续优化，战略性新兴产业规模不断壮大。新兴科创名城建设稳步推进，财税收入平稳增长。企业经营状况良好，减税降费效果不断显现。有效投资不断扩大，消费增长总体较快。防范化解重大风险、精准脱贫、污染防治三大

攻坚工作取得明显成效。居民收入稳步增加。前三季度，全市城乡居民人均可支配收入达到25515元，增长9%，增速高于全国、全省平均水平。2018年前三季度，扬州地区生产总值增长6.3%。预计全年扬州地区生产总值增长7%左右。

Abstract

The Blue Book of Yangzhou in 2018 is the ninth blue book compiled by Yangzhou Social Science Association and the Chinese Academy of Social Sciences under the guidance of the Blue Book of Yangzhou Editorial Committee to comprehensively judge the economic and social development of Yangzhou. The book is divided into six parts: General report, the matre development reports, economic development reports, social and cultural development reports, ecological civilization reports, and regional development reports. It mainly analyzes the overall situation of economic and social development in Yangzhou in 2018, focusing on high-quality development. Major themes such as deepening reforms in key areas, building the cultural belt of the Grand Canal, and building a modern park system in Yangzhou, and conducting research and judgment based on the relevant economic data and important industries of Yangzhou, various social undertakings, and development status, provide decision-making reference. At the same time, it analyzes the characteristic development themes of Jiangdu District, Guangling District and Qijiang District.

Yangzhou City thoroughly implemented the spirit of the 19th National Congress of the Communist Party of China and Xi Jinping's new era of socialism with Chinese characteristics, and made decisions on the "six high-quality developments" of the provincial party committee and the provincial government, in accordance with the "Secretary of the Provincial Party Committee", The construction of Yangzhou is good, meets the world people's yearning for Yangzhou, and strives to create the fourth glory of Yangzhou's development. The system promotes the construction of science-creating famous cities, tourist cities and park cities. The city's economic operation is smooth and stable. There is a development trend. In the first three quarters, Yangzhou City adhered to the supply-side structural reform as the main line, promoted the high-quality development of the economy and achieved a smooth start, the overall economic operation was stable, and the market expectation was relatively stable. Industrial production has stabilized and slowed down, modern service industry has maintained rapid growth, and employment prices have remained stable. Private investment has maintained rapid growth. Yangzhou insists on promoting the rapid growth of new kinetic energy, and further supports the leading role of high-quality economic development. The industrial structure continued to be optimized, and the scale of strategic emerging industries continued to grow. The construction of Xinke Science and Technology City was steadily advanced, and fiscal and tax revenues grew steadily. The company's operating conditions are good, and the effect of tax reduction and fee reduction continues to emerge. Effective investment continues to expand, and consumption growth is generally faster. The three major tasks of preventing major risks, precision poverty alleviation and pollution prevention have achieved remarkable results. Residents' income has increased steadily. In the first three quarters, the per capita disposable income of urban and rural residents in the city reached 25515 yuan, an increase of 9%, which was higher than the national average. In the first three quarters of 2018, the GDP of Yangzhou increased by 6.3%. It is estimated that the GDP of Yangzhou will increase by about 6.5% for the whole year.

目 录

Ⅰ 总报告

B.1 2018～2019年扬州经济社会发展形势分析与预测
　　…………………… 杨　蓉　郎　俊　夏卫峰　于松海　赵文婕 / 001
　一　2018年扬州市经济社会发展总体形势 ……………………… / 002
　二　2019年扬州市经济社会发展环境分析 ……………………… / 005
　三　2019年扬州市经济社会发展对策建议 ……………………… / 007

Ⅱ 专题发展报告

B.2 高质量项目引领高质量发展
　　——2018年扬州市重大项目建设的分析与思考
　　……………………………… 韩长金　韩世来　张进扬 / 015
B.3 2018年扬州市重点领域深化改革研究报告
　　………………………………… 许德奎　胡新林　张克辉 / 028
B.4 扬州大运河文化保护传承利用示范区建设研究
　　………………………… 程兆君　赵　亮　宋犁犁　陆　洋 / 041

B.5 扬州现代公园体系建设研究
………… 扬州市城乡建设局、市历史文化名城研究院课题组 / 054

Ⅲ 经济发展报告

B.6 2018年扬州工业经济发展研究报告 …… 扬州市经信委课题组 / 067
B.7 扬州实施乡村振兴战略研究报告………………… 李春国 / 074
B.8 2018年扬州农业供给侧结构性改革研究报告
……………………………… 扬州市农业委员会课题组 / 082
B.9 2018年扬州金融形势分析与展望 …… 扬州市金融学会课题组 / 091
B.10 2018年扬州市服务业发展研究报告
………… 杨 蓉 卞 吉 夏 坚 王 斌 汤 鑫 / 099
B.11 2018年扬州市物价情况分析与研究 …… 扬州市物价局课题组 / 113
B.12 2018年扬州市民营经济发展报告
……… 胡春风 谈嘉山 蒋 斌 孙学政 黄 鹏 刘 勇 / 138
B.13 2018年扬州开放型经济发展研究报告
……………………………………… 扬州市商务局课题组 / 152
B.14 2018年扬州市小微企业创业创新状况分析
………………………………………… 赵振东 石火培 / 162
B.15 2018年扬州市城乡居民收入与消费状况分析报告
……………………………… 国家统计局扬州调查队课题组 / 170

Ⅳ 社会与文化发展报告

B.16 扬州市深化监察体制改革研究报告
……………………………… 扬州市纪委市监委课题组 / 184
B.17 2018年扬州文化产业发展研究报告
………………………………………………… 陈 峰 / 205

B.18 2018年扬州教育事业发展报告 ………… 扬州市教育局课题组 / 212
B.19 2018年扬州卫生计生事业发展报告 ………… 黄为民　陈东升 / 219
B.20 2018年扬州文化事业发展研究报告 …………………… 季培均 / 230
B.21 2018年扬州民政事业发展报告 …………………………… 王振祥 / 242
B.22 扬州旅游业实现"四季旺游"路径研究
　　　　………………… 扬州市旅游局、扬州市职业大学课题组 / 250
B.23 扬州市产业工人队伍建设调查报告 …… 扬州市总工会课题组 / 264

Ⅴ　生态文明发展报告

B.24 2018年扬州市环境保护发展报告 ……… 扬州市环保局课题组 / 272
B.25 土地生态空间管控红线划定研究
　　　　——以扬州市为例 ………… 扬州市国土资源局课题组 / 284

Ⅵ　区域发展报告

B.26 扬州市江都区规模以上工业企业运行质态研究报告
　　　　………………… 国家税务总局扬州市江都区税务局课题组 / 294
B.27 邗江区高水平全面建成小康社会的探索与思考
　　　　……………………… 吴　迪　朴锦珠　张德兰　廖　谦 / 308
B.28 广陵区特色小镇建设研究
　　　　………………………… 广陵区发展改革委、扬州大学课题组 / 324

皮书数据库阅读使用指南

CONTENTS

I General Report

B.1 The Economic and Social Development Report of Yangzhou
in 2018-2019   *Yang Rong, Lang Jun, Xia Weifeng, Yu Songhai and Zhao Wenjie* / 001
  1. *The Overall Situation of Economic and Social Development in Yangzhou*
     City in 2018   / 002
  2. *Analysis on the Economic and Social Development Environment of Yangzhou*
     City in 2019   / 005
  3. *Suggestions on the Economic and Social Development of Yangzhou City in 2019*   / 007

II Thematic Development Reports

B.2 High-Quality Projects Lead High Quality Development
    Han Changjin, Han Shilai and Zhang Jinyang / 015
B.3 2018 Yangzhou Key Area Deepening Reform Research Report
    Xu Dekui, Hu Xinlin and Zhang Kehui / 028
B.4 Research on the Construction of the Demonstration Area of the Cultural
Protection and Inheritance of the Grand Canal in Yangzhou
    Cheng Zhaojun, Zhao Liang, Song Lili and Lu Yang / 041
B.5 Yangzhou Modern Park System Construction Research
    Yangzhou Construction Bureau and Famous City Research Group / 054

III Economic Development Reports

B.6 2018 Yangzhou Industrial Economic Development Research Report
Yangzhou Economic and Information Committee / 067

B.7 Cultivating Family Farms, Strengthening the Foundation of Rural Revitalization
Li Chunguo / 074

B.8 2018 Yangzhou Agricultural Supply Side Structural Reform Research Report
Agricultural Committee Research Group of Yangzhou / 082

B.9 Analysis and Prospect of Financial Situation in Yangzhou
Yangzhou Financial Institute Research Group / 091

B.10 2018 Yangzhou City Service Industry Development Research Report
Yang Rong, Bian Ji, Xia Jian, Wang Bin and Tang Xin / 099

B.11 Analysis and Research on the Price of Yangzhou
Yangzhou Municipal Price Bureau Research Group / 113

B.12 2018 Yangzhou Private Economy Development Report
Hu Chunfeng, Tan Jiashan, Jiang Bin, Sun Xuezheng, Huang Li and Liu Yong / 138

B.13 2018 Yangzhou Open Economy Development Research Report
Yangzhou Municipal Bureau of Business Research Group / 152

B.14 Analysis of Entrepreneurial Innovation of Small and Micro Enterprises in Yangzhou
Zhao Zhendong, Shi Huopei / 162

B.15 Analysis Report on the Income and Expenditure of Urban and Rural Residents in Yangzhou City
National Bureau of Statistics Yangzhou Investigation Team / 170

IV Social and Cultural Development Reports

B.16　Deepening Discipline Inspection and Supervision System Reform Research Report of Yangzhou

Yangzhou City Commission for Discipline Inspection, Municipal Committee of the Supervisory Committee / 184

B.17　2018 Yangzhou Cultural Industry Development Research Report

Chen Feng / 205

B.18　2018 Yangzhou Education Development Research Report

Yangzhou Municipal Education Bureau Research Group / 212

B.19　2018 Yangzhou Health and Family Planning Development Report

Huang Weimin, Chen Dongsheng / 219

B.20　2018 Yangzhou Cultural Development Research Report

Ji Peijun / 230

B.21　2018 Yangzhou Civil Administration Development Research Report

Wang Zhenxiang / 242

B.22　Yangzhou Tourism Industry to Achieve the Four Seasons Tourism Path Research

Yangzhou Tourism Bureau, Yangzhou Vocational University Research Group / 250

B.23　Yangzhou City Industrial Workers Team Construction Survey Report

Yangzhou City Federation of Trade Unions / 264

V Ecological Civilization Reports

B.24　2018 Yangzhou Environmental Protection Development Report

Yangzhou Environmental Protection Bureau Research Group / 272

B.25　Study on the Method of Determining the Red Line of Land Ecological Space Management and Control

　　—*Taking Yangzhou City as an Example*

Yangzhou Municipal Bureau of Land and Resources / 284

VI　Regional Development Reports

B.26　Analysis of the Operational Quality of the Enterprises in the Jiangdu District of Yangzhou City

State Administration of Taxation Yangzhou Jiangdu District Taxation Bureau / 294

B.27　Exploration and Reflection on Building a Well-off Society at a High Level in the High Level of the Hanjiang District

Wu Di, Piao Jinzhu, Zhang Delan and Liao Qian / 308

B.28　Research on the Construction of Characteristic Towns in Guangling District

Guangling District Development and Reform Commission,

Yangzhou University Research Group / 324

007

总 报 告

General Report

B.1
2018~2019年扬州经济社会发展形势分析与预测

杨蓉 郎俊 夏卫峰 于松海 赵文婕*

摘 要： 2018年前三季度，扬州市实现地区生产总值3904.25亿元，增长6.3%。2019年，坚持以习近平新时代中国特色社会主义思想为指导，深入学习贯彻党的十九大精神和习近平总书记系列重要讲话精神，全面落实中央和省、市一系列决策部署，牢牢把握经济工作主动权，切实抓好"稳就业、稳金融、稳外贸、稳外资、稳投资、稳预期"，围绕打造美丽宜居的公园城市、独具魅力的国际文化旅游名城、充满活力的新兴科创名城"三个名城"，统筹推进重点产业发展、重大

---

* 课题组成员：杨蓉，扬州市发展改革委党组书记、主任；郎俊，扬州市发展改革委党组成员、市重大项目办副主任；夏卫峰，扬州市发展改革委经济综合处处长；于松海，扬州市发展改革委经济综合处副处长；赵文婕，扬州市发展改革委经济综合处。

项目建设、重点领域改革等各项工作，着力推动扬州经济社会高质量发展迈出坚实步伐。预期2019年扬州市经济将保持在7%左右的增长水平。

关键词： 扬州　经济　社会发展

一　2018年扬州市经济社会发展总体形势

（一）基本情况

2018年以来，全市上下深入贯彻落实党的十九大精神和习近平新时代中国特色社会主义思想，紧紧围绕江苏省委、省政府"六个高质量发展"决策部署，按照省委书记提出的"把人们心目中的扬州建设好，满足世界人民对扬州的向往，争创扬州发展的第四次辉煌"的具体指导和殷切期望，系统推进科创名城、旅游名城和公园城市建设，全市经济运行呈现"总体平稳、稳中有升"的发展态势。2018年前三季度，在主动落实中央环保大督查、"263"专项行动的大背景下，扬州地区生产总值增长6.3%。预计全年扬州地区生产总值增长7%左右。

（二）经济运行的主要特点

（1）经济运行总体平稳，市场预期较为稳定。2018年以来，坚持以供给侧结构性改革为主线，着力在"破、立、降"上下功夫，推动经济高质量发展，实现平稳开局。一是产业经济协调发展。农业经济保持稳定，粮食生产有望再获丰收，全年预计粮食总产量294万吨，增长2.6%。工业生产稳中趋缓，1~9月，全市工业开票销售增长17.5%，较上半年回落0.9个百分点；完成工业入库税收162.1亿元，增长9.4%。现代服务业保持较快增长，前三季度，全市服务业增加值增长7.3%，较上半年提高1个百分点。二是就业物价保持平稳。1~9月，全市新增城镇就业5.91万人，同比增加0.29万人，城镇登记失业率控制在1.8%。前三季度，物价保持温和上涨，居民消费价格同比上涨2%，总体处于可控区间。三是市场活跃程度较高。2018年以来，扬州市民间投资保持较快增长。1~9月，全市民间投资增长19.7%，占全部投资的比重达到79%；新发展市场主体6.43万户，超额完成全年目标任务；净增个体私营企业4.63万户，"个转企"1475户。

（2）创新驱动深入实施，发展动能加快转换。坚持把培育壮大新动能作为实现高质量发展的重要抓手，推动新动能实现快速增长，对经济高质量发展的引领支撑作用进一步凸显。一是产业结构持续优化。前三季度，全市三次产业结构调整为4：49.5：46.5；其中，服务业增加值占地区生产总值比重达到46.5%，较2017年末提升0.6个百分点。战略性新兴产业规模不断壮大，1~9月，全市战略性新兴产业产值占规模以上工业比重达到43%。二是创新活力不断增强。新兴科创名城建设稳步推进，1~9月，全市科技产业综合体新投入使用46.7万平方米，新增入驻企业763家；新获批5家省级"双创"示范基地；规模以上企业研发投入增长12%左右，新发明专利授权数增长30%。三是项目建设稳步推进。截至9月底，全市新开工重大产业项目88个，其中农业项目25个、工业项目33个、服务业项目30个；18个市主导推进的列省重大项目，开工在建14个，完成投资91.4亿元；450个市级亿元以上重大项目，开工在建327个，完成投资927亿元。

（3）财税收入平稳增长，质量效益不断提升。2018年以来，扬州市企业、政府、个人收入"三个口袋"持续稳定增长，经济发展的质量和效益保持较好水平。一是财税质量稳步提升。1~9月，全市完成一般公共预算收入249亿元，增长2.8%，较上半年提高2.7个百分点；其中，税收收入199.06亿元，增长14.2%；税收占比达到79.9%，较上年同期提高7.9个百分点。二是企业经营状况良好。减税降费效果不断显现，营商环境持续优化，推动实体经济平稳健康发展，企业总体效益保持在较好水平。1~9月，全市规模以上工业企业盈利面超过85%，工业企业利润增长20%以上；规模以上服务业企业利润增长31.5%，同比提高26.7个百分点。三是居民收入稳步增加。前三季度，全市城乡居民人均可支配收入达到25515元，增长9%，增速高于全国、全省平均水平，已经连续7个季度快于经济增速。其中，城镇、农村常住居民人均可支配收入分别增长8.3%和8.9%。

（4）有效投资稳步扩大，需求拉动更趋均衡。2018年以来，面对严峻的宏观经济形势，狠抓各项政策措施的落实，投资、消费、出口等指标增长较为稳定。一是有效投资不断扩大。固定资产投资"高开高走"、增幅持续位居全省前列，1~9月扬州市投资增长12.1%，较上半年提高1个百分点；其中，工业投资、服务业投资分别增长11.1%和13.2%，增幅分别位居全省第3和第1位。二是消费增长总体较快。1~9月，全市完成社会消费品零售总额1145.2亿元，增长9.6%，增幅居全省第3位，较一季度、上半年分别提高0.9个和0.3个百分点；其中，与改善生活品质相关的文化体育娱乐等消费增速在10%以上，电商营业额增长30%。三是外贸外资总体平稳。1~9月，全市实现进出口91.59亿美元，增长16.5%，其中完成出口64.87亿美元，增长12.8%，较上半年提高1.2个百分点；实际到账外资9.57亿美元，增长47.1%，增幅居全省第1位。

（5）三大攻坚扎实推进，共建共享成效明显。2018年以来，全市上下把防范化解重大风险、精准脱贫、污染防治作为一项重大政治任务，坚持系统谋划、统筹推进，三大攻坚战取得明显成效。一是防范化解重大风险初见成效。截至9月底，全市金融机构不良贷款率1.1%，较上年末下降0.15个百分点，其中逾期90天以上贷款与不良贷款比例89.3%，企业、政府和居民债务风险总体可控。坚持分类调控、引导预期，着力稳定房地产市场，进一步舒缓商品住宅价格上涨压力。二是精准脱贫取得阶段性进展。市委、市政府民生保障"1号"文件有效落实，"阳光扶贫"监管系统规范运行，脱贫攻坚成果持续巩固，全市建档立卡低收入农户基本稳定达到脱贫标准，沿江、沿河地区80%的经济薄弱村集体经济年收入可望达到55万元和45万元。三是生态环境质量持续改善。江淮生态大走廊扬州段建设扎实推进，"263"专项行动成效明显，全市空气质量优良天数比例达到58.4%，较上年同期提高2.4个百分点。大力发展循环经济，成功获批创建国家级资源循环利用基地。及时召开长江经济带发展工作推进会，全力抓好长江大保护。

二 2019年扬州市经济社会发展环境分析

当前和今后一个时期，必须坚持稳中求进工作总基调，牢牢把握"稳就业、稳金融、稳外贸、稳外资、稳投资、稳预期"的各项决策部署，切实做到稳不忘忧，更加清醒地认识经济发展面临的外部环境正在发生的明显变化，更加科学地研判经济运行中不断增加的各类不确定不稳定因素，更加积极地应对转向高质量发展过程中面临的困难挑战。

从国际看，国际宏观环境依然错综复杂。当前，世界经济虽延续2017年以来的回暖上升态势，但主要经济体政策调整及其外溢效应愈发明显，资本回流美国和美元走强对新兴市场国家经济造成较大冲击，一些新兴经济体出现资本大量外流、货币大幅贬值现象；地缘政治矛盾冲突多发易发，世界经济复苏存在新的变数，石油等部分工业原材料价格攀升。特别是世界范围内贸易保护主义、单边主义倾向加剧，WTO规则体系面临严峻挑战，美国与世界主要国家之间的贸易摩擦尤其是美国对中国采取加征关税等措施及其继续升级趋势，已成为影响我国经济平稳运行的最大不确定性因素，负面影响和冲击不容低估。据国际货币基金组织（IMF）的《世界经济展望》预测，2018年和2019年全球经济增速将达到3.9%，但同时经济扩张的均衡程度下降，增长前景面临的风险增加。

从国内看，我国经济长期向好的基本面没有改变。党的十九大确立的习近平新时代中国特色社会主义思想，是我们战胜困难、做好工作最根本最有力的保障。当前，中国经济已由高速增长阶段转向高质量发展阶段，正处于实现"两个一百年"奋斗目标的历史交汇期，经济运行延续稳中向好态势，国民经济呈现运行平稳、结构优化、动能转换、质效提升的良好态势，经济潜力足、韧性强、回旋余地大的基本面并没有改变。与此同时，制约高质量发展的结构性、深层次问题仍然突出，经济增长的内生动力依然不足，消费

升级面临供给瓶颈和有效投资后劲不足的问题更加凸显；实体经济依然困难，企业盈利能力受到挤压；区域分化态势仍在加剧，发展不平衡不充分问题仍然比较突出；金融和房地产领域风险隐患不容乐观，保持经济平稳运行难度加大。

从扬州看，经济社会发展态势总体较为平稳。2018年以来，全市上下深入开展解放思想大讨论，加快推进"三个名城"建设，强力推进科技创新，坚定不移推进转型升级，加强现代化综合交通体系建设，出台高质量发展考核评价体系，这些重大举措发挥了重要的导向作用和激励作用，支撑高质量发展的有利条件累积增多，为推动经济平稳健康发展提供了有力保障。但是，扬州发展不到位、不充分、不平衡现象较为突出。不到位主要体现在：部分主要经济指标没能跟上序时进度，地区生产总值、规模以上工业增加值、社会消费品零售总额等核心指标、关键指标还短序时。不充分主要体现在：对照建设"三个名城"要求，扬州市交通基础设施还稍显不足，尚未真正融入"高铁城市圈"，而且与周边城市缺乏高铁、城际等快速交通设施。不平衡主要体现在：产业发展不平衡，2018年以来扬州市工业开票销售虽然保持两位数增长，但主要是由石化、冶金等产业拉动。与此同时，环保刚性制约越来越强，对照省"十三五"能源增量控制目标，扬州市需要以年均1.9%的能耗增量，支撑7%~8%的经济增长速度，节能降耗的压力较大，重点产业亟待创新转型。

综合研判，2019年国内外经济环境依然较为复杂，不利因素与有利条件相互交织，全市经济社会发展仍然面临严峻复杂的国内外环境。但是，我国经济长期向好的基本面没有改变，特别是在党中央、国务院的坚强领导下，一系列改革开放政策举措的后续效应逐步显现，将在很大程度上提振市场信心。扬州经济与全国、全省经济形势一样，虽然也面临一些困难和挑战，但全市上下坚持解放思想、改革创新，对推进高质量发展已形成广泛共识，为推动经济平稳健康发展提供了有力保证。当前形势下，只要外部环境不发生大的变化，扬州市经济将仍将保持总体平稳态势，但受需求增长乏力、实体经济回升不稳固以及资源环境约束等多方面影响，预期2019年经济增长7%左右。

三 2019年扬州市经济社会发展对策建议

面对国内发展形势和国外环境的复杂变化，围绕做好"六个稳"工作，坚持稳中求进工作总基调，聚焦"办好自己的事情"，切实做到以进促稳、以稳应变，全力推动扬州经济社会高质量发展。

（一）突出创新驱动引领，着力培育经济增长新动能

坚持把科技创新作为引领发展的第一动力，以高水平实验室和科技产业综合体为载体，突出"三室"经济重点，加速集聚创新要素和资源，统筹谋划、深入推进新兴科创名城建设，着力构建更具竞争力的创新创业生态系统。

一是高质量推进重点实验室建设。强化实验室培育提升，重点推动新型装配式建筑结构、水稻生物学、家禽质量与营养品质、饲料加工装备等实验室创建省部级重点实验室；推动动物重要疫病与人畜共患病防控、作物种质创新与绿色栽培等实验室创建国家级重点实验室。强化实验室招引，积极招引大院大所来扬创办实验室，引进国家重点实验室来扬设立分实验室，重点建设MEMS（微机电）、江豚保护与研究、生猪繁育与健康养殖等一批高水平实验室。推动高校、企业自建实验室，鼓励引导扬州大学、里下河农科所、省家禽所、七二三所等驻扬高校院所，以及市高新技术企业、骨干龙头企业和科技创新类上市公司等重点企业，深化与大院大所合作，围绕地方产业创新转型发展、关键核心技术和共性技术攻关等重点，建设高水平实验室。

二是高标准推进科技产业综合体建设。坚持科学规划布局，深入实施"三大创新板块"建设行动计划，切实把科技产业综合体作为产业转型升级的核心关键，优化载体产业结构，提升整体运营质态，着力打造"三室经济"集聚发展的主阵地。紧密结合区域产业布局，融合"公园+"发展模式，重点在大型区域性公园周边规划建设科技产业综合体，着力打造一批

"科技综合体+商住设施+城市公园"的城市组团。全面提升"建管用"水平，通过服务外包、签订运营绩效合同等方式，引进更多的专业化运营机构和团队，允许有条件的运营机构探索孵化服务、股权投资等市场化增值服务，提升综合体整体运营质态和服务水平。注重释放发展活力，重点聚焦"三室经济"，加快推动知名软件信息企业总部、实验室、文创工作室等在综合体落户，同时对已经落户的企业分类施策、精准服务，不断提升综合体的产业承载力。

三是高规格推进科技创新成果转化。坚持把知识产权强市作为打造新兴科创名城的基础性工程，鼓励全社会发明创造，强化知识产权保护，加快构建以企业为主体、市场为导向、产学研相结合的科技创新体系。深入实施高新技术"双百计划"，重点围绕基本产业、新兴产业和优势产业部署创新链，深入推进100项关键共性技术攻关项目和100项科技成果产业化项目，强化在微电子、生物医药、智能制造等领域的前瞻性创新布局。积极开展知识产权强企行动，加大企业科技创新奖补力度，鼓励骨干企业发展一批拥有自主知识产权的产品。健全完善科技成果转化机制，充分发挥政府作用，重点对前瞻性基础研究、引领性科技成果，敢于引入风投资金予以专项支持，并逐步健全风险分担机制，着力推动重大科研成果落地转化。

（二）突出经济结构调整，着力构建现代产业新体系

紧紧围绕"人们心目中的扬州建设"，立足现有的产业基础，注重彰显扬州城市特质，坚定不移推进产业结构战略性调整，加快构建先进制造业、现代服务业和现代农业协调发展的现代产业体系。

一是转型发展先进制造业。坚持以智能制造为主攻方向，进一步扩增量、优存量、提质量，加快促进基本产业、新兴产业和特色产业协同发展。大力推进基本产业高端化，充分发挥基本产业的"稳压器"作用，重点围绕机械、汽车两大千亿级基本产业，推动先进制造业产业链向高附加值、高技术含量延伸，着力打造国内有影响、全省领先的智能装备制造产业基地。大力推进新兴产业规模化，重点在新能源新光源、高端装备制造、新

一代信息技术等领域，着力推动产业规模和质量"双提升"；积极推进互联网、大数据、人工智能和实体经济深度融合，加快培育新经济、新业态、新模式，着力在共享经济、人工智能、军民融合等领域取得突破。大力推进传统产业品牌化，实施品牌提升工程，着力打造一批传统产业领域的"扬州品牌"。

二是提质发展现代服务业。坚持生产性服务业和生活性服务业协同发展，加快构建以服务经济为主体的现代服务业发展体系，着力推动现代服务业成为经济增长的重要支撑。推动生产性服务业提质增效，重点聚焦科技、金融、现代物流、软件信息、研发设计等领域，切实提高生产性服务业专业化水平，鼓励企业分离和外包非核心业务。积极发展服务型制造，引导和支持制造业企业延伸产业链条，从主要提供产品为主向提供产品和服务转变。培育发展基于网络的平台经济、电子商务、文化创意、工业设计、人力资源服务等新业态，着力打造一批细分领域的行业领军企业。推动生活性服务业彰显特色，重点围绕打造国际文化旅游名城的定位，充分发挥人文、生态、宜居等资源优势，切实把文化和旅游整合提升为"诗与远方在一起"的文化旅游产业，推动文化旅游与体育休闲、会展经济、健康养老融合发展。

三是融合发展现代农业。坚持以增加农民收入为核心，以实施乡村振兴战略为抓手，进一步优化农业生产体系、经营体系和产业体系，积极培育农业经济新业态新模式，加快促进三次产业融合发展。培育壮大农业特色产业，重点围绕优质粮油、绿色园艺、特色水产等领域，加快建设高邮国家农业科技园、省级宝应湖有机农业开发区和永久性"放心菜""放心米""放心肉"等特色化产业基地，着力打造华东地区的"中央厨房"。持续扩大有机、绿色、无公害等优质农产品供给，依托现有的高邮鸭蛋、宝应荷藕等国家地理标识品牌，加快打造若干标志性区域农产品"大品牌"。加快发展食品加工业，重点推进农产品市场流通体系与储运加工布局有机衔接，培育壮大一批产业关联度大、市场竞争力强、辐射带动面广的农业龙头企业。

（三）突出扩大有效投入，着力释放经济发展新需求

坚定不移地把高质量发展作为主攻方向，坚持质量第一、效益优先，持续优化供给体系结构，着力在去产能等宏观政策大背景下，以有效投入增量促进存量优化，切实调整投资结构和产业结构，不断增强扬州经济质量优势，推动经济高质量发展。

一是持续深化供给侧结构性改革。深入落实"去降补"各项任务，进一步优化存量资源配置，持续扩大优质增量供给。综合运用市场化、法治化手段，倒逼企业有序退出低端落后产能，巩固清理"地条钢"成果，有效防止死灰复燃；加强房地产市场稳控，科学把握土地供应节奏和分布，坚决遏制房价上涨，稳步推进非住宅类商品房去库存，确保房地产市场平稳可控；大力发展直接融资，严格规范政府融资行为，确保政府性债务规模适中、保持在可控范围，坚决守住不发生系统性、区域性金融风险的底线；进一步降低企业制度性交易成本和用能成本、物流成本，切实减轻企业成本压力；加快推进补短板项目，推动各类资源向补短板重点领域倾斜。

二是积极促进投资规模稳定增长。突出重大项目引领，发挥投资对优化供给结构的关键性作用，重点优化投资结构、提高投资效率，进一步提高先进制造业、现代服务业和现代农业等领域投资比重，推动更多资金投放到高质量产业项目上，通过增量投入带动存量优化调整。强化重大产业项目招引，立足扬州现有产业基础和特色优势，着力引进一批"补链、强链、扩链"的重特大产业项目。科学安排政府投资计划，大力推进重大基础设施和民生工程建设。优化项目推进机制，强化事中事后服务监管，重点推动重大产业项目早投产、早达效、早列统，不断夯实经济平稳增长的基础。在此基础上，更加注重稳定社会预期，切实提升企业家投资信心。

三是加快推动消费转型升级。完善促进消费的体制机制，增强消费对经济增长的基础性作用。紧紧围绕品质提升、时尚潮流、旅游休闲、健康养老等重点领域，创新消费方式，释放居民购买能力，引导企业用新的供给创造和满足多样化的消费需求，加快培育形成新的消费增长点。重点以推进消费

结构提质扩容为导向，聚焦消费需求快速增加的旅游、文化、体育、健康养老等幸福产业领域，引导社会资本加大投入力度，着力增加高品质产品和中高端服务的有效供给，促进消费经济转型升级。加大本土电商平台培育力度，促进电子商务、实体零售协调发展，引导电商企业错位竞争、抢占市场，着力推动特色电商平台做大做强。

四是大力支持实体经济发展。严格落实中央和省市关于降本增效、支持实体经济发展的一系列政策意见，切实把实体经济作为推动经济高质量发展的主体，加大财税、金融等的支持力度，促进各类资源要素向实体经济集中集聚。加强重点企业培育，支持企业集团做大做强，鼓励企业跨地区、跨行业、跨所有制兼并重组，着力建设一批拥有自主知识产权和知名品牌、核心竞争力强、主业突出、行业领先的大企业集团。支持中小企业向"专精特新"方向发展，与大企业集团协作配套，打造一批细分领域行业的"单打冠军"。推进质量品牌提升，持续放大国家质量强市示范城市的示范效应，全面提升产品、工程和服务质量，打响"扬州制造""扬州服务"质量品牌。

（四）突出深化改革开放，着力增强经济发展新活力

按照"改革开放再出发"的要求，全面对标中央和省市各项改革部署，坚决破除一切不合时宜的思想观念和体制机制弊端，全面加强对外开放与合作，更大程度释放制度生产力、激发经济社会发展活力。

一是稳步推进重点领域改革。全力以赴抓好重点领域改革的研究谋划和推进落实，确保中央和省市各项改革部署在扬州精准落地。全面深化"放管服"改革，严格落实"3550"改革和不见面审批，重点推动政务服务"一张网"向基层延伸，切实降低中小企业融资成本，更大力度激发民间投资活力。推进要素价格市场化，深化水、电、天然气等资源性产品价格改革。强化产权制度改革，大力弘扬企业家精神，突出对企业财产权、知识产权、自主经营权的保护，着力激发科技创新的积极性。扎实推进国资国企改革，积极推动混合所有制经济健康发展。加速完善市场体系和市场机制，着

力构建公平竞争、开放有序的现代市场体系。

二是加快构建全面开放新格局。积极培育对外贸易新业态新模式,加快外贸结构调整步伐,大力培育和招引一般贸易主体,重点以跨境电商、信用保险、境外展会等为抓手,助推企业自主开拓国际市场,逐步扩大一般贸易进出口规模,切实提升一般贸易进出口占货物进出口的比重。加快促进服务贸易创新发展,有序推进服务业扩大开放,积极引进跨国公司地区总部和功能性机构。创新外商投资管理机制,全面实施外商投资准入前国民待遇加负面清单管理制度,加快营造良好的国际化、法治化、便利化营商环境,不断提升制度环境软实力,着力打造利用外资新优势。

三是推进开发园区转型发展。突出载体功能提升,按照"集约开发、主业突出、功能完善"的思路,深化开发园区调整转型,着力引导开发园区从产业集聚向能级提升转变。聚焦"一园一业"定位,引导开发园区围绕优势互补、错位发展,加快培育特色产业、比较优势产业,逐步形成1~2个全省领先、全国知名的特色产业集群,着力提升开发园区的经济贡献度。进一步树立"以亩产论英雄"导向,重点对照江苏省高质量发展考核评价体系的标准,建立健全开发园区土地集约利用评价制度,进一步提高园区土地利用效率和产出率。大力发展循环经济,加快建设国家级资源循环利用基地。

(五)突出区域融合大势,着力拓宽经济发展新空间

紧紧围绕区域一体化发展的大趋势,抢抓推动经济高质量发展的转型机遇、政策机遇、合作机遇和市场机遇,谋划构建更加科学合理的生产力布局,着力增强区域发展协同性和整体性。

一是主动对接国家和省重大战略。深度融入长江经济带建设,科学修编扬州长江经济带发展总体规划,系统描绘"规划蓝图",制定出台"任务清单",优化调整沿江产业布局,扎实推进长江经济带高质量发展。主动呼应"一带一路"倡议,加快推进与"一带一路"沿线国家的信息互联互通,打通便捷的国际贸易通道和物流通道,支持优势企业到境外开展工程承包、投资设厂和跨国并购。大力推进宁镇扬一体化发展，深化跨区域重点事项合作，着力在基础设施建设、旅游合作开发、科创平台共建等领域取得新突破。扎实推进大运河文化带扬州段建设，同步推进江淮生态大走廊、江淮生态经济区建设，着力打造流域治理的样本、争当大运河文化带保护传承利用的示范。

二是全面提高区域发展的协同性。坚持以新一轮城市总体规划修编为契机，按照"产业相近、地域相邻"的原则，进一步优化产业布局，重点明晰各县（市、区）和功能区战略定位、发展目标、主导产业和主攻方向，科学规划生产性服务业、先进制造业、文化旅游产业等发展板块，着力促进区域错位竞争、特色发展。坚持以国家新型城镇化综合改革试点为抓手，注重用好现有各类扶持政策，稳步推进高邮市和氾水、月塘、邵伯三镇国家新型城镇化综合试点，着力推动区域协调发展、城乡融合发展。大力发展县域经济，在政策扶持、资金支持等方面，注重向宝应、高邮、仪征和江都等地倾斜，着力补齐县域经济发展的短板。

三是加强新一轮基础设施建设。主动融入高速、高铁、航空等主流交通方式，全面加强高速铁路、高速公路、民用机场、港口、码头、过江通道等规划布局和建设推进，推动各类交通方式无缝对接，加快形成内快外高、快联快通的综合立体交通体系。坚持把高铁建设作为当务之急，加快连淮扬镇建设进度，积极推动北沿江高铁、宁扬城际、扬马城际、润扬第二过江通道等项目尽快具备开工条件，协调推进京沪高速改扩建、五峰山过江通道、扬州泰州国际机场一期扩建等工程加快建设。积极融入全省港口、机场改革大局，依托机场、高铁、港口枢纽，积极向上对接争取，强化资源整合提升，切实增强区域竞争力。

（六）突出促进富民增收，着力增进人民群众新福祉

紧紧围绕聚焦富民鲜明导向，坚持把提高城乡居民收入作为改善民生的重中之重，着力促进城乡居民收入持续较快增长、人民生活品质实现大幅提升，推动民生改善与经济社会发展同频共振，不断提高人民群众的幸福感、

获得感和满意度。

一是大力促进城乡居民增收。坚持把"稳就业"摆在更加重要的位置，实施更加积极的就业政策，持续推动"大众创业、万众创新"，切实加强对困难弱势群体的就业援助，保持城镇"零就业"和农村"零转移"家庭动态清零。完善收入分配机制，细化落实促进城乡居民收入增长的一系列政策意见，拓宽城乡居民经营性、财产性收入渠道，推动城乡居民收入增速持续快于经济增速。聚焦打赢脱贫攻坚战，创新扶贫开发体制机制和方式方法，扎实推进社会救助制度与扶贫开发政策有效衔接，不断提升扶贫救助的精准度，着力提高困难群众生活水平、增强经济薄弱村内生发展动力。

二是均衡提升社会保障水平。聚焦普惠性要求，扎实推进社会事业发展，重点推动基本公共服务均等化，全面落实基本公共服务清单和功能配置标准，定期开展工作评估，健全完善配套措施体系，切实让资源跟着需求走、服务跟着居民走，普遍增加人民群众的"隐性财富"。进一步完善财政支出标准体系，强化民生保障力度，优化整合各领域各层级资源，重点投向义务教育、医疗、养老保险、低保、大病救助、社会救助等领域。逐步扩大政府购买服务范围，引导民间资本参与基本公共服务体系建设。

三是深入实施乡村振兴战略。聚焦农村基层短板，按照"产业兴旺、生态宜居、乡风文明、治理有效、生活富裕"的总体思路，编制实施乡村振兴战略规划。建立健全城乡融合发展体制机制和政策体系，启动实施一批重大工程、重大项目，扎实推进农村三次产业融合发展。强化农业农村基础设施建设，坚持以尊重农民的主体需求、乡村产业发展的需求为导向，切实提高农民参与决策的主动性积极性，真正让农田水利等各项基础设施在提高农业综合生产能力、改善农民生产生活条件等方面发挥重要作用。

专题发展报告

Thematic Development Reports

B.2
高质量项目引领高质量发展
——2018年扬州市重大项目建设的分析与思考

韩长金　韩世来　张进扬*

摘　要： 2018年扬州市坚持以高质量项目引领经济高质量发展，年度投资1亿元以上的450个重大项目呈现结构优、规模大、类型新、成体系的特点。在此基础上，22个实施项目和3个开展前期工作的项目成功列入省级重大项目，项目总数、实施项目数、计划当年新开工项目数均达历年最高。高质量重大项目建设拉动了全市经济高质量增长，但也存在项目建设进度慢于序时、企业核心竞争力不强、资源要素制约等困难和挑战。全市上下需要形成项目推进合力，做大做强产业项目、

---

* 韩长金，扬州市发展改革委副主任；韩世来，扬州市发展改革委投资处处长；张进扬，扬州市发展改革委投资处科员。

补齐基础设施短板、增加有效投入、提升园区发展能级，努力促进经济高质量发展。

关键词： 重大项目　固定资产投资　高质量发展

近年来，扬州市始终坚持项目为王不动摇，聚焦供给侧结构性改革，抢抓投资结构优化，大力促进经济增长动力转换，切实壮大实体经济，高质量、新质态的好项目不断涌现，为经济平稳健康向高质量发展奠定了坚实基础。

一　2018年全市重大项目现状分析

中国特色社会主义进入了新时代，我国经济发展也进入了新时代，由高速增长阶段转向高质量发展阶段。省委十三届三次全会全面贯彻十九大精神，鲜明提出"六个高质量"，并对重大项目建设提出明确要求。对扬州来说，重大项目是推动扬州市高质量发展走在全省前列的坚实基础和重要保障。

（一）重大项目投资计划情况概述

2018年，扬州市按照重大项目年度投资1亿元以上标准，确定了涉及水利、交通、能源、城建、科创载体、先进制造业、现代服务业、现代农业、社会事业、民生保障和生态环保等11个领域的市级重大项目450个，总投资4642.5亿元（见表1）。在此基础上，择优申报并列入省级重大项目库的有25个项目，包括22个实施项目（由扬州市主导推进项目18个）和3个开展前期工作的项目。

表1　2018年市级重大项目投资计划一览

单位：个，亿元

投资领域	项目数	总投资	年度投资
重大基础设施	80	1131.60	354.20
水利	4	53.58	11.52
交通	25	523.75	109.62
能源	14	203.44	101.00
城建	37	350.83	132.06
重大产业项目	309	3025.91	879.37
科创载体	15	144.57	32.17
先进制造业	176	1102.16	404.86
现代服务业	107	1694.73	420.13
现代农业	11	84.45	22.21
重大民生工程	61	484.95	178.74
社会事业	24	157.23	55.30
民生保障	18	153.97	70.95
生态环保	19	173.75	52.49
合计	450	4642.46	1412.31

1. 市级重大项目结构更加合理

数据显示，450个市级重大项目中，产业项目比重较高。重大产业项目309个，总投资3025.91亿元，年度计划投资879.37亿元，产业项目比重达到68.7%，其中科创载体项目15个、先进制造业项目176个、现代服务业项目107个、现代农业项目11个；重大基础设施项目80个，总投资1131.60亿元，年度计划投资354.20亿元，其中水利项目4个、交通项目25个、能源项目14个、城建项目37个；重大民生工程项目61个，总投资484.95亿元，年度计划投资178.74亿元，其中社会事业项目24个、民生保障项目18个、生态环保项目19个。项目投资规模较大。总投资5亿元以上项目222个，计划总投资4190亿元，年度计划投资1125.5亿元。其中，总投资30亿元以上项目49个，计划总投资2387.7亿元，年度计划投资481.4亿元；总投资50亿元以上项目17个，计划总投资1323.5亿元，年度计划投资223.5亿元。区域投资总体均衡。除35个市级统筹项目（总投资732亿元，年度计划投资175.5亿元）外，宝应、高邮、仪征三个县市负责推进项目201个，总投资1599亿元，年度计划投资548.6亿元；江都、邗江、广陵三个区负责推进项目166个，总投资1547亿元，年度计划投资513.6亿元；四个功能区负责推进项目48个，总投资762亿元，年度计划投资174.6亿元。

2. 列省重大项目取得突破

与往年相比，2018年扬州市列省重大项目实现了三大突破（见表2）。一是项目总数、实施项目数均达历年最高。25个项目列入省重大项目投资计划，其中实施项目22个、前期工作项目3个，项目总数和实施项目数均居全省第5位。二是计划当年新开工项目达历年新高。18个市主导推进项目中，新开工项目15个，较上年增加6个，新开工项目比重达83.3%。三是实施项目分布市辖各县（市、区）、功能区，首次实现全覆盖。邗江4个，江都2.5个，仪征、景区各2个，生态新城1.5个，宝应、高邮、广陵、扬州开发区、化工园区各1个（扬州南水北调东线源头生态保护工程为江都区、生态科技新城合并实施，各算0.5个）。

表2　扬州市2018年列省重大项目情况一览

单位：亿元

序号	项目名称	总投资	2018年投资	所在地或牵头部门
1	哈工大机器人集团扬州科创研究院	15	2	生态新城
2	清华微机电智能科技创业创新基地	50	6	邗江
3	中信重工特种机器人	35	10	高邮
4	联环药业一类新药	32	4	邗江
5	仪征大众新能源汽车与燃油汽车共线生产	100	10	仪征
6	江特九龙智能车联网物流专用车	30	8	江都
7	中集数字化特种车辆	30	8	开发区
8	中化高端精细化工	37.8	5	化工园区
9	林安智慧物流	40	10	广陵
10	仪征绿地智能保税物流	40	6	仪征
11	中国中医科学院扬州瘦西湖中医养生养老社区	25	5	景区
12	瓜洲古渡原貌保护恢复及生态旅游开发	30	6	邗江
13	光线（扬州）电影世界	100	10	江都

续表

序号	项目名称	总投资	2018年投资	所在地或牵头部门
14	瘦西湖金融基金集聚区	30	10	景区
15	联创扬州云计算中心	30	10	邗江
16	南水北调东线源头生态保护工程	35	6	江都、生态新城
17	扬泰机场一期扩建	5.64	4	机场公司
18	光伏发电领跑者示范工程	30	20	宝应
19	五峰山过江通道南北公路接线工程	54	省统筹	交通局
20	连淮扬镇铁路扬州段	150	省统筹	交通局
21	京沪高速改扩建	130.9	省统筹	交通局
22	中石化青宁输气管道	67.7	省统筹	沿线城市

（二）重大项目投资计划的主要特点

1. 产业规模由小到大跨越发展

推进重大产业项目，有利于坚守实体经济、补齐发展短板，是增强区域竞争力的必然要求。扬州市在安排重大项目时，紧紧围绕"两聚一高"目标，主动对接国家和省重大战略，充分发挥地方优势和特色，重大产业项目持续发力。市级重大项目中，总投资10亿元以上项目146个（其中产业项目124个），总投资30亿元以上项目48个（其中产业项目34个），总投资50亿元以上项目17个（其中产业项目11个）。上汽大众仪征整车二期工程、宝应光伏渔光互补发电"领跑者"项目、中航宝胜和武汉长飞海底电缆光缆复合项目等一批百亿元以上重大工业项目迅速崛起，产业规模实现新跨越。

2. 项目类型由旧到新转型发展

以装备制造、新能源及新材料、汽车及零部件等为重点，努力培育新兴产业。本土企业通过与一批国字号企业的合作，培育成长了一批全市高新技术产业的主力军和自主创新的先行者，在装备水平、研发能力、人才集聚和制度创新方面走在了全国前列。以哈工大机器人集团（扬州）科创中心研究院、中集通华数字化产研联合体、联环药业一类新药、中化集团高强防护新材料等为代表的科创载体和先进制造业的产业优势正逐步形成。

3. 项目布局由散到聚集约发展

扬州市通过引进重大项目，带动集聚了一批上下游配套企业，形成资源集约、企业集群、产业集聚发展的格局。坐落于大仪镇的扬州综合物流园自开工建设以来，普货仓储、分拣配送、管理服务等功能基本齐备，保税物流、金融物流、冷链物流等新兴业态初步形成，已获得扬州现有唯一的物流公共型保税仓牌照。周边现已形成扬州柏泰传化物流园、扬州和立东升产业园等一批服务业重大项目的集聚，安能物流、远成物流、大达物流、佳讯物流、中铁快运、上海铁路局无轨车站等一批物流企业，苏盐生活家、汇银乐虎、台湾万士德等一批商贸企业已入驻，为大仪打造物流特色小镇夯实了基础。此外，山东高速、赛克、天地华宇、德邦、佳捷等物流企业和京东、大润发等商贸企业正在洽谈，入驻意向明显。待扬州综合物流园（扬州快递产业园）二期全部建成后，将打造成集信息流、物流、电商以及金融服务于一体的苏中、苏北地区最大的现代物流园。

二 扬州市重大项目投资运行的经验与不足

在主动落实中央环保大督查、"263"专项行动的大背景下，全市主要经济指标企稳回升、实体经济支撑有力、创新动能有效增强、居民收入稳定增长，地区生产总值由一季度的6.2%回升至三季度的6.3%。2018年1~9月，全市固定资产投资同比增长12.1%，增速高于全省平均水平6.5个百分点，连续三个月增幅位居全省第一；社会消费品零售总额、外贸出口分别增长9.6%和12.8%，较一季度提高0.9个和7.1个百分点。相较于消费、出口而言，以重大项目建设为支撑的投资仍是拉动全市经济增长的主要力量。但也存在项目建设进度慢于序时、企业核心竞争力不强、资源要素制约等困难和挑战。

（一）重大项目对推动经济高质量发展的贡献

扬州市始终坚持政府投资和民间投资"双轮驱动"，把相对有限的资金更多投向科技创新、民生改善、生态环保和事关扬州长远发展的重大基础设施项目建设等方面,大力支持民间投资进入市政、能源和社会事业等领域,较好地发挥了以高质量项目投资推动经济高质量发展的作用。

1. 聚焦民生改善,以政府"紧日子"换百姓"好日子"

连续17年出台服务民生"1号"文件,重点从让老百姓"吃上放心菜、喝上放心水、呼吸上新鲜空气、有稳定的就业"等基本民生入手,坚持每年新增财力七成以上用于改善民生。2018年实施重大民生工程61项,走出了一条新时代保障和改善民生的新路子,绘就了一条不断上扬的"民生幸福曲线"。

2. 聚焦长远发展,大力推进重大基础设施建设

聚焦交通水利、教育卫生、生态环境等重点领域,按照"政府主导、社会参与"模式,持续加大投入,组织实施一批打基础、利长远的重大基础设施项目,不断完善城市功能,提升城市品质。2017年以来,全市累计实施交通类项目176个,完成投资302亿元,实现了国家级高速主干道、水运主航道在扬州"双十字"交汇。以承办省运会和省园博会为契机,累计新(改)建大型体育场馆19处、完成投资21亿元,建成各类公园344个、完成投资15亿元,倾力打造"运动活力之城"和城市公园体系。由扬州市率先提出的江淮生态大走廊战略已上升为江苏省省级发展战略,并纳入国家《长江经济带生态环境保护规划》和《淮河生态经济带发展规划》,累计排出68个总投资近300亿元的具体项目,已启动其中27个项目建设,累计完成投资62亿元。

3. 聚焦创新转型,鼓励引导企业加大有效投入

探索创新节约集约用地路径,催生出广陵"六化六优"、邗江"一优双控三审"等用地新模式,实施全域整治、城乡互动、系统推进,盘活闲散土地,重点保障重大项目和基础设施、民生工程。突出技术创新,出台科技创新"28条"和知识产权保护"13条"政策,推动科技成果研发和转化,促进企业扩大技改投入。鼓励绿色发展,出台《关于落实排污权有偿使用和交易政策有关事项的通知》,推进排污权有偿使用和交易,依法依规优先

保障重大项目建设的能源消耗、碳排放、环境容量等指标需求。2018年全市开展排污权有偿使用项目共计191个，已收缴有偿使用费600.2万元。

4. 聚焦放开放活，激发民间投资的活力

出台《关于进一步激发民间有效投资活力 促进经济持续健康发展的实施意见》，按照"非禁即入"的原则，全面放开社会资本准入领域，鼓励和引导社会资本平等进入健康养老、生态环保、清洁能源和基础设施等重点领域和补短板行业。目前，能源领域的光伏、风力发电项目已全部向社会资本开放，吸引了扬州艳阳天新能源有限公司108MWp渔光互补光伏发电、高邮协合风力发电有限公司50MWp风力发电、深能高邮东部100MWp风电场等一批社会资本投入。对于具有较少现金流的基础设施项目，重点采取政府和社会资本合作模式建设。先后推动实施了高邮泰达环保有限公司生活垃圾焚烧发电项目、省道S611邗江段、S333高邮东段、S328仪征段等一批重大基础设施工程，高邮市综合客运枢纽项目成功纳入国家发展改革委重大市政工程领域重点PPP项目库。

（二）重大项目高质量发展面临的困难和挑战

1. 经济持续增长压力较大

随着扬州市经济增速进入6%~7%的增长区间，制约经济转型升级、高质量发展的深层次矛盾和问题更加凸显。对照市人民代表大会确定的年度目标，预计16个主要经济指标中，一般公共预算收入、投资和出口等11项指标顺利达序时，规模以上工业增加值、社会消费品零售总额、服务业增加值占GDP比重等5项指标低于预期。加之当前扬州市坚决落实供给侧结构性改革、中央环保督查等部署要求，大力推进长江经济带"共抓大保护"和"263"专项行动，预计全市经济增速高位回升的空间不大。

2. 项目进度慢于序时

截至9月底，市主导推进的18个列省重大项目已有15个项目开工在建（2018年新开工12个），开工率达83.3%，完成投资93.4亿元，占年度投资计划的66.7%，落后序时8.3个百分点。未开工项目中，江都江特九龙智能车联网物流专用车计划11月份开工，仪征绿地智能保税物流有望年内开工，光线（扬州）电影世界年内开工难度较大，受未开工项目影响，仪征、江都两地投资情况落后序时较多，宝应、高邮、广陵、化工园区等地未达到年度目标任务的70%，导致全市投资落后序时较多，影响了扬州在省内投资进度排名。从产业类别及投资情况看，6个制造业项目开工在建5个，开工率达83.3%，完成投资33.5亿元，占年度投资计划的74.4%，接近序时要求；7个现代服务业项目开工在建5个，开工率达71.4%，完成投资34.8亿元，占年度投资计划的61.1%，落后序时13.9个百分点。450个市级重大项目开工在建327个，开工率达72.7%，完成投资927亿元，占年度投资计划的65.6%，落后序时9.4个百分点。从区域推进情况看，邗江区、开发区、化工园区、生态新城、景区等因项目数较少、基数不高，项目开工和投资完成情况均达序时，进展较好；江都等地未开工项目较多，宝应等地投资完成情况较差，落后序时较多。从产业类别及投资情况看，450个亿元以上重大项目中产业项目294个，截至9月底，176个先进制造业项目开工在建130个，开工率达73.9%，完成投资264.1亿元，占年度投资计划的65.2%；107个现代服务业项目开工在建80个，开工率达74.8%，完成投资337.6亿元，占年度投资计划的80.3%；11个现代农业项目开工在建9个，开工率达81.8%，完成投资18.6亿元，占年度投资计划的83.6%。可以看出，全市现代服务业、现代农业项目开工和投资完成情况均超序时，先进制造业项目开工和投资完成情况分别落后序时1.1个和9.8个百分点。

3. 企业核心竞争力不强

扬州市重点行业龙头企业总量偏少，创新能力偏弱，众多骨干企业"缺芯少魂"，规模以上企业R&D（全社会研究与试验发展）经费占销售收入比重不足1%，低于省均水平；且全市规模以上工业企业中，有70%的企业生产中间产品，缺乏自主开发能力和市场话语权。

4. 人才短缺问题更加凸显

近年来，扬州市劳动力人口逐年下降。据统计，2000~2017年扬州市中青年总量从150.1万下降到105.4万，降幅高达29.8%，并且这一趋势还在延续。2013年以来虽然扬州市大学生实现了净流入，平均每年为1万名左右，但总量仍然偏低，2017年扬州大学毕业生留扬工作的占15.7%，南邮通达学院只占10.6%。

5. 资源要素制约仍然较多

根据江苏省下达扬州市的"十三五"能源增量控制目标，需要扬州市以年均1.9%的能耗增量支撑7%~8%的经济增长，且扬州市重工业占比高于省均1~2个百分点，节能降耗的压力巨大；在此基础上，规划、土地、生态保护、环境治理等约束因素日益增多，将对冶金、石化、船舶等产业发展带来诸多不确定性。

三 加快重大项目建设、推进高质量发展的思路

重大项目对地方经济发展的极端重要性不言而喻。扬州市应当聚焦"思想大解放、发展高质量"，把解放思想与推动发展高质量结合起来，继续坚持问题导向、目标导向，主动加强对产业发展趋势的研究，咬定目标、精准发力，全力促进扬州经济高质量发展。

（一）强化项目支撑，在增加有效投入上实现更大突破

进一步瞄准目标推项目。加强项目全程管理，继续组织市级层面重大项目专题督查和中央预算内项目稽查活动，尽快启动实施江特九龙智能车联网物流专用车、保来得工业园等43个尚未开工的项目，加快实施宝应领跑者示范工程、国联智能仓储物流、中信重工特种机器人等56个投资未达序时的项目，加大跟踪服务力度，上下联动解决项目推进过程中遇到的矛盾和问题，确保完成年度投资计划。进一步创新思路引项目。按照"6+X"招商行动方案要求，聚焦现代服务业和战略性新兴产业领域，开展"点穴式"精准招商和"保姆式"优质服务，聚焦"中字头""国字号"的企业集团和世界500强企业，按照"月月有招商拜访、季季有推介签约"的工作目标，引进一批产业链长、带动性强、成长性好的高质量项目，以优质增量的

加速扩张，带动培育更多的经济增长点。进一步提高标准谋项目。紧盯国家投资思路和重点投向，抓紧编排2019年度政府投资和重大产业项目，尤其是要加快谋划、调整、充实列省和市级重大项目，构筑高质量发展的强力支撑。

（二）推进产业强市，在重大产业项目上瞄准更高站位

坚持产业规划带动，实现项目链式集聚。产业做强，规划引领是关键。加快重大项目建设、推进产业强市，必须紧扣转型升级，以龙头带动促进产业链式延伸、企业集群发展。近年来，扬州市在打造高质量产业体系上取得了新的成绩，现代服务业发展水平持续提升，文化旅游、软件和互联网等基本产业、"三新"经济等重点产业和新兴业态加快发展。江苏信息产业基地（扬州）创成"第三批省级生产性服务业集聚示范区"、日顿食品实业发展有限公司创成"第三批省互联网平台经济'百千万'工程重点企业"，笛莎文化创意有限公司、祥发资源综合利用有限公司创成"省第三批生产性服务业重点企业"。同时构建了以大众汽车为代表、从研发到制造再到销售的完整产业链。实践证明，龙头带动是产业发展的有效路径，只有把产业链的核心环节、企业集团的骨干企业吸引入驻，才能真正占据价值链的高端，促进产业和经济的可持续发展。扬州市应当加强对项目关联性、带动性的研究，着力放大人文、生态、科技优势，加快构建以创新驱动为引领、实体经济为基础、人力资源为支撑，先进制造业和现代服务业协同发展的现代产业体系。一是深化创新驱动战略。制定出台《推进科创名城建设的实施意见》，积极推进MEMS（微机电）、江豚保护与研究、生猪繁育和健康养殖等一批高水平实验室建设；全面提升科技产业综合体"建管用"水平，打造扬州转型升级的标志性工程。二是转型发展先进制造业。聚焦机械、汽车两大千亿级基本产业，以及新能源、高端装备制造、新一代信息技术等战略性新兴产业，着力推进基本产业高端化、新兴产业规模化。三是提升发展现代服务业。聚焦科技、金融、现代物流、软件信息、研发设计等领域，以及文化旅游、体育休闲、健康养老等幸福产业，着力促进现代服务业提质增

效。四是大力发展现代农业和食品加工业。加快推进农业特色产业基地建设，着力打造华东地区"中央厨房"。

（三）提升发展能级，在园区发展空间上开拓二次创业

产业做强，载体建设是基础。扬州市应按照"集约开发、主业突出、功能完善"的要求，引导开发园区从产业集聚向能级提升转变，大力推进"二次创业"，进一步增强开发园区对国际产业、技术、人才的承载集聚能力，不断提升开发园区对全市经济增长的贡献率。一是深化开发园区调整转型。推动开发园区聚焦"一园区一主业"定位，围绕优势互补、特色发展，优化产业布局，培育特色产业、比较优势产业，逐步形成2~3个全省领先、全国知名的特色产业集群。二是优化集约高效发展机制。重点借助城市总体规划修编的机遇，科学编制开发园区产城融合发展的规划设计，高标准、高规格推进城市功能建设，着力提升开发园区转型发展承载能力。三是强化开发园区合作共建。推动扬州综合保税区与上海自贸区的对接合作，创新园区运营管理模式、考核激励机制，进一步理顺管理与开发、条线与属地、区内与区外的关系。坚持以实质性合作和项目式运作为重点，进一步深化园区南北共建、苏中共建和中外合作，全面提升园区合作共建水平。

（四）坚持部门联动，在营造发展氛围上形成推进合力

推动重大项目高质量发展，部门联动是保障。全市各有关部门，必须突出真抓实干，以积极创新的服务破除瓶颈、补齐短板。一是完善项目推进机制。及时把省高质量考核指标进行细化分解、明确牵头部门，并纳入党委、政府年度考核，切实强化高质量发展的考核导向，推行"月度报告进展、双月督查推进、季度通报评估"等制度，强化市级亿元以上重大项目的组织推进，做好未开工和短序时项目的跟踪服务保障工作，协同推进规划选址、用地、环评等关键审批环节，确保完成年度投资计划，切实以高质量项目建设引领经济高质量发展。二是加强指标监测。紧扣省高质量发展考核评价体系和市人民代表大会确定的高质量发展目标，全面监测高质量发展指标

运行态势。强化全市重大项目指导和服务，推动签约项目尽早落地、落地项目及早开工、在建项目加快投入，充分体现招商项目对经济的拉动成效。推动 5000 万元以上项目的列统工作，切实发挥重大项目对投资的支撑作用。三是强化形势研判。针对经济运行中出现的新情况、新问题，全面加强经济形势研判，引导各县（市、区）把握趋势、找准问题、靠实措施，切实提升经济形势分析研判、预警监测的精准性和有效性。

B.3
2018年扬州市重点领域深化改革研究报告

许德奎　胡新林　张克辉*

摘　要： 2018年，扬州市按照省委、省政府关于全面深化改革的新部署、新要求，科学组织、系统部署，认真谋划全市重点改革工作，推进重点改革举措和改革案例落实落地，全面深化改革工作呈现全面发力、多点突破、蹄疾步稳、纵深推进的良好态势。

关键词： 扬州市　重点领域　深化改革

2018年是全面贯彻党的十九大精神的起始之年，是实施"十三五"规划承上启下的关键一年。2018年以来，扬州市以习近平新时代中国特色社会主义思想为指导，深入贯彻党的十九大、十九届三中全会和省委、省政府关于全面深化改革的新部署、新要求，召开了市委全面深化改革领导小组会议，科学谋划2018年全市全面深化改革重点工作。一年来，扬州市坚持问题导向，突出关键环节，推进重点改革举措和改革案例落实落地，全面深化改革工作呈现全面发力、多点突破、蹄疾步稳、纵深推进的良好态势，全市正以高质量改革成果向改革开放40周年献礼。

一　突出重点统筹推进，经济体制改革成效显著

一是深化供给侧结构性改革。持续抓好"三去一降一补"重点工作，

---

* 许德奎，扬州市发展改革委副主任、市重大项目办公室主任；胡新林，扬州市发展改革委规划处副处长；张克辉，扬州市发展改革委经济体制改革处副主任科员。

深化要素市场化配置改革，全市单位 GDP 能耗下降率、主要污染物排放、单位 GDP 二氧化碳排放强度下降完成省定目标。落实房地产调控措施，从开发建设、销售管理、合同备案等方面实行严管严控，保持房地产市场平稳健康发展。加大企业对接扬州市场力度，实现直接融资 109.44 亿元，开展防范和打击非法集资犯罪"深入行动"，积极稳妥降低企业杠杆率，尤其是国有企业杠杆率。持续推动降低实体经济企业成本工作，上半年，全市直接降低企业成本 53.8 亿元。协调推进补短板六大工程，做好扬州泰州机场一期扩建工程机务场务及特种车库调整协调、对接和上报工作。开展润扬第二通道、龙潭过江通道的前期方案研究，加快推进轨道交通前期工作。

二是贯彻落实产权保护制度。创新实践"企业家司法保护与犯罪预防"法治项目，着力预防企业家犯罪与侵害企业家合法利益的犯罪，依法保障涉案企业家的合法权益。

三是纵深推进"放管服"改革。大力推广"互联网＋政务服务"，推进"3550"改革实现常态化、普遍化。市级不见面审批事项 1561 项，全部实现在线办理。完成 57 家行业协会商会脱钩任务，开展脱钩后行业协会商会收费专项清理工作。开展"证照分离"改革试点。

四是深入推进科技体制机制改革。实施三大创新板块建设行动计划，打造全市创新发展引领区、创新产业集聚区。深入实施"科教合作新长征"和"科技产业合作远征计划"，大力发展以实验室为载体的科技研发产业。实施 2018 年科技综合体"百千万"攻坚计划，上半年全市综合体新投入使用面积 31.7 万平方米。

五是加快推进国资国企改革。制定市属国有企业主营业务以外投资管理办法、市属文化企业国有资产监督管理暂行办法和市属国有企业负责人薪酬管理暂行办法，全面完善"双向进入、交叉任职"领导体制。

六是深化财税价格改革。实施新一轮市区财政管理体制，增强区级财政保障能力。紧扣"三个口袋"完善绩效评价指标体系，倒逼预算单位提高财政资金使用绩效。优化支出结构，财政资金向民生、基础设施等领域倾斜,注重加强财政资金统筹安排,突出支持重点,全市一般公共预算安排教育、医疗卫生、社保、住房保障、交通运输支出分别较上年增长7.5%、7.3%、16.5%、2.5%、4.1%。重点推进教育、天然气、农水、交通运输等领域价格改革,调整了部分学校学费。审慎放开车用天然气销售价格,对民用天然气和天然气(管输)配气成本进行成本监审。出台农业用水价格核定管理办法和农业节水精准补贴政策,农业水价改革全省领先。探索交通价格改革,将公交票价定价机制改为确定价格水平、公交企业相应执行的机制,明确特色公交服务实行市场调节价。

七是稳步推进金融改革创新。扬州中小企业创业创新e贷网累计注册企业1968家,实现融资165亿元以上。扬州政税银大数据服务平台解决融资需求101项、3.82亿元。加大对实体经济的金融支持力度,出台《金融支持实体经济"12345"行动计划》。

八是积极构建城乡融合发展体制机制。出台《关于进一步深化农村集体产权制度改革的实施意见》。开展新一轮农村集体资产清产核资工作,印发了《关于全面开展农村集体资产清产核资工作的通知》,明确总体要求、清核重点、时间安排、工作步骤和组织保障,开展了业务培训。推进农村产权交易市场标准化建设,按照"八有""五统一"要求,打造市县乡(镇)三级农村产权交易市场,规范流转交易。

九是健全开放型经济体制机制。优化招商引资考评办法,突出对制造业重大外资项目、现代服务业项目、500强及知名跨国公司投资项目、跨境并购项目的考核鼓励。推动园区融合发展,上半年,各园区共落户上海、苏南项目10个,计划总投资33.68亿元。沿江开发区开展合作共建,已与上海金桥开发区签订战略合作协议。

二 推进法治社会建设,民主法治领域改革不断深化

一是积极推进人大和政协工作创新。坚持地方特色立法,注重发挥专家顾问、基层联系点作用,积极推进《扬州市非物质文化遗产保护条例》《扬

州市农贸市场管理条例》立法工作。落实人大代表联系群众制度，完善代表密切联系群众的平台载体，建立人大代表基本信息公开机制和履职项目化评价机制，出台了《扬州市人大代表履职项目化考核评价办法（试行）》，进一步提升了代表履职实效。落实中央和省委关于加强和改进人民政协民主监督工作的实施意见，对市政府部门专项工作进行民主评议，成立民主评议工作组，印发了实施方案，形成了评议报告。加强和改进社情民意工作，打造"社情民意直通车"，出台了《扬州市政协反映社情民意信息工作考评评比办法（试行）》。加强政协委员履职能力建设，根据新的政协章程，修订了《委员履职管理办法》，完善委员年度考核制度。

二是有序推进基层民主制度建设。深化城市社区治理能力建设，提升为民服务水平。2018年全市30%的城市社区推行全科社工服务模式。制定《扬州市社区邻里服务中心建设标准（试行）》，建设邻里服务中心，为居民提供"一站式"服务。全市培育发展社区社会组织达5178家。大力推进政社互动，夯实"一协议、两清单、双评估"等关键环节，基层政府与基层群众性自治组织签约率、双向评估率均达100%。实行社区工作事项准入制，制定《社区依法履职清单》《社区协助工作事项清单》。优化考核方式，建立以居民满意度为导向的社区工作综合考核指标体系，取消对社区工作"一票否决"事项。

三是深入推进法治扬州建设。认真做好法治城市创建迎查工作，推进湾头玉器法治市场、邵伯巡检司法治文化传承馆、春涛法律服务中心等法治城市、法治县（市、区）特色品牌创建工作。全面落实法律顾问和公职律师公司律师制度，完善运行机制，健全管理制度。健全政务公开制度，制定《扬州市全面推进政务公开工作实施细则》《扬州市2018年政务公开工作要点》，完善会议办理程序，加大主动公开力度。

四是深化群团组织改革。出台了市总工会、团市委、妇联、侨联、科协等改革方案，各项改革任务基本完成。县（市、区）层面，部分县（市、区）已出台相关改革方案，正在稳步推进。召开了文化改革发展领导小组会议，审议通过文联、作协、记协改革方案。

三 着力推动文化繁荣，文化体制改革取得实效

一是完善思想理论建设工作制度。加强全市哲学社会科学事业建设，组织开展"建设人们心目中的扬州"重大课题研究，举办两期"扬州智库论坛"，召开"全市社科理论界解放思想大讨论活动座谈会"，开展"以思想大解放引领发展高质量——扬州社科专家基层行"活动。推动各级党委（党组）落实意识形态工作责任制。完善意识形态工作联席会议制度、高校思想政治工作联席会议机制。完成七届市委第五轮巡察，对10家单位意识形态工作责任制落实情况进行了专项检查。举办意识形态工作培训班。贯彻执行省群众性精神文明创建活动测评，实施《扬州市全面推进文明城市建设常态化长效化三年行动计划（2018~2020）》，将扬州高新区等6个园区纳入常态长效建设月度考评，推进建设全国文明城市群。

二是健全文化管理体制机制。推动市级媒体优化布局结构，统筹整合资源，打造扬州发布、扬帆新媒体平台，加强传播手段建设和创新，推动报纸、电视、广播、网络、新媒体开展融媒体采访报道，推进媒体深度融合发展。以实施"六化"工程、构筑网络同心圆为载体，着力打造具有扬州特色的网络治理综合体系。深化文化市场综合执法改革，归并原广陵区、邗江区文化执法机构，成立扬州市文化市场综合执法支队。推动文化产业融合发展、创新发展、开放发展、特色发展，起草《关于加快促进影视产业发展的意见（草案）》，目前正在征求意见。琴筝产业园首发项目琴筝商品一条街招商工作已初步完成，近期即将投入运营。完成扬州湾头玉器特色小镇总体规划设计，进入深化设计阶段，各项报批报建工作加速开展。

三是加强公共文化服务体系建设。出台了《扬州市推进现代公共文化服务体系建设实施意见》，推动了基层公共文化服务标准化均等化，建成村（社区）综合文化服务中心893家，覆盖率达67.5%，超过850家农家书屋纳入县级图书馆总分馆体系，提升了公共文化服务供给水平和服务效能。推进市图书馆法人治理结构试点和宝应县、仪征市文化馆总分馆制度建设，研究

起草市图书馆法人治理结构试点工作方案。宝应县文化馆总分馆实施方案已拟定，待上级批复后实施；仪征市正在拟定建设方案。起草了《"书香扬州"建设指标体系（征求意见稿）》。

四 大力促进社会和谐，社会民生领域改革稳步推进

一是落实完善普惠性民生制度。开展《扬州市"十三五"基本公共服务体系建设规划》《"十三五"时期基层基本公共服务功能配置标准（试行）》评估，形成了《扬州市"十三五"基本公共服务体系建设规划》实施情况中期评估报告和《"十三五"时期基层基本公共服务功能配置标准（试行）》调研评估报告。大力推进"厕所革命"，编制新（改）公厕标准及方案，已新（改）建城乡标准化卫生公厕21座，新（改）建2A级以上旅游厕所12座，完成农村卫生改厕6448座。大力推进城乡生活垃圾分类和治理专项行动，制定了《城乡生活垃圾分类治理三年行动计划（2018～2020年）》，编制了《城乡生活垃圾分类和治理规划》《餐厨废弃物处理专项规划》《建筑垃圾处理专项规划》。规范运行"阳光扶贫"监管系统，开展"一对一"精准帮扶，实施"三保五助"扶贫开发工程，建立"三保五助"扶贫政策落实情况督查制度。

二是积极开展教育体制机制改革。深化学前教育改革，增加普惠优质幼儿园供给，2018年开工建设8所幼儿园，1所幼儿园正在办理建设前期手续，全市有82.15%的幼儿在省优质园就读。在全市农村地区推行公办幼儿园和普惠性民办幼儿园服务区制度，出台了《关于2018年扬州市中小学（幼儿园）招生工作的意见》。统筹推进县域城乡义务教育一体化优质均衡发展，新建中小学7所。稳妥推进中考改革，出台了《关于推进教育民生工作的意见》，明确推进高品质普通高中建设的具体目标。新创省级高中课程基地3个，邗江区、广陵区各启动建设1所高中。推进产教深度融合，建成5个省级现代化职业教育专业群和实训基地。深入推进新型学徒制试点，印发了《关于开展2018年度企业新型学徒制试点工作的通知》，确定18家

试点企业和510名新型学徒，落实企业新型学徒制培训补助300万元。

三是深化医药卫生体制改革。深入实施公立医院改革，建立现代医院管理制度，制订了2018年度绩效考核方案、民营医院与公立医院合作管理方案、公立医院大型设备采购方案。全面提升18家农村区域性医疗卫生中心服务能力，起草了《关于支持农村区域性医疗卫生中心发展的实施意见》，2家农村区域性医疗卫生中心创成二级医院。深入开展家庭医生签约服务，老年人、慢性病人等重点人群家庭医生签约服务覆盖率超过50%。进一步健全完善药品供应保障制度，上半年，以基本药物为重点，检查各类生产、流通企业近800家次，其中药品生产企业和批发企业实现全覆盖，药品生产流通市场秩序和上市药品质量总体稳定。起草了《关于深入推进医疗卫生与养老服务相结合的实施意见》初稿，并征求意见。

四是完善社会保障体系。进一步强化社保扩面征缴工作，市区开通网上申报单位超过2200家，市区城镇职工基本养老保险和基本医疗保险参保人数净增2800人、2700人。增强社会保险基金市级统筹调剂能力，将江苏油田约1.5万人纳入市本级城镇职工工伤、生育、失业保险统一申报、征缴。按照"六统一"要求，全市统一实施城乡居民医保制度，目前信息系统已上线运行，运行情况良好。启动机关事业单位2014年10月以后退休人员待遇核定工作，落实机关事业单位工作人员退休时一次性补贴核定和发放工作。制定了《扬州市区公共租赁住房保障实施办法》和《扬州市区限价商品住房建设管理办法》。

五 多管齐下综合施策，社会治理创新与司法体制改革协调共进

一是积极推进社会治理创新。加快构建共建共治共享的社会治理格局，强化各级党委、政府抓社会治安综合治理和平安建设的责任，签订平安建设责任书。健全领导干部综治和平安建设实绩档案制度，完善综治工作和平安建设考评奖惩机制。推动各地制定社会治安综合治理领导责任制贯彻落实意

见和配套措施。完善社会稳定风险评估机制，构建多元化矛盾纠纷解决体系，完成203个重大决策和重大项目稳评工作。实施信访矛盾化解攻坚战，通过领导包案化解、部门协调会办、专题督查督办等方式，全力推动问题解决。探索建立信访信用管理制度，出台《扬州市信访人信用管理实施办法（试行）》，积极探索信访领域诚信体系建设机制。建立信访信用失信评定机制和专家库，聘请相关专家24名。全面推进网格化社会治理机制创新，成立扬州市创新网格化社会治理机制领导小组及其办公室。构建全市统一的社会网格化治理服务体系。统一划分设置网格，落实"地理信息编码"工作，共划分综合网格5538个、专属网格632个。

二是建立健全安全生产制度体系。建立重大安全风险联防联控机制和重大危险源生产安全预警机制，深化保障体系建设，出台了《扬州市安全生产重大事故隐患治理情况报告制度》《扬州市安全生产举报奖励暂行办法》，进一步加强了安全生产领域的社会监督。基本完成了化工园区危险化学品重大危险源在线监控及事故预警系统全国试点项目，准备验收。进一步推进危险物品管理信息化建设，实行流向全程监管，在危险物品监管智慧化信息平台试运行基础上，完善了基础数据库、风险隐患库和技防信息库等模块。加快推进防灾减灾救灾体制改革，政府付费为全市所有户籍居民购买地震、台风、洪水、雷击等自然灾害人身意外伤害险和家庭财产综合保险，完成自然灾害人身意外伤害险和家庭财产综合保险的投保工作。规划建设市、县、乡、村四级应急广播体系，建成全市县级以上应急广播服务平台，完成《市级应急广播管理平台建设方案》初稿。

三是深化司法体制改革。开展司法体制综合配套改革，建立审判长、主审法官、参审法官、法官助理、书记员权力清单，对书记员实行单独序列聘用制管理，实行审判委员会讨论事项先行过滤机制，推进案件质量评查规范化和标准化。完善员额管理制度，建立各类人员分类考核机制，员额法官、检察官实现动态管理。推进法院、检察院内设机构改革，制定《合议庭运行规则（试行）》，实行合议庭整体负责制，科学配备审判团队。稳妥有序完成检察院内设机构改革试点任务，全市7家基层院内设机构、人员、职能已全部调整到位，并按照新的检察权运行。基层法院不再单独设立研究室和审判管理办公室，按照最高人民法院推进内设机构改革相关文件要求，积极谋划内设机构改革方案。推进侦查人员出庭作证和技术侦查监听证据公开质证，对于公安机关使用技术侦查监听手段，且被告人对相关证据和事实又不予认可的，侦查人员必须出庭作证，让技术侦查监听证据接受公开质证。推进证人、鉴定人出庭作证，实现庭审实质化。积极探索推进认罪认罚从宽制度试点。建立健全检察机关与监察机关职务犯罪案件衔接机制，起草《扬州市监察机关与检察机关在办理职务违法犯罪案件中加强协作配合的暂行办法》，为职务违法犯罪案件调查、移送、起诉等环节的部门间协作明确一整套制度机制。深化公安改革，印发《关于大力推进全警常态化实战训练工程的实施意见》，在全市公安机关开展全警常态化实战训练工作，强力推进全警常态化实战训练工程建设。起草《扬州市公安机关警务辅助人员管理办法》，并征求意见。完善法律援助和司法救助制度，基本建成功能区乡镇（街道）公共法律服务中心，新增社区律师工作室20家，免费提供法律咨询5600人次、法律援助1665件。推进律师制度改革、公证机构机制创新，印发了《关于开展律师参与调解工作的实施意见》，在全市推进律师调解工作室的设立工作和律师参与调解工作。研究起草《进一步加强公证工作的意见》，加快推进公证处机制体制改革。在邗江、高邮、经济技术开发区开展刑事案件律师辩护全覆盖试点。

六　科学发展绿色先行，生态文明体制改革取得突破

一是严格落实环保责任制。开展生态文明建设综合考评，落实党政领导干部生态环境损害责任追究制度，制定了各县（市、区）、功能区生态文明建设年度考核任务。深化河长制、完善湖长制，全面建立以党政领导负责制为核心的责任体系，建立健全市、县、乡、村四级组织责任体系，落实河长3553名。起草《关于加强全市湖长制工作的实施意见》《扬州市河长制湖长制工作2018年度市级考核细则》《市领导担任河长的29条市级重点河湖"一河一策"行动计划》，并征求意见。形成责任明确、协调有序、监管严格、保护

有力的河湖管理保护体系。探索构建以空间规划、用途管制、自然资源离任审计、差异化绩效考核为主要内容的空间治理体系，编制了《扬州市国土资源"十三五"规划》，按年度逐县（市、区）分解下达了开发强度、单位GDP建设用地占用下降等指标。将耕地保护、节约集约用地、违法用地控制纳入县（市、区）经济社会综合考评、党政正职考评体系，"一地一策"制定量化目标并严格考核。二是加强生态文明制度建设。实施扬州市主体功能区规划，完善江淮生态大走廊建设规划。初步确定扬州市34个项目列入省级方案。制定扬州市2018年度江淮生态大走廊建设行动计划，排定58个年度重点工程。推动新一轮城市总体规划修编，形成全市域"三区三线"空间格局图。全市划定永久基本农田373.04万亩。结合市土地利用总体规划调整完善，落实了生态红线划定要求。健全自然资源资产产权制度，根据国家和省统一部署，在仪征市开展自然资源确权登记改革试点。推进林权、农房等农村不动产调查登记，已办理林权不动产证书20本、农房不动产证书3600本。按照《扬州市污染物排放总量挂钩财政政策相关指标考核办法》《污染排放统筹资金收取返还及环境质量达标奖励实施办法》，实施主要污染物总量减排和环境质量指标考核。全市所有新建工业建设项目以及现有工业企业的新、改、扩项目的新增排污权，均实行排污权有偿使用。截至6月底，全市开展排污权有偿使用项目数共计191个，收缴有偿使用费600.23万元。三是改革生态环境监管体制。正在起草环保垂直管理改革方案。市环境监测中心机构编制上收省环保厅管理，调整为省环保厅驻市环境监测机构。做好环境保护税征收改革工作，全市首季环保税工作运行呈平稳态势，零舆情、零投诉。全市环保税纳税申报户共计1836户次，入库税收2364万元，同口径增长约7.5%，实现环保部门排污费移交户全面申报和税款平稳入库。

  2018年，在深入推进各项改革、取得初步成效的同时，扬州市全面推进改革的深度和广度还不够，在推进改革的力度和成效上也不均衡，在改革服务高质量发展方面还不够有力有效，一些干部对改革的思想认识和担当精神还不足。2019年，我们将坚持以习近平新时代中国特色社会主义思想为指引，按照中央全面深化改革委员会、省委全面深化改革委员会和市委全面深化改革领导小组的部署，高举改革旗帜、保持改革定力、坚定改革方向；聚焦重点、突出难点，不折不扣落实好中央和省委关于改革的各项部署要求，努力打造一批具有鲜明"扬州印记"的改革品牌；进一步强化责任担当，落实奖惩机制，营造更加浓厚、更有活力的改革创新氛围，推动扬州全面深化改革工作走在全省前列。

1. 围绕完善社会主义市场经济体制，推动市场化进程取得决定性突破

经济体制改革是全面深化改革的主轴，应以市场化改革推进带动和牵引其他领域改革。一是加速完善市场体系和市场机制，加大简政放权力度，落实"3550"改革和不见面审批，推动政务服务"一张网"向基层延伸，降低中小企业融资成本和提升融资便利度，着力构建公平竞争、开放有序的现代市场体系，全面清除各类市场壁垒，提高资源配置效率和公平性，使"强市场"成为扬州的鲜明特质。二是加大政府改革创新力度，切实转变政府职能，出台服务企业"2号文件"，优化百强企业服务措施，消除造成要素价格扭曲、要素流动障碍的体制基础，打造垄断和市场管制、放宽服务业市场准入，引入竞争机制，为扬州经济提质增效、行稳致远的最强动力。全面提升政府治理能力现代化水平，将"强政府"特点转化为"强服务"优势。三是以深化国有企业改革为主抓手，推动混合所有制经济健康发展，分离移交"三供一业"强主业，剥离国有企业办社会职能，形成各类所有制经济优势互补、活力迸发的生动局面。

2. 围绕全面建成小康社会目标，推进补短板关键改革取得根本性进展

补齐短板成为全面建成小康社会的关键所在，也是改革的重点所在。一是针对县域经济短板，优化产业发展布局，大力推进战略性新兴产业"5+3"发展。加大县域基础设施建设，重点支持各县（市）加强能源、水利、城建、民生、环保等基础设施建设，推进沿江沿河联动发展。拓宽城乡居民增收渠道。加大就业困难群体就业援助力度，通过岗位补贴、社会保险补贴、政府购买公益性岗位等形式帮助困难弱势群体实现就业。二是针对基础设施短板，加快建成连淮扬镇铁路、东部综合交通枢纽，启动宁扬城际轨道、扬州城市轨道1号线等规划建设，积极争取北沿江高铁列

入国家规划。完成长江12.5米深水航道整治二期工程，打造江河联运枢纽港。三是针对民生保障短板，以收入分配制度改革为重点，构建工资正常增长机制。推动城乡居民收入增长和经济增长、劳动报酬提高和劳动生产率提高"两个同步"。加快基本公共文化服务标准化和均等化，合理布局城乡公共文化设施，丰富农村文化产品和服务供给。把农村扶贫开发同扩大有效供给有机结合起来，全面实施低收入农户就业援助、创业扶持、政策保障和生活救助"四大工程"。四是针对外开放短板，推进跨江融合发展，推进公共服务领域合作共享，打造跨江融合发展的先行示范区。探索对外商投资推行"清单化审核，备案化管理"改革。全面推进贸易通关便利化，加快电子口岸建设步伐，进一步提升电子商务与对外经贸领域的融合水平。大力培育建设省级出口基地，推动将产业集聚优势转化为出口优势。

3. 围绕推进经济社会再上新水平，突破科学发展瓶颈的关键改革取得实际成效

在解决影响科学发展的深层次问题上拿出实招、力求实效。一是坚持以人为本，深入推进国家新型城镇化改革综合试点，继续推进农业转移人口市民化和城乡基本公共服务均等化，推进特色小镇、特色田园乡村建设，推广和完善农村土地承包经营权抵押贷款工作。二是坚持协调发展，以深化区域协调发展机制改革为重点，实施"县域经济、基础设施、城乡统筹、民生保障、对外开放、现代农业"六大补短板工程。强化区域发展的制度和体制支持，注重江河联动、城乡互动，狠抓"一带一路"建设机遇，推进宁镇扬一体化发展，加快融入上海都市圈，构建以经济带、城市群、都市圈、重点经济区等为支撑的区域协同发展格局。三是树立法治理念，全面依法治国，着力推进依法执政、依法行政、依法治理和依法办事，用法治思维和方法克服发展中的各种问题，建立产权制度，依法保护产权，为经济社会发展提供稳定可靠的制度环境。

4. 围绕新扬州呈现新面貌，力争支撑扬州发展蓝图的关键改革取得重大成果

建设"强富美高"新江苏，是习近平总书记对江苏未来发展的总命题，也是引领扬州发展的总纲领。为建设"人们心目中的扬州"注入强大改革

动力,是新时期扬州深化改革的战略任务。一是围绕"经济强",重点探索如何深化科技体制改革,为经济提质增效注入创新驱动力,实质性提升扬州自主创新水平和核心竞争力。二是围绕"百姓富",重点完善促进共同富裕的体制机制,着力完善改善民生的普惠性和针对性机制,确保改革开放发展成果为全市人民共享。三是围绕"环境美",重点加强生态文明体制改革,完善可持续发展的制度安排,全力推进公园体系建设,推进"美丽扬州"建设取得新进展。四是围绕"社会文明程度高",突出社会主义核心价值观的教育实践,深化群众性精神文明创建和道德实践活动,建立文明城市长效化、常态化管理机制,为建设"强富美高"新扬州提供强大精神动力。

B.4 扬州大运河文化保护传承利用示范区建设研究

程兆君 赵亮 宋犁犁 陆洋*

摘　要： 扬州是大运河的发轫地，大运河是扬州的母亲河。近年来，扬州市坚持生态保护、全域旅游、文化传承"三位一体"，自觉担当，主动作为，积极争当国家大运河文化带建设的示范。本文分析了扬州在大运河文化保护传承利用中的现实基础、自身优势以及机遇挑战，提出要抢抓国家战略机遇，打造大运河文化保护传承利用示范区，并提出了相关建议举措。

关键词： 大运河　文化保护　传承

深入挖掘大运河承载的丰富历史文化资源，合理利用文化资源打造大运河文化带，保护好、传承好、利用好大运河沿线宝贵遗产，是新时代党中央、国务院作出的一项重大决策部署。扬州作为大运河的原点城市，如何抢抓历史机遇，融入国、省规划，打造大运河文化保护传承利用示范区，把人们心目中的扬州建设好，满足世界人民对扬州的向往，争创扬州发展的第四次辉煌，已成为一个现实而紧迫的课题。

---

* 程兆君，扬州市发展和改革委员会副主任；赵亮，扬州市发展和改革委员会社会处处长；宋犁犁，扬州市发展和改革委员会社会处副主任科员；陆洋，扬州市发展和改革委员会社会处科员。执笔人：陆洋。

一 扬州建设大运河文化保护传承利用示范区的现实基础

大运河扬州段北起扬州与淮安交界处，南至长江，全长约150公里，是有文献记载的众多运河中开凿时间最早、使用时间最长的河道，也是一条集航运、水利、旅游、景观、遗产保护等功能于一体的综合性运河。作为大运河"申遗"牵头城市、南水北调东线源头城市和江淮生态大走廊建设首倡城市，近年来，扬州在持续推进大运河保护、传承、利用方面，做了大量卓有成效的工作。

1.牵头大运河联合申遗，遗产保护工作走在全国前列

2004年扬州率先投入"申遗"行动，2007年成为大运河"申遗"牵头城市，2014年联合运河沿线35个城市推动大运河成功"申遗"，之后国家文物局在扬州设立了大运河遗产保护管理办公室。扬州充分发挥牵头城市的示范和带动作用，在文物本体保护、局部河道风貌整治、保护规划编制、地方法规研制等方面率先行动，重新展现了明清故道，修缮了邵伯古街、高邮盂城驿等遗产，颁布实施大运河扬州段保护规划，制定大运河遗产保护规范性文件，建立数字管理平台和遗产监测预警系统并在全国推广。此外，扬州还成立了大运河遗产保护志愿者队伍，充分激发全市民众保护大运河的热情。

2.首倡江淮生态大走廊建设，沿运绿色生态廊道正在形成

围绕运河沿岸绿色廊道打造，扬州在江苏省率先规划建设1800平方公里的江淮生态大走廊，对重点生态敏感区和永久性绿地实行立法保护，以人大决议方式对淮河入江水道城区段实施"四控一禁"管控措施，并在江苏省率先制定出台了宝应、高邮江淮生态经济区建设"四个清单"。近年来，扬州投资18亿元实施了南水北调东线源头水质保护工程，投入120亿元实施"清水活水"城市建设工程，投入130亿元开展植树造林和生态建设。

3.创造性传承传播运河文化，运河文化精神魅力持续彰显

近年来，扬州大力推进文化博览城建设，建立了雕版印刷、扬州剪纸等

13个传统文化重点传承保护基地，打造486"非遗"集聚区、中国琴筝文化园等文化集聚区，成立了25个文化名师工作室和1个文化名师工作总室，充分弘扬运河文化。连续12年举办鉴真国际半程马拉松赛，并已连续6次获评国际田联金标赛事，充分展示了运河名城的活力。2007年创办世界运河城市论坛，目前已成为世界运河城市经济文化交流的重要纽带和桥梁。

4. 活态化利用大运河水资源，黄金水道综合效益有效发挥

近年来，扬州实施了大运河"三改二"工程，对施桥、邵伯等运河干线支线船闸进行改扩建，大运河扬州段已经成为全国航运密度最大的内河航道。船舶年通过量达到3亿吨，相当于6条京沪高速、3个葛洲坝的运量。南水北调东线一期工程设计输水能力达750立方米/秒，沿运灌区灌溉面积达110万亩。此外，扬州还精心打造古运河、瘦西湖等水上旅游产品，在运河沿线培育邵伯运河风情小镇、菱塘回族风情小镇等特色小镇。

二 扬州建设大运河文化保护传承利用示范区的突出优势

1. 历史地位显著

作为大运河的原点城市，扬州与大运河同生共长。公元前486年，吴王夫差在扬州筑邗城、开邗沟，沟通长江和淮河，开启了中国大运河2500多年的发展史；唐代受益于隋唐大运河，南北航运开始兴盛，扬州成为四方商贾云集的宝地；鉴真从扬州大明寺出发，经运河入江入海，东渡日本传播佛教文化；清代康熙、乾隆都曾六下江南，并多次在扬州驻跸。大运河孕育了扬州城市，贯通了扬州湖河，奠基了扬州文化，运河文化是扬州文化不可分割的重要组成部分。作为与运河同龄的"长子"和中国大运河联合"申遗"的牵头城市，扬州牵头推动大运河入选世界文化遗产，大运河扬州段6条河段、10个遗产点纳入世界文化遗产名录，均为运河沿线城市之最。

2. 区位优势明显

扬州是大运河沿线的重要枢纽。自古"淮南江北海西头"，扬州位于

江、河、海的交汇处,是陆上丝绸之路和海上丝绸之路的连接点,自隋唐起就是对外贸易交换地。扬州是大运河沿线的经济中心。扬州自汉至清几乎经历了通史式的繁荣,隋唐、明清时期的扬州财富、资本高度集中,是整个中国乃至东亚地区资本最为集中的地区,也是规模最大的金融中心和闻名遐迩的国际商业都会,有"中国运河第一城"的美誉。扬州是大运河沿线的文化中心。经济的繁荣带来文化的兴盛,数千年的历史积淀在大运河扬州段留下了21处全国重点文物保护单位、46处省级文物保护单位、405处市级文物保护单位以及1169处不可移动文物。同时,还孕育了联合国人类非物质文化遗产3项、国家级19项、省级61项、市级202项,全市现有国家级"非遗"传承人21名、省级82名、市级369名。

3. 生态环境优美

扬州是联合国人居奖城市、中国人居环境奖城市、国家环境保护模范城市、中国森林城市。近年来,扬州着眼自身基因基础,尊重自然、因势而为,围绕允许和适宜建什么样的城市,推进反向规划、"四控一禁"等机制创新,率先启动江淮生态大走廊建设,积极推进老城"+公园"、新城"公园+",大力推进公园体系建设,高品质打造了廖家沟城市中央公园、古运河三湾湿地公园等10个生态中心,扬州已成为一座生态环境优美的"公园城市"。

4. 旅游资源丰富

扬州是国务院首批公布的24座历史文化名城之一。得益于运河的繁华,扬州素来是人文荟萃之地、风物繁华之城,有众多的名胜古迹和雅致园林。属于运河水系的"瘦西湖"历史悠久,在十里长的湖区两岸,营造了"两堤花柳全依水,一路楼台直到山"的湖区胜境。大运河扬州段还有历史悠久的古刹大明寺,有"城市山林"美誉的何园,四季假山著称的个园,有隋炀帝、康熙、乾隆等皇帝留下的行宫遗址等数不胜数的美景。此外,高邮市、邵伯镇、大桥镇等历史名城名镇以及四庄村、沙头村等特色田园乡村极大地丰富了来扬州旅游的选择。

三　大运河扬州段文化内涵分析

扬州与大运河相辅相成，形成了独特的扬州运河文化。

1. 盐商文化

大运河扬州段作为明清大运河盐业运输的流通要道，见证了盐业经济的鼎盛。以个园为代表的盐商住宅、岭南会馆为代表的商集会场所、瘦西湖为代表的盐商休闲区域以及两淮盐务稽核所、盐宗庙等和盐业发展紧密关联的遗产点，集中表现了清代前期大运河沿线发达的盐业经济所带来的高度商业文明。

2. 水工文化

大运河扬州段位于江、河、海交汇处，是大运河中水势、地势情况相对复杂的一段，承载了历史上自然与人工结合所创造的伟大成就。大运河扬州段的这些技术在运河发展史上是非常先进的：黄河夺淮以前真扬运河（今仪扬河）与伊娄河（今瓜洲运河）入江口的水利工程设计与建造技术均在当时处于领先地位，采取引江水济运，即在真扬运河和伊娄河等入江河段依靠堰、埭、闸等设施引江潮蓄水，调节水位；盛唐时期伊娄河上所建二斗门船闸，是我国早期的船闸雏形；真扬运河入江口的宋代真州闸（复闸）有明确的文献记载，既可蓄积潮水，又可辅助船只过港，比欧洲同类船闸早约400年。

3. 园林文化

大运河的沟通融汇和兼收并蓄赋予扬州私家园林"南秀北雄"的特点，以四季假山为代表的个园被誉为中国四大园林之一，以中西合璧著称的何园被称为晚清第一名园，瘦西湖更是有"园林之盛，甲于天下"之誉。除了遗存有大量精致典雅的古典园林和传统建筑遗产，还有《扬州画舫录》等古代建筑经典著作，延续至今园林营造技艺、传统建筑技艺，以及较为系统的传统建筑技艺研究和传承。

4. 诗歌文化

大运河扬州段在隋唐两宋时期连通了中原大地与江南水乡，不仅带来了经济上的空前繁荣，也造就了扬州诗歌的巅峰。出生于扬州或到过扬州的名家众多，知名者占唐诗宋词名家半数以上，他们纷纷流连于扬州，更有甚者以"腰缠十万贯、骑鹤下扬州"为志。扬州人张若虚的《春江花月夜》"孤篇压全唐"，李白的"烟花三月下扬州"写进了千百年来无数人的心中，刘禹锡在扬州宴席赠白居易"沉舟侧畔千帆过，病树前头万木春"的千古名句，刘长卿的"落花逐流水，共到茱萸湾"、杜牧的"二十四桥明月夜、玉人何处教吹箫"、辛弃疾的"淮左名都、竹西佳处"至今有迹可循，甚至在唐代诗人中并不突出的徐凝，仅凭一首"天下三分明月夜、二分无赖是扬州"就让扬州人怀念至今。

5. 学术文化

大运河扬州段养育了无数文人墨客，浇灌出浓郁的人文氛围。他们或生于斯或长于斯，或以留下墨迹为荣。最初为《文选》作序的隋代曹宪和唐代李善均是扬州人，曹李巷至今仍在；清代以阮元、焦循、汪中、任大椿、王念孙父子为代表的扬州学派总结了乾嘉汉学，注重经世致用，为晚清经世派之先驱，在中国学术史上享有盛名；近代思想家魏源在扬州新仓巷的絜园完成了一部中国人研究东西方世界的划时代著作——《海国图志》，提出"师夷长技以制夷"，开近代史上向国外学习的思想先河。

6. 民俗文化

由运河衍生的民俗文化缤纷多彩，以联合国人类口头及非物质文化遗产代表作古琴为代表，大运河扬州段沿线传统文化自古以来百花争艳。广陵古琴自成一派，深受文人士大夫影响，高雅清丽；露筋娘娘等传说、拔根芦柴花等邵伯秧号子、《杨柳青》等民歌、木偶戏等非物质文化遗产广受大众欢迎，通俗质朴。受地域影响，扬州艺术风格南北交融、刚柔兼济，扬州评话、扬州弹词、扬剧等，充分体现了南北地域文化特点。

7. 美食文化

起源于运河漕盐富商的淮扬菜是中国四大菜系之一，作为清代宫廷菜和现代国宴的主流而闻名海内外。扬州炒饭、清炖蟹粉狮子头、大煮干丝等名菜，扬州三丁包、翡翠烧麦等名点制作技艺及富春、冶春、共和春等传统饮食名店、名厨，其饮食文化秉承食不厌精、脍不厌细的传统，不仅追求色香味的极致，更因文人士大夫和富商巨贾的参与推动，诞生了满汉全席、红楼宴等人文佳话，形成了精致、文雅的特色。当前，亟须讲好老字号品牌和传统名点故事，弘扬扬州运河沿线浓厚的美食文化。

8. 工艺美术文化

大运河沿线工商业发达，扬州作为沟通东西南北的交汇点，更是有无数珍贵技艺得以流传。得益于大运河的贯通，造就"天下玉、扬州工"的盛名，现存北京故宫珍宝馆的大型玉山"大禹治水图"，原料重达5.3吨，乾隆年间自新疆密勒塔山运到扬州，历时六年完成后经运河送往北京宫廷。扬州雕版印刷技艺始于唐代，发展于宋元，兴盛于清代。千百年来，扬州广陵古籍刻印社仍保存着传统纯手工的雕版印刷技艺，陈义时、陆文彬等一批国家级、市级雕版印刷技艺"非遗"传承人运用传统工具手工操作，整理、雕刻、出版了一大批珍贵古籍，使中国的雕版印刷传统工艺及其文化形态薪火相传，成为中国非物质文化遗产的一颗明珠。此外，还有来自四面八方的工艺大师，在运河名城会聚，将铜镜、漆器、扬派盆景、八刻、斫琴技艺、扬州剪纸、江都金银细工、扬州刺绣、毛笔制作技艺等驰名天下的技艺代代相传。

9. 农耕文化

扬州自古物产富饶，河网纵横，大小湖泊星罗棋布，大运河的开凿与贯通更是推动了南北方农业生产技术的交流和农作物品种的移植与栽培，中原农耕文化与北方的草原游牧文化、南方的鱼米桑茶等水乡文化在此交融，促进了扬州农业经济的发展，高邮湖、宝应湖、邵伯湖、白马湖渔业，以高邮蛋鸭、宝应莲藕、邵伯菱角、大仪肉牛为代表的种养殖业，以及与农业相关的民间文学、舞蹈、体育杂技、医药等门类的非物质文化遗产，是扬州因天时、尽地利、勤人力的农耕文化的典型代表，并以融合南北方特点而独具特色。

10. 开放文化

大运河扬州段作为大运河的重要节点，见证了文化、思想、观念、艺术、传统和科学技术等多方面的交流。扬州普哈丁墓、大明寺都是大运河文化交流的独特例证。研究扬州运河与佛教、伊斯兰教、天主教和道教的关系，打好"鉴真牌""崔致远牌""普哈丁牌""马可·波罗牌"，彰显扬州在促进地区、国家乃至国际文化交流方面做出的重大贡献。

四 扬州建设大运河文化保护传承利用示范区的机遇和挑战

党的十九大明确了习近平新时代中国特色社会主义思想的指导地位，作出了"坚定文化自信，推动社会主义文化繁荣兴盛"的重大部署，为将大运河打造成中华民族伟大复兴的文化标志性品牌提供了难得的历史机遇。2014年"申遗"成功标志着大运河的普遍价值、真实性和完整性得到了国际社会的认可。2018年以来，扬州贯彻落实江苏省委"经济发展、改革开放、城乡建设、文化建设、生态环境、人民生活"6个高质量发展的要求，以及省委书记"把人们心目中的扬州建设好，满足世界人民对扬州的向往，争创扬州发展的第四次辉煌"的要求，均为建设大运河文化保护传承利用示范区提供了行动指南，更是重要的动力支撑。

然而长期以来，大运河扬州段多类型、系统性、全方位的遗产保护和文化展示仍显不足，运河承载的文化价值和精神内涵挖掘有待深化，宣传教育、科学利用手段不够丰富，运河遗产的重要价值和保护需求还未成为全社会的普遍共识；非物质文化传承存在断代危险，不少精湛传统生产工艺传承后继乏人；大运河扬州段航运功能突出，沿线人口密集、城镇密集、经济发达，经济社会发展与文化遗产保护存在矛盾；作为南水北调东线工程的源头，生态修复与环境保护任务繁重；运河旅游的长线化与旅客需求的短期性相矛盾，旅游资源集聚优势尚未形成；人力、财力和技术力量投入不足，专业人才紧缺；运河存在多部门、多层级分头管理的情况，仍需要进一步加强协调、形成合力。

五　建设扬州大运河文化保护传承利用示范区

扬州是长江经济带和大运河文化带的"十字"交叉城市，通过牵头大运河"申遗"，在运河沿线遗产协同保护上积累了丰富经验，在大运河文化带建设中应主动作为、率先作为，体现"扬州担当"，建成大运河文化带的扬州示范，为全国大运河保护与利用提供创新模式和示范样板。

（一）争做运河遗产保护的示范

探索运河遗产保护利用新模式，营造浓厚的人文气息、文化氛围，打造"开放式的运河文化博览城"，建成大运河保护的示范城市。一是加大运河文化遗产保护力度。坚守保护规划的红线，严格遵守各级大运河遗产保护规划和《扬州历史文化名城保护规划（2015~2030年）》。建设大运河遗产导示系统，统一标识文物、古迹、历史遗存，推动保护管理标准化、规范化。实施大运河扬州段遗产保护、展示工程，建设好扬州城国家考古遗址公园、隋炀帝墓遗址公园，推进龙虬庄遗址、隋江都宫遗存保护，同时做好沿线的古街巷、古遗址、古建筑等的修缮整治工作和历史文化名城名镇名村的整体性保护工作。实施大运河扬州段沿线非物质文化遗产记录工程，对濒危的非物质文化遗产项目进行抢救性研究、记录和传承保护，对具有市场前景的非物质文化遗产项目实施生产性保护，重点发展工艺美术、琴筝制作、古籍线装、戏曲演艺四大"非遗"产业。加强对非物质文化遗产重要载体和空间的保护，实施周边自然、人文环境和集聚区域整体性保护，对非物质文化遗产资源进行数字化记录、保存。整体规划、保护修复或科学再现重要大运河文化景观，强化历史文化名城名镇名村、街区和传统村落的整体保护修缮，展现沿线自然与人文、宜居与诗意相结合的景观特色。严格控制土地使用性质，推动市政、消防、环卫等基础设施工程建设与空间格局、民居风貌相协调，对不符合要求的建筑应逐步改造或拆除。二是增强运河文化遗产传承活力。在大运河沿线重点片区规划建设以"一馆多园"为代表的重大项目：一馆，

即在扬州主城内学习借鉴国际先进做法,运用现代科技手段实现大运河文化多维度展示,新建或改建一批特点突出、互为补充的大运河文化博物场馆、展览馆;多园,结合各县(市、区)运河沿岸历史文化特色,打造多个运河公园综合体。用好大运河沿线各类展示场所,推进中国大运河博物馆、扬州大运河盐业盐商盐运主题展馆群、运河船舶文化博物馆等项目规划建设和改造提升。依托文化和自然遗产日、重要传统节日,开展非物质文化遗产的主题展示传播活动,定期组织大型巡演。用好现有文博场所、图书馆及城市书房等公共文化服务设施,加大"非遗"宣传展示力度,推动各类公共文化设施向群众开放。三是阐发运河文化遗产精神价值。全面开展系统的保护研究工作,持续开展扬州特色独特技艺的保护研究,挖掘和弘扬大运河千年文化的当代价值和时代特色。加大对大运河扬州段相关政治、文学、商贸、历史名人、传统技艺、民间戏曲等的阐释力度,挖掘大运河在数千年历史中逐步凝练、升华的中华民族优秀传统文化及其扬州特色。恢复、打造名人故里、名家遗迹,讲述扬州大运河水上文明史,讲活大运河扬州段历史和当代故事,深化全社会对大运河文化的认知,形成浓厚的文化氛围,切实增强文化自信。组织编写大运河历史文化校本课程,进入中小学教育。大力推动大运河文化走出去,实施运河航道改造提升工程,使运河成为扬州接入海上丝绸之路、联通"一带一路"、进一步融入长三角城市群的重要通道,进一步向世界展现扬州风貌,满足世界人民对扬州的向往,促进大运河成为扬州文化传播的符号和载体。

(二)争做运河生态文明建设的示范

以江淮生态大走廊建设为抓手,以南水北调、清水北送为重点,严守生态保护红线,强化污染源头管控,系统开展治理修复,构建联防联控机制,建设以运河为主轴的生态文明廊道,打造山水林田湖生命共同体和绿色生态带建设示范段。一是强化生态环境源头管控。强化生态空间管控,划定生态保护红线,细化分类分区管控措施。在高邮、宝应实施自然保护区、清水通道、饮用水源地、湿地公园、风景名胜区、世界文化遗产等六大区域生态管控清单,努力打造生态经济先行示范区和生态廊道建设的样板区。在河道两岸因地制宜规划建设一批特色突出、相互联系的自然生态空间，严格控制新增非公益建设用地，实施滨河防护林生态屏障工程。二是推进生态保护修复。推动良好湖泊建设，实施"一湖一策"保护计划，推进高邮湖退渔还湖工程和白马湖、宝应湖水系连通工程，高邮宝应邵伯湖3公里范围内全面实施"三退三还"，争创国家良好湖泊。推进扬州市高宝湿地保护区升级，加大对江都渌洋湖湿地公园、高邮东湖省级湿地公园和扬州宝应湖国家湿地公园等湿地公园的保护力度。恢复治理退化湿地，抢救性保护里下河沼泽等生态区位特别重要或受严重破坏的自然湿地。着力保护和恢复河道水生态环境和河湖自身修复能力，实施湖滨生态敏感区生态修复、区域主要河道岸线改造、水生生态养护和小流域综合治理等工程，构建系统、立体、多层次的生态修复与污染物削减体系。三是加强环境污染防治。推进种养结合和废弃物无害化处理、资源化利用，加快发展循环农业，推广绿色防控技术，开展土壤修复工程，推进农业面源污染治理。结合"263"专项整治行动，深化工业污染防治。加快城镇污水处理设施建设与提标改造，推动汤汪污水处理厂等重大基础设施项目建设，提升城镇污水处理水平。

（三）争做运河文旅产业发展的示范

聚焦和紧扣"文化带"建设，推动运河文化遗产活态利用，将运河丰富的文化资源转化为国际文化旅游名城的金色名片。一是塑造运河文化旅游品牌。丰富运河旅游产品体系，重点打造景区游览、运河古镇、休闲度假、旅游节庆、旅游美食、旅游商品等6类旅游产品品牌，构建文化观光类、科普研学类、休闲体验类、民俗体验类、运动休闲类、节事会展类、文化演艺类等7类运河旅游产品体系，开发世界文化遗产精品线路、盐商文化休闲经典线路、运河水文化体验线路（淮扬运河城际经典水上游线、扬州市域水上游览路线）、体育运动休闲线路、运河文化节庆线路等5条品牌旅游产品和宗教文化主题、古镇渡口主题、邮驿文化主题、美食文化主题、红楼文化主题、名人文化主题等多个主题文化旅游。二是提升运河旅游配套服务。重点推进交通基础设施重大项目建设，加快重要交通枢纽与运河景点连接公路建设，开通

公共交通线路，解决"最后一公里"难题。完善旅游信息引导系统，在游客聚集地设置功能旅游引导标识和信息查询系统。建立健全游客咨询服务体系，实现扬州运河沿线主要景点集中地带全覆盖。建设"智慧运河"旅游服务系统，提供景区介绍、电子讲解、免费Wi-Fi等功能。完善便民服务设施，推动旅游厕所建设和管理行动，打造"主客共享"的全域旅游遗产游憩空间。三是促进运河文化产业发展。依托沿线丰富的物质和非物质文化遗产，发展创意设计服务、文化软件服务、文化休闲娱乐服务、文化艺术服务等文化产业。探索"非遗"保护产业化之路，通过创意设计让优秀传统文化焕发生机，推动传统与现代、民族与世界相融合，开发多样化、个性化的系列文创产品。推动大运河文化与互联网、大数据、云计算、人工智能等高新科技深度融合，培育新型文化业态，形成文化产业新的增长点。扩大对外文化贸易，鼓励扬州古典园林、雕版印刷、剪纸、古琴等历史文化遗产走出国门，推动更多文化产品和服务"卖出去"。四是要丰富运河旅游休闲产品。深入挖掘大运河深厚的文化内涵，借助游船、画舫、茶馆、书场、民宿、古街及各种游憩设施，展示传承扬州清曲、扬剧、扬州评话、扬州弹词、扬州民歌、木偶戏等地方特色表演，引入现代休闲娱乐形式，丰富大运河船上、水上和岸上旅游休闲娱乐产品和服务，构建"慢游运河"娱乐体系。组织开发以运河文化为主题的高水平大型实景和剧场演出，用艺术手段展现历史运河与当代运河盛景。推动淮扬菜与旅游融合发展，整合现有旅游资源和美食文化资源，开发淮扬菜美食旅游文化线路，推出一批游客可参与、可体验、可互动的美食文化体验场所。

（四）争做运河文化研究与交流的示范

发挥好大运河遗产保护城市联盟牵头城市的作用，建立对市内大运河研究力量的协调机制和对大运河沿线城市研究力量的联络机制，组织开展大运河文化的保护传承利用研究，用好扬州深厚的文史专家资源，让扬州的运河文化研究与交流走在全国最前列，在扩大国际运河城市互动交流合作和扬州城市影响力上再领跑。一是打造大运河文化带智库。依托中国大运河研究院，推动与国内外高等院校、研究机构的深度交流，运用新观念、新思路、新方法，对照古今，融汇中外，深入开展大运河文化思想相关研究，推出更多滋润心灵的优秀科研成果，打造大运河文化精神的学术阵地，进一步弘扬大运河千年文化的当代价值和时代特色。二是建立交流合作机制。充分发挥大运河遗产保护管理办公室以及世界运河历史文化城市合作组织（WCCO）等机构的影响和作用，每年召开世界运河城市论坛，一年一主题，组织开展国际学术研讨，共商运河城市发展、共享发展经验、推动互利合作，促进运河城市文化遗产的开发保护和利用，促进运河城市共同发展和繁荣。

（五）争做运河特色乡村建设的示范

根据美丽田园乡村建设和特色小镇打造的总体要求和目标，立足资源环境承载力，按照"河为线，城为珠，线串珠，珠带面"的思路，充分利用大运河物质遗产和非物质遗产，依托特色村落的自然景观和文化习俗、历史遗存，形成生态环境优美、文化特质彰显的特色小镇和特色田园乡村发展轴。一是将运河特色小镇建设作为实现乡村振兴的重要抓手。在运河沿线培育建设一批产业特色鲜明、体制机制灵活、人文气息浓厚、生态环境优美、多种功能叠加的特色小镇，引领全市乡镇转型升级发展。充分挖掘运河沿岸的农耕文化、盐运文化、码头文化、渡口文化、水工文化、玉文化、渔文化，加快广陵区湾头玉缘风情小镇、江都区邵伯运河风情小镇等首批市级特色小镇创建对象建设进度，继续做好氾水特色小镇、泾河特色小镇、菱塘回族乡民族风情小镇、十二圩盐文化旅游风情小镇、樊川淮扬运河尚善小镇、宜陵运河特色水文奇观小镇、瓜洲古渡特色小镇、界首芦荡渔乡小镇、车逻鸭鸭小镇等特色小镇的培育，推动特色小镇成为大运河扬州段的明珠。二是将特色田园乡村作为推进美丽乡村建设的重要载体。依托特色村落的自然景观、文化习俗、历史遗存等资源，在大运河沿线优先选择一批特色产业基础良好、区位条件优越、核心区集中和发展潜力较好的地区试点建设特色田园乡村。开展农村环境综合整治，发展壮大特色产业，传承乡土文脉，加快乡村各项改革，改善乡村公共服务，推动乡村全面进步，打造一批生态优、村庄美、产业特、农民富、集体强、乡风好的特色田园乡村示范。

B.5 扬州现代公园体系建设研究

扬州市城乡建设局、市历史文化名城研究院课题组*

摘　要： 扬州市是进行公园城市建设实践的典型城市。近年来，扬州在包括现代公园类别体系、布局体系、建设体系和管理体系方面取得了瞩目的成绩，形成了具有扬州特色的现代城市公园体系。本文总结了该体系在人本性、系统性、合理性、文化性、艺术性等方面的突出特点；同时对公园在布局、管理、类别体系方面的不足进行梳理，并提出相应的提升策略。

关键词： 扬州　公园体系　城市生态

"公园城市"是将城乡绿地系统和公园体系、公园化的城乡生态格局和风貌作为城乡发展建设的基础性、前置性配置要素，把"市民—公园—城市"三者关系的优化和谐作为创造美好生活的重要内容，通过提供更多优质生态产品以满足人民日益增长的优美生态环境需要，是新型城乡人居环境建设理念和理想城市建构模式。2018年2月，习近平总书记在视察成都天府新区时指出，天府新区的规划和建设，特别要突出公园城市特点，把生态价值考虑进去①。公园城市作为一种城市发展模式随着这一重要论述引起各方广泛关注。

---

* 课题组负责人：陶伯龙，扬州市城乡建设局局长、市历史文化名城研究院院长。课题组成员：高永青，市历史文化名城研究院副院长；陶巍（执笔），市历史文化名城研究院研究实习员。
① 规划中国：《公园城市系列谈（一）：公园城市的背景、内涵和理念特征》，http：//www.cdttjt.com/xinruitoushi/201805/11334.html，2018。

扬州市是近年来进行公园城市建设实践的典型城市。2015年9月，中共扬州市委书记首次提出扬州特色城市公园体系建设。近年来，扬州建立了以市级公园、区级公园、社区公园和各专类公园构成的大、中、小合理搭配的公园体系，形成了"园在城中，城在园中，城园一体"的绿地格局。

扬州现代公园体系是扬州公园城市建设的阶段性成果，为扬州公园城市建设打下了良好的基础，同时也是公园城市建设与扬州实际相结合的创新性实践，为公园城市建设理论提供了创新案例及理论基础。

一 扬州现代公园体系建设背景

优良的生态环境是扬州的资源禀赋，保护生态环境也成为扬州市实现可持续发展的重要抓手。兼具休闲、游憩、娱乐、防灾等基本功能的现代公园成为扬州市推进生态文明建设和满足人民日益增长的美好生活需求的发展方向和着力点。近年来扬州市大力推进高水准、多层次、全覆盖的城市公园体系建设的必要性主要体现在以下几个方面。

（一）现代公园的缺乏

扬州是中国著名的园林城市，但传统的扬州园林都是私家园林，主要用于满足园主的个人需求。瘦西湖、个园、何园等原先是私家园林，虽然对外开放，但收取门票；功能单一，属于供游人欣赏的景点专类公园；不宜作为全天候健身锻炼之用，不同于现代公园强调对公众免费开放，不是向市民开敞的、无障碍的、全天候的公共活动空间。扬州在大力推进现代公园体系建设之前，鲜有为城市不同人群提供健身锻炼、生态休闲等方面服务功能的现代公园。

（二）城市生态提升的需求

良好的生态是扬州城市发展的核心竞争力所在，这需要全面落实绿色发展理念，打造绿色作底的"美丽中国"扬州样板。建设城市绿色空间、完善城市公园体系是扬州必须自觉践行的新发展理念，使绿色成为扬州的城市底色、发展主色和鲜明特色。现代公园体系建设作为统揽城市生态文明建设和绿色发展的核心工作，对于提升扬州城市固有的宜居品质、缓解城市病、推动城市的全面可持续发展有重要意义。

（三）市民生活方式改变的需求

随着城镇化进程的不断加快和生产方式的不断进步，人们的生活方式也在悄然发生变化，对环境、健康、休闲和公共活动空间等方面的需求愈加强烈。生态体育休闲公园建设是响应扬州市民的体育健身休闲和交流交往需求、打造宜居城市的重要举措。可达、可入、可亲近的城市公园体系，使得广大市民可以在公园享受健康、享受生活[①]。

（四）城市发展模式优化的需求

公园不仅惠及百姓，也重塑了城市。工业化时期的城市形态以生产为主导，强调功能分区，公共活动空间以街道和商业区为主，少量的成片绿地也是位于居住区和工业区之间的生态屏障，不具有可达性和可入性。将公园体系作为城市规划建设的重要组成部分，以均衡分布的城市公园作为城市的重要节点，可以沿路沿河绿化将城市绿地系统连为一体，锚固了城市形态，实现了市民公共活动空间从以商业街区为主到以生态体育休闲公园为主的切换。公园还是城市避灾场所、文化教育基地、步行交通的连接枢纽和提升城市价值的重要平台，是城市重要的功能性设施，也为城市发展增加了更多的选择。

二 扬州现代公园体系建设进展

公园体系是城市绿地系统的子系统，它包括城市公园类型、布局、功能、建设和管理等多方面内容，是一个具有一定层次、结构和功能的城市绿

[①] 谢正义：《推进城市公园体系建设 满足人民优美生态环境需要》，http：//hbjswm.gov.cn/wmcs/wenmingchengshi_jujiao/201712/t20171209_4519673.shtml，2017。

色公共开放空间体系。因此，可从以下几方面梳理扬州在现代公园体系建设中取得的进展。

（一）类别体系

2015年9月，扬州拉开以绿地为载体，以提升城市生态环境、增加市民生态福利为目标的公园体系建设序幕，截至2018年7月，扬州已先后建成309个各类免费对外开放公园，并依据《城市绿地分类标准》（CJJ/T 85—2017），将所有公园分为综合公园、社区公园、专类公园和游园（"口袋公园"）四类，其中综合公园37个、社区公园185个、专类公园28个、"口袋公园"59个，总占地面积超过26平方千米，相当于20个瘦西湖核心景区的面积，市区人均拥有公园绿地达18.57平方米，相当于每个居民都有一个"绿色客厅"，已初步形成规模不一、层次分明的城市公园类别体系。

（二）布局体系

按照居民出行"300米见绿，500米见园"的要求，在充分调研、听取民意的基础上，突出"三个舍得"，即舍得拿出最好的地方建公园，舍得投入资金配套设施，舍得投入精力规划建设，公园规划以满足"开车10分钟可到市级综合公园，骑车10分钟可到区级综合公园，步行10分钟可到社区公园"的城市公园总体布局要求进行合理布局。城市公园的服务半径现已覆盖全市500多个小区、150多万城市居民。

（三）建设体系

公园建设彰显地域特色。注重将文化、生态、园林园艺与公园建设有机融合，并根据不同类型公园赋予不同的特色和功能。综合性公园体现扬州历史遗存、造园艺术、宗教文化，打造城市生态和文化高地；社区公园突出"宜居性"，以满足各年龄段人群的需求；"口袋"公园做到"小而精"，充分利用桥下空地、边角地带，安置乒乓球台、小型篮球场等健身设施，满足周边居民的体育锻炼需求。

（四）管理体系

"三分建、七分管"，公园体系建设是需要长期坚持的过程，建设成果的巩固更是需要多方面的努力，在这方面扬州已进行一系列的探索。在完善政策配套方面，建立以多级财政资金为主的城市公园管护经费保障制度，同时发挥园林部门公园绿地的行政主管部门作用，其他相关职能部门积极配合形成合力，制定相关制度政策，履行好监督和指导服务职责，共同做好公园管理工作。在强化督查考核方面，拨付考核专项奖补资金，制定并落实《扬州市公园管理考核办法》，成立由专业考核和社会评价相结合的考核评价体系，如聘请"公园管家"，充分调动了广大群众参与的热情，使得专业、普通两个层面的志愿者活动有机结合，形成市民群众参与公园管理的制度。并将公园管理工作纳入政府年度目标任务考核体系，根据考核结果补贴管养经费。公园管理接受社会各界监督，提高管理水平与效率。在依法依规强化管理方面，在全省率先制定了《扬州市公园条例》，通过立法的形式，从理顺管理机构、保障建管经费、规范规划建设、完善管护措施等多方面保证公园建设和管理工作健康开展。同时，结合扬州实际情况，制定了《扬州立体绿化标准》《扬州市公园绿化养护技术规范》《扬州市开放式公园分类分级管理标准》及《扬州市开放式公园管理规程》等多项公园养护管理技术规范和标准，确保公园管养专业化和标准化。

三　扬州现代公园体系建设突出特点

扬州在现代公园体系建设中，不仅将公园建设看作一项民生工程，同时也当作重塑城市格局、打造城市标志、激发城市活力、培育市民新的生活方式、传承地域文化的载体。从当前扬州的建设实践中总结出以下四方面突出特点。

（一）以人为本，让市民"文起来、动起来、乐起来"

公园体系建设初衷是打破传统的钢筋混凝土的城市格局，重塑城市形态，以满足人民群众对优美环境、健康休闲的空间需求。因此，扬州公园体系在规划、建设中更多注重以人为本，打造可达性强、功能丰富的现代公园体系。

1. 突出公园开放性、可达性

根据不同类别公园的规模大小，大型综合公园、专类公园多布置在城市主干道旁，或与主干道之间设置道路连接，并配备机动车、非机动车停车场，方便市民出行。公园入口方面，除公园正门外，在连接道路、商业区、住宅区处设置可供行人出入通道，方便市民更快捷地进入公园，享受绿色公共空间；而小型社区公园和口袋公园多为敞开式设计，市民可由任意方向自由进出。

2. 设施齐全，满足不同人群需求

综合公园和社区公园注重公园功能分区的划分，如科学普及文化娱乐区、体育活动区、观赏游览区、老人活动区、儿童活动区、安静休息区、公园管理区等，使各种活动互不干扰，方便使用。同时配备满足不同年龄段人群的游乐设施、运动场地、休憩场所、城市书房，尽可能将公园打造成集生态、娱乐、运动、文化于一体的绿色活动区域；口袋公园建设提出"五个有"，即有树、有高杆灯、有长条凳、有高低篮球架或标准篮球架、有300平方米的橡胶平地，尽可能在有限空间内满足市民对活动空间的需求。

（二）由点及面，打造城市公园系统

扬州市以宋夹城体育休闲公园、三湾公园等一批城市公园为代表，初步构建了城市公园体系的基本框架；见缝插针式地在公园绿地嵌入式设置体育设施，增加公园绿地的功能性，提高了公园使用率；在老城区充分利用边角空间或者废旧公房改造，因地制宜建设"口袋"公园，小巧精致、环境优美、设施齐全，实现了由"城市公园"向"公园城市"的转变。

同时，扬州注重带状公园特别是滨河带状公园的建设，依托扬州纵横的河流水系，形成滨水带状公园骨架，串联各大城市公园和社区公园等，其线性带状的形态不仅承担起城市生态廊道的职能，而且在城市绿地网络化系统中成为点与点相互连接、点与面相互融汇的桥梁。从而有效避免了一个个单

个的城市公园由密集的建筑群包围，容易形成生境脆弱的孤岛，无法发挥公园的最大价值①。

以十里蜀冈绿廊上的宋夹城体育休闲公园、蜀冈生态体育公园以及古运河绿廊上的三湾公园、扬子津古渡体育休闲公园等代表性的城市公园为例，既有"扬州新名片"的特殊价值，又是其廊道系统中不可或缺的一环。

（三）因地制宜，促进公园与城市融合发展

扬州在公园体系建设中提出了推进新城"公园+"、老城"+公园"的建设目标。在城市新区建设中，把城市公园作为规划的核心要素，优先定点规划建设，再在周边布局建设公共服务设施、市民生活区、商业区等，兼顾了锚固城市形态的作用。以扬州东南片区为典型，三湾公园被视为扬州东南片区更新与改造的先发工程，对东南片区更具有重塑区域形态的重要作用。扬州已在这一片区先期布下了三湾公园、七里河公园、大水湾古城环道公园等。力争把东南片区打造成扬州"城市双修"和"公园+"发展模式的样板。

在老城区，则提出"+公园"，按照城市双修的要求，充分利用工厂迁移、沿河绿道甚至桥下空间，因地制宜添加城市社区公园、口袋公园。

（四）古为今用，注重地域历史文化传承

1. 传统园林技术的传承

扬州传统园林中叠石、理水等技法运用，山水、建筑、植物的布局，以及古建廊亭的设置，几乎在扬州所有的现代公园中都有或多或少的体现。在推进公园城市建设的过程中，扬州强调将传统园林技术与现代公共空间建设结合起来，在新建的公园中既有中国传统园林之本，也有现代景观元素理念，但更多的是强调生态、体育、休闲、文化功能的叠加，让市民充分享受生态、健康、文化福利。

---

① 杨伟康：《基于RS和GIS技术的杭州市公园绿地服务水平研究》，浙江大学学位论文，2014。

2. 扬州元素的融入

扬州作为国务院首批公布的 24 座历史文化名城之一，2500 年的历史给扬州留下了丰富的文化遗产，积淀了浓厚的地域文化特色。扬州现代公园建设中，注重对地域文化进行抽象、加工提炼，通过景观中的构筑物、小品、设施、符号等进行展示，既起到丰富景观元素的作用，同时对公园特色的表达也具有重要作用，有效避免了"千园一面"现象。例如，将扬州的剪纸文化融入三湾公园剪影桥和李宁体育园建筑形态的设计、鹤文化植入来鹤台公园水景设计，以及曲江公园内法制人物雕像、宋夹城体育休闲公园内复建城楼、扬子津古渡大牌坊等历史文化符号的运用，向人们展示了一个个具有现代气息，又不脱离它所根植的地域特征的特色公园。

四 扬州现代公园体系建设的不足

（一）部分公园位置不合理，公园的空间供给与城市需求尚未完全衔接

近年来，扬州各区都在有序推进现代公园建设。在规划建设中仍存在公园分布不均衡、部分区域公园无法满足人们需求等问题，原因有以下几点。①城市主要以"绿化覆盖率"和"人均公园面积"指标来衡量、评价公园绿地系统建设。随着生活水平的提高，人们对城市公园绿地的要求也不再局限于数量与质量，距离开始成为影响市民有效享用公园和衡量城市公园绿地布局合理性的核心因素。因此，传统"绿化覆盖率"和"人均公园面积"等二维指标已经难以在三维空间上描述城市公园绿地的布局，从而很难真正反映城市居民享用公园绿地服务的有效性[1]。②分布忽略了人口密度因素，会造成公园使用率不均衡，公园的空间供给与城市需求发生错位。部分区域公园面积无法满足人们

---

[1] 李素英：《城市带状公园绿地规划设计》，中国林业出版社，2011。

需求。还有部分公园周边缺乏相应的居住用地支撑，造成使用效率低下。③分布忽略了交通可达性因素，在评价公园规划合理性时，通常以公园为中心，划定一定半径的服务半径来界定覆盖范围，即假设人们到达城市公园绿地没有任何道路、水体、建筑物的阻力和限制，这样往往不能真实反映区域内部可达性的差异，得到的结果在一定程度上比实际情况夸大，因此服务面积也会在一定程度上放大。以与公园相同距离的两处居住聚集区为例，如果一处与公园相隔主干道，另一处则可以沿着人行道直接到达，则两者到该公园的可达性就有很大的差距，相应该公园为居民提供服务的能力就会打折扣。以上原因造成的市民无法平等享受公园红利的问题，需要得到重视。

（二）专类公园数量不足，类别体系有待完善

专类公园是以某种使用功能为主的公园绿地。随着市民休闲度假对主题特色的多元化需求增多，专类公园由于其主题性有更大的吸引力，同时由于其规划建设的特殊性和专业性，也成为城市、区域园林绿化发展水平的体现，甚至是城市建设、文化创新工作的重要抓手和展示窗口，在城市公园系统中有举足轻重的作用。扬州目前的专类公园多为历史名园、风景名胜公园、纪念性公园，缺乏儿童公园、野生动物园、植物园等专类公园。规模较大的动植物园仅有茱萸湾公园（扬州动植物园），且为收费公园，儿童公园尚在规划中。目前免费对外开放的28个专类公园中，无一处儿童公园、植物园、动物园。因此，满足特定人群和喜好的专类公园是当前构建扬州公园类别体系完整性的一项重要工作。

（三）部分公园维护不足，以老城区口袋公园较为严重

有学者对扬州31个各类公园进行实地走访和问卷调查发现，公共设施（无障碍设施、休闲座椅、垃圾桶）的缺乏和损坏、卫生环境有待改善、水边警示标识的缺失是这些公园出现频次最高的问题[1]。课题组实地走访中发

---

[1] 陶伯龙、孙建年：《扬州现代公园》，中国建材工业出版社，2018。

现，口袋公园由于日常管护跟不上，通常由该区域内清洁工代为打扫，设施、绿化鲜有维护。导致老城区口袋公园的空间常被占作他用，如被用作停车场、杂物堆放场地、晾晒场地等，设备、绿化破坏未及时更替，周围环境过于嘈杂，造成口袋公园预期作用无法显现。

五 扬州现代公园体系建设提升建议

（一）优化公园分布，提升公园服务水平

1. 加强对现状公园服务水平的研究

由上文可知，可达性和服务水平正是这种资源享用公平性和平等性的最好体现，它可以权衡居民享用公园服务水平的能力大小和为居民提供服务的辐射程度，有重要的研究价值。因此，有必要运用RS和GIS等技术，基于道路现实和城区人口分布，对扬州市主城区现状公园可达性和服务水平进行分析，定量了解城市公园绿地给城市居民提供服务的能力，并合理规划下一步公园建设的重点区域，确保居民可以方便平等地获得服务。

2. 根据人口分布增加和提升公园绿地的数量和质量

对于城市公园绿地的建设，居民能实际享用才最为重要，也是体现以人为本的目标，公园绿地建设也应当匹配或者重点参考人口分布，以提高绿地的服务效率和可达性①。提升整体服务水平，对公园服务较差的区域进行公园布局，扫除公园服务"盲区"。

3. 完善道路体系，提高服务水平

道路网密度与公园绿地的服务水平有明显的正相关关系，道路网密度越大，公园可达性越好，绿地的服务水平就越高，可见完善城市道路网络是提高城市绿地服务水平的有效途径。步行和公交是居民选择来往公园重

---

① 范香：《基于建筑物空间分布特征的深圳市综合公园空间布局均衡性分析》，深圳大学学位论文，2017。

要的绿色出行方式，因此扬州应大力发展完善城市公交网络和步行网络，在综合公园附近增设公交站点，在社区公园与居民聚集地之间加设步行道路。

（二）吸收民间资本，实现公园资金可持续发展

公园建设方面，2017年扬州市共新建改造8个综合公园、81个社区公园、29个口袋公园，三湾公园、蜀冈文化公园建成开放，明月湖公园提档升级。根据政府工作报告，2018年扬州全市计划再建65个城市公园，以完善具有扬州特色的现代公园体系。面对如此大规模的资金需求，一方面，在政策层面，扬州市拿出5%的土地出让金用于绿化工程建设；另一方面，如何用好民间资本，让其参与扬州基础设施建设，为扬州现代化建设服务理应得到重视。因此，利用PPP模式拓宽基础设施建设的融资渠道、寻求更多的社会资本参与到建设中来，就成为解决资金问题的突破口。以此来鼓励民间机构或者团体参与城市公园体系的管理和运营，发挥民间的智慧和力量构筑协调活动的组织结构，让城市公园绿地管理系统紧跟社会发展的脚步。

公园管理运营方面，综合类公园可以通过预留商业设施规划建设，移交给专业管理运营机构作为公园管理运营的财力支撑。同时注意在商业设施规划及后期经营时不能本末倒置，要立足于不破坏公园生态环境，在服务市民游园潜在需求的前提下，进行适当的开发经营，合理推动"以园养园"模式的发展。

（三）加强口袋公园管理，确保管养专业化

在城市公园体系中，口袋公园因其分布广、投资造价低、服务半径小且距离居住区近，在休闲与防灾方面有大公园不具备的优势，同时建设口袋公园也是消除公园服务"盲区"的有力手段[1]。针对目前"口袋公园"设施

---

[1] 彭筠：《基于景观场所功能多样化的城市口袋公园研究》，《艺术科技》2017年第4期，第337~338页。

简陋、缺乏维护的状况，主管部门应对口袋公园使用状况（公共设施情况、卫生状况、绿化养护、周围环境、无障碍设施）进行一次全面评估和清查，梳理出"口袋公园"在使用过程中存在的主要问题，针对公共设施缺失、破损，无障碍设施不足，植被破坏的情况进行及时补全、更换；日常管理方面，在保持良好卫生状况前提下，应安排专人对绿化、体育设施进行维护，确保"口袋公园"管养的专业化。

（四）充分利用公众力量，促进公园建设管理健康发展

扬州现代公园体系建设和公园城市建设的核心本质都是"以人民为中心"，其建设目标也是满足人民对美好生活的需求。因此，公园从规划、设计、建设、日常管理及治理各阶段工作都应紧密围绕这个核心，关注市民的需求和感受。从要求城市公园布局合理性和公平性，提高服务功能与质量，到园林规划和建设程序公开、透明地向广大市民公示，到多渠道发布设计方案，广泛征集市民意见，再到将公众对城市公园的满意度和获得感等内容作为公园体系建设考核的重要指标，建立从公众参与到公众评估的新机制才能保证公园城市的建设更加贴合实际、反映民意。

另外，要培养市民的主人翁意识，将公园当作自家花园的自豪感。尽可能举办各类文化体育活动，吸引公众参与，争取公众支持。引导市民既要对使用过程中发现的问题进行及时举报或监督，也可根据自身需求向主管部门建言献策。以此形成政府和公众的双向监督、反馈机制，促进公园建设管理朝着健康、稳定的方向发展。

六 结语

近年来，扬州在现代公园体系建设方面的实践为扬州公园城市建设打下了坚实的基础。现如今，扬州应继续体现在人本性、系统性、合理性、文化性、艺术性等方面的突出特点，并正视存在的不足。规划方面，优化公园分布，提升公园服务水平；建设方面，增设专类公园，完善公园类别体系；资

金方面，吸收民间资本，实现公园资金可持续发展；管理方面，加强口袋公园管理，确保管养专业化，并充分利用公众力量，促进公园建设管理健康发展。同时，在公园城市建设大背景下，扬州作为典型城市，应该以先行者和开拓者的姿态，积极探索公园城市理论，学习国内外城市优秀范例，促进扬州公园城市理论和实践共同进步。

经济发展报告

Economic Development Reports

B.6
2018年扬州工业经济发展研究报告

扬州市经信委课题组*

摘　要： 本文重点从指标运行、主导产业、规模以上企业、转型升级等维度，深入分析2018年扬州工业经济发展现状及面临形势，并对照中央和江苏省关于高质量发展的总体要求，提出聚力打造汽车及零部件、高端装备等8个地标性先进制造业集群，加快构筑支撑扬州市经济高质量发展的"四梁八柱"，同时系统化、具体化、特色化排出扬州市工业经济高质量发展的重点路径和举措。

---

* 课题组成员：王正年，扬州市经信委主任；赵宽安，扬州市经信委副主任；周咸欣（执笔人），扬州市经信委综合规划处处长。

关键词： 工业经济运行　产业转型升级　高质量发展

一　2018年扬州工业经济运行情况

2018年，全市上下围绕省委、省政府"六个高质量发展"的部署要求，紧扣市委、市政府"两报告两文件"明确的目标任务，主动作为，克难求进，工业经济发展呈现"总体平稳、稳中向好"的良好态势。1~9月份，全市规模以上工业实现产值7553亿元，同比增长7.5%。全部工业开票销售同比增长17.5%，增速居全省第5位，总量居全省第7位；全部工业入库税收同比增长9.4%；规模以上工业增加值同比增长4.5%。

一是产业发展总体向好。1~9月份，全市汽车、机械、船舶等14个工业主导产业中，12个产业开票销售同比增长，5个产业入库税收同比增长。其中，汽车产业受部分整车企业前期停产调整生产线和恢复性试生产，加之车市传统旺季折扣车单价较低的影响，开票销售同比增长3.8%，较上半年收窄6.7个百分点；入库税收较上半年由正转负。机械产业开票销售同比增长18.0%，入库税收同比增长4.0%。石化产业行情向好，开票销售和入库税收实现双增。相比上半年，船舶产业开票销售由正转负，新光源、医药产业入库税收由正转负（平），各产业开票销售和入库税收两项指标增速有所回落。

二是企业发展总体稳健。1~9月份，全市规模以上工业开票销售同比增长14.5%，入库税收同比增长7.5%。其中，555家规模以上高技术企业开票销售同比增长15.7%，高于规模以上工业平均增速1.2个百分点；638家规模以上外贸生产企业开票销售同比增长12.3%。2349家规模以上民营企业开票销售同比增长18.7%，高于规模以上工业增速4.2个百分点；入库税收同比增长22.3%，高于规模以上工业增速14.8个百分点。工业百强企业开票销售同比增长14.9%，占规模以上工业总量的61.5%，增长面为75%。宝胜、恒润、扬农、仪化、秦邮、泰富等6家企业累计增量超10亿元。

三是项目建设量质齐升。1~9月份，全市工业重大项目新开工33项，其中招商新建13项；新竣工26项，新达产100项。已认定的新开工项目中，属于先进制造业项目22项，比重为66.7%，中集通华数字化联合体、亚威机床智能工厂、金阳光锂电池等一批高质量项目将成为推动扬州工业发展的重要力量。同时，扎实开展"6+X"招商活动，成功举办2018年扬州（北京）央企暨先进制造业、软件和互联网产业合作恳谈会，现场签约42个项目；开展2018年中国扬州MEMS&第三代半导体技术和产业发展峰会，并与瑞特格集团、腾讯金融、汉能控股等来扬团队洽谈项目合作。

四是转型升级稳步推进。智能制造方面，启动2018年"千家车间询访计划"，组织专家提供智能车间建设免费咨询诊断。推动扬州高新区成功申报国家高端装备制造业标准化试点项目，成为国家标准委、工信部批准的38家单位之一。扬农、亚威入选国家技术创新示范企业公示名单，科派股份等2家企业获得省工业互联网发展示范企业（五星级上云企业）。新获批省级企业技术中心23家，占全省总数7.8%，累计拥有省级企业技术中心192家。获批省级"专精特新"产品企业5家、科技小巨人企业2家、隐形冠军企业4家。节能减排方面，严格落实中央环保督查要求，1~9月份全市累计关闭化工企业105家，不断加强环保刚性制约。实施重点用能单位"百千万"行动，成功争取国家工信部新能源汽车动力蓄电池回收利用试点。企业服务方面，2018年以来，全市各部门直接降低企业成本约80亿元，帮助企业最大限度地享受政策红利。制定出台《扬州市工业企业开展高质量发展"争先创优"竞赛活动的意见》《扬州市工业百强企业认定办法》，开展"工业百强企业""工业纳税十强企业""十大经济新闻人物"等评选表彰，进一步弘扬企业家精神。

二 当前工业经济运行面临的形势

——从宏观形势来看。2018年是供给侧改革的承上启下之年，新旧动能切换处在从量变到质变的关键时期。中央陆续出台的降税减费、促进企业融资、降低物流成本、加大对外开放等一系列支持实体经济发展的政策，进

一步增强了企业发展信心,企业发展环境更加宽松。价格指数整体呈现稳中略涨,主要原材料期货价格高位运行,市场趋向回暖,需求改善。国家和省级层面的供给侧改革迎来新接力,省政府于6月份印发了《关于加快培育先进制造业集群的指导意见》,重点培育13个先进制造业集群,力争打造若干"拆不散、搬不走、压不垮"的产业"航空母舰",着力增强江苏经济整体竞争力,这些都为扬州工业经济高质量发展创造了良好的机遇。

——从产业结构来看。当前,扬州工业经济高质量发展也存在一些制约短板和薄弱环节,主要表现在以下方面。一是规模总量不够大,与周边城市相比,工业开票销售总量偏小,县域经济、园区发展同周边城市存在差距。二是发展质量不够高,重工业占比高于省均1~2个百分点,特别是近几年来部分冶金企业新增能耗较大,完成省下达的节能目标压力明显加大,终端消费类产品比重偏低,中间产品偏多,盈利空间不大。三是企业主体不够强,生产基地类企业经济总量占比较高,龙头企业和"隐形冠军"企业偏少,缺乏标杆企业。四是集群发展水平不够高,开票销售总量占比前三位产业为机械(26.9%)、汽车(17.4%)、石化(13.1%),其余产业占比在3%~8%,没有形成龙头带动的链式发展格局。

——从当前情况来看。2018年以来,全市工业经济运行出现了一些新现象、新问题,短期内将给经济增长造成一定负面影响。一是中美贸易摩擦、"531"光伏新政等一些不确定因素导致工业经济下行压力增加。二是重点企业减产对配套板块增长带来影响。三是从价格指数来看,购进价增速高于出厂价,形成价格剪刀差,导致扬州市多数企业盈利空间持续收窄。

三 加快推动扬州工业经济高质量发展的思路举措

今后几年是扬州高质量发展的关键时期,而制造业是基础。扬州市必须将制造业高质量发展作为核心来抓,坚定"制造强市"的理念。一方面,要抓好当前工业经济运行,稳中提质上规模。到2020年,力争全市先进制造业集群主营业务收入50亿元以上企业13家,新开工工业重大项目160

项，工业投资、技改投资年均增速10%左右，制造业投资比重逐年增长。另一方面，还要站在更高层次上系统思维、谋划长远。在发展思路和产业布局上，综合考虑扬州市产业影响力、规模、集群化特征、发展潜力等方面，到2020年重点培育汽车及零部件、高端装备、新型电力装备等3个千亿级集群，软件和信息服务业、高端纺织和服装等2个500亿级集群，海工装备和高技术船舶、生物医药和新型医疗器械、食品等3个百亿级集群，引领带动扬州市制造业整体转型升级，实现新旧发展动能转换，着力构筑支撑扬州市经济高质量发展的"四梁八柱"。围绕上述目标，重点做好以下工作。

一是实施创新驱动工程。瞄准产业发展瓶颈制约，以产业和产品需求为导向，以龙头企业为主导，加快新型创新载体建设，引导企业加大创新投入，构建创新服务体系，突破关键核心技术，形成一批自主创新成果，大力提升集群整体创新能力。加快建设制造业创新中心。在微机电、高端装备、新型电力设备等重点领域，部署建设制造业创新中心，集聚产业链龙头企业、科研院所及社会资本建立新型创新生态网络，通过跨界协同创新，为行业发展提供前沿和共性关键技术的研发扩散、公共服务。打造一批重点实验室。以高新区及各综合体为责任主体，重点围绕输变电装备、生物医药、高性能电池等领域，加快形成"一中心多组团"实验室布局。全面推进企业研发机构建设。以"三站三中心"建设为引领，推动企业建立完善自主创新体系，实现先进制造业集群中规模以上企业研发机构建设全覆盖，重点扶持一批优势特色企业研发机构提档升级。

二是实施智能制造工程。以信息化、智能化、网络化为主要方向，引导集群企业广泛应用新技术、新设备、新工艺、新材料，加快改造提升，推动产业转型升级。加快推进智能车间建设。以"技改券"为引导，支持企业实施信息化改造提升，每年实施200项以上数字化、网络化、智能化改造提升项目。遴选开展智能车间免费诊断，帮助企业提出个性化智能车间建设方案。大力推广两化融合贯标。分行业引导骨干企业构建研发创新、生产管控、供应链管理和用户服务等新型能力，每年新上或完善升级数字化研发设计工具软件、企业资源计划（ERP）、制造执行系统（MES）、产品全生命周期

（PLM）等关键工业软件企业100家以上。深化工业互联网融合创新。依托数控机床等行业骨干企业，力争培育1家以上在国内有一定影响力的跨行业跨领域工业互联网平台。加快推动企业上云，对企业接入应用云服务商共有云资源，实施基础设施上云、业务应用上云、平台系统上云、数据协同创新等，按年度上云费用给予补助。完善智能制造服务体系。组织在扬注册的智能制造应用企业、设备和软件服务企业、高职院校、银行、融资租赁等机构成立服务联盟，开展政策宣讲、产需对接、技术交流、业务培训、项目管理等公共服务。

三是实施绿色发展工程。将绿色理念和技术工艺贯穿制造业全产业链和产品全生命周期，通过技术创新和系统优化，以生产过程清洁化、能源利用高效化、产业耦合一体化等为发展方向，加快构建集群绿色制造体系。建立企业资源节约利用综合评价体系。以亩均经济指标及单位能耗产出等为核心评价指标建立评价体系，2020年底对用地3亩及以上的工业企业和全部重点排污工业综合评价全覆盖。加快智慧能源平台建设。开展"云上扬州"智慧能源平台建设，实现政府能源管理、节能执法监察、企业能源管理的数据集成。推动高耗能企业开展能源管理中心建设。大力推进绿色化改造。每年组织实施节能技术改造项目100项，清洁生产审核企业50家以上，循环经济项目20项，建成绿色工厂3~5家。重点关停小化工和生态敏感区域的化工企业，按时完成化工企业搬迁工作。

四是实施培大培强工程。聚焦集群骨干企业培育，分类制定培育政策措施，支持企业成长壮大，形成一批具有国际影响力的名企、名品、名牌。龙头骨干企业培育方面，遴选100家以上重点骨干企业，尤其是终端产品和整机企业，建立培育库，加快形成一批自主创新能力、品牌知名度、资源整合能力、企业家影响力达到或接近国家级水平的龙头型企业。大力推动企业上市、兼并重组，瞄准产业链关键环节和核心技术，实施高端并购、强强联合，提升集群产业发展层次。专精特新企业培育方面，建立科学培育体系，推动企业发展战略专一化、管理制造精益化、产品服务特色化和技术研发高新化，形成一批细分行业的"小巨人"企业。支持企业开展管理创新咨询，对企业围绕基础管理、质量管理、现场管理、流程管控、营销管理等五大领域，向专业管理咨询机构购买的管理创新类咨询服务，安排专项经费给予补助。

五是实施开放合作工程。推进集群发展融入国家发展战略，充分利用国内外两个市场、两种资源，广泛嵌入区域分工协作链和全球产业链、价值链，进一步深化对内对外开放合作，提升集群影响力。高质量"引进来"。紧盯央企国企、世界500强和跨国公司、行业百强企业，常态化开展"6+X"招商引资活动，举办电子信息、机械装备、软件与互联网等专题招商。高水平"走出去"。探索在"一带一路"沿线国家布局境外经贸集聚区，引导机械、汽车、电子等产业境外设立加工基地，推进牧羊集团、亚威机床、亚普汽车部件等省重点扶持"走出去"企业开展海外并购。高标准"推合作"。围绕先进制造业集群建设总体部署，积极开展省市特色产业共建、跨江融合发展、宁镇扬一体化等区域性合作，开展园区共建和产业合作，形成区域发展的抱团优势。

六是实施融合发展工程。顺应制造业与服务业深度融合发展趋势，推动制造业服务化转型，推广服务型制造模式，强化现代物流、工业设计、金融服务等生产性服务业支撑，推动集群向价值链高端攀升。加快推进制造与服务协同融合发展。鼓励企业通过开展创新设计、供应链优化管理、总集成总承包、个性化定制、在线支持、全生命周期管理等服务，提高全要素生产率、产品附加值和市场占有率。加快发展生产性服务业。提升江苏信息服务产业基地、扬州工业技术研究院、扬州汽车科技园、扬州综合物流园、扬州商务咨询服务集聚区、扬州金融集聚区的专业化服务水平。加快推进军民融合发展。制定扬州市军民融合产业发展指导意见，巩固壮大十大军工集团在扬分支机构，重点建设中船重工风帆电池、高邮湖电子对抗试验场、中电科28所仪征装备试验场、中电14所宝军项目等一批军民融合重大项目，全力打造国家级国防试验基地。

B.7
扬州实施乡村振兴战略研究报告

李春国*

摘　要： 扬州市认真贯彻落实中央、省委决策部署，把做好"三农"工作放在重中之重位置，提出采取乡村振兴战略十一项三十六条举措，科学谋划实施乡村振兴战略的扬州实践，奋力推动农业农村工作"创造新典型、迈上新台阶、走在最前列"。

关键词： 扬州　乡村振兴　农业农村

一　扬州市推进农业农村发展取得的历史成效

新中国成立后，扬州农村在土地改革的基础上，先后经历了互助组、初级社、高级社、公社化等曲折发展过程，直到1978年，轰轰烈烈的改革开放从农村拉开帷幕。改革开放以来，广大农民为推进工业化、城镇化作出了巨大贡献，农业发展和农村建设也取得了显著成就，为改革开放和社会主义现代化建设打下了坚实基础。40年来，扬州市历届党委政府始终坚决贯彻中央改革开放精神和"三农"系列政策及相关决策部署，持续深入推进农村改革发展，家庭联产承包责任制、乡镇企业、农产品流通体制改革、取消农业税、粮食直补、统筹城乡发展、"三权分置"、乡村振兴……一系列耳熟能详的词语，推动扬州市农业农村发生了翻天覆地的变化。一是农业经济实力不断壮大，产业结构不断优化。全市农林牧渔业总产值从1978年的

---

* 李春国，中共扬州市委副秘书长，农工办主任，高级工程师。

9.5亿元增加到2017年的495.7亿元，年均增长10.7%；粮食总产量从202.5万吨增加到285.5万吨，增长41%，最高的2013年达到312.2万吨；粮食单产屡创新高，平均亩产从305公斤增加到485.6公斤，增长59.2%；农业产业结构从单一的以种植业为主，转化为农林牧渔协调发展，从业人员占比由79.8%减少到18.1%。二是农村基础设施建设水平不断提高，基本公共服务明显改善。全市建成18个农村区域性医疗卫生中心，所有乡镇都有医疗卫生机构、文化站、幼儿园、乡镇小学，村村通公路、自来水、有线电视、宽带互联网，八成以上的村有体育健身场所、主要道路有路灯。三是农村居民收入持续增长，生活质量不断提高。农民收入水平实现跨越式增长，由85元增加到2017年的19694元，增长231倍；生活条件不断改善，99.7%的农户拥有自己的住房，拥有2处以上住房的22.67万户，占29.9%，平均每百户拥有小汽车32.89辆、手机263.68部；农民人均寿命由66.1岁提高到78.8岁。这些数据见证了扬州40年来农村改革的成就，也为扬州推进乡村振兴打下了坚实的基础。

近年来，扬州市取得一系列重大成就，一大批国家和省级重大战略、重大工程在扬州布局实施，新一轮城市总体规划规修编等，为扬州实现乡村振兴提供了重大机遇。一是在经济发展上，2017年全市GDP总量突破5000亿元，在全国百强城市排名中由2010年的第56位提高到第37位，人均GDP首次突破10万元大关，稳居苏中苏北第1位。创新打造六大基本产业，累计新开工重大项目868个、新竣工投产632个，沿江地区100亿元、沿河地区50亿元重特大项目（群）实现两轮全覆盖。二是在城市建设上，坚持以2015年建城2500周年、2018年承办"两大盛会"为重要节点，市区城建累计投入2360亿元，实施多轮市区部分行政区划调整，形成了科学合理、集约高效的发展布局；抢抓机遇推动事关发展全局的重大交通工程建设，宁启铁路开通动车，连淮扬镇高铁即将建成，北沿江高铁开工在即，扬州将成为全省第一个县县、区区通高铁的城市。三是在民生实事上，始终坚持民生为本，连续17年制定实施民生"1号"文件，从绝大多数人的基本需求出发，坚持问题导向、系统推进，从抓好"喝上干净水、吃上放心菜、呼吸上新鲜空气、有稳定就业"等最基本的民生需求，在苏中苏北第一家实现区域供水全覆盖，实施改革开放以来扬州规模最大的古城更新、"八老"改造，全面实现菜篮子工程"1161"和鲜奶工程"115"目标，人民群众的获得感、幸福感、安全感稳步提升。

二 当前乡村发展中存在的问题和不足

扬州市农业农村发展取得了一定成绩，但是处在新的历史发展阶段，经济社会发展不平衡和不充分最突出的体现是在农村，城乡二元结构没有根本改变，城乡发展差距不断拉大的趋势没有根本扭转，主要有以下几点问题。

1. 区域发展不平衡

受自然条件、区位因素等影响，扬州市沿江乡村普遍发展优于沿河乡村，2017年村平均集体经济组织资产广陵区是高邮市的3.7倍，村平均集体经济组织收入邗江区是宝应县的3.8倍。资源条件决定了经济发展的差异和人的观念的不同，靠近扬州市区的乡村人观念活跃、积极、开放，而远离城区的乡村人观念相对封闭，直接影响乡村经济发展和社会进步。当前，扬州市乡村集体经济实力不强、增长乏力，非农产业发展极大依赖自身资源禀赋、交通区位条件等，对于绝大多数"资质平平"的村庄而言，仅靠自身客观条件，难以寻找到可持续的发展动力。

2. 乡村空心化现象严重

在工业化与城镇化的驱动下，乡村人口大量流出。根据调研统计，全市85个乡镇（涉农街道）、1086个行政村（涉农社区）共98.3万户、327.4万人，每年半数以上时间不在村的有23万户、69万人，占比分别为23.4%、21.1%；除节假日、农忙外，常年不在村的有12.3万户、37.1万人，占比分别为12.5%、11.3%。随着城镇化进程的加快和农村青壮年劳动力逐渐向城市转移，农村养老形势日趋严峻，"留守"老人、"失地"老人越来越多，由于城乡二元结构导致的农村社会保障水平远低于城镇，没有固定经济来源的农村老年人在养老、医疗和服务等方面均难得到有效保障。

农村务工人口的长期大量流出导致乡村大量的房屋长期空置，农村"空心化"严重的地区经济基础比较薄弱，基础设施陈旧，公共服务短缺，大多没有体育健身场所、垃圾污水集中处理设备等，居民生活条件差。

3. 农村产业发展难度增大

农业生产模式有待转变，稻麦传统种植仍占主导地位，绿色生态优质安全农产品"产小于需"，近半的土地零散种植，现代化的经营体系还未形成。农业产业链、价值链有待提升，重种养业发展、轻产业链构建的现象普遍存在，精深加工发展缓慢，高附加值产品缺乏。2017年全市415家农业龙头企业实现销售收入615亿元，实现年销售收入10亿元以上的只有13家，产业带动力和市场竞争力不强。产业融合有待深化，目前扬州市农产品加工产值与农业总产值之比为2∶1，低于全国水平，"十二五"以来还没有新开工10亿元以上的农产品加工产业项目，农业与文化、旅游、会展、休闲、健康、养生和互联网等新产业、新业态的结合程度还不紧密。农业要素资源有效配置有待优化，农业高端人才缺乏，有志于投身新农村建设的新农民、新人才缺失，基层农技人员的专业素质与现代农业产业化经营的要求还相去甚远。当前，财政支农资金分散化使用、碎片化管理，握不成拳头办大事，懂农业、善经营、能创新的镇村干部占比较低，广大农民自给自足的小农思想观念保守陈旧，制约农村产业振兴。

4. 农村人居环境逐渐衰败

快速城镇化和工业化进程中，随着乡村要素非农化带来的资源损耗、环境污染等问题日益凸显，农业面源污染致使河流与农田污染事件频发，部分工业企业落户乡村，肆意降低环保门槛危及百姓健康。此外，一些乡村建设工程简化成乡村环境整治和美化运动，造成"千村一面"的景象，对多元的乡村传统文化景观带来较大冲击，很多乡村在景观风貌上陷入尴尬境地，在乡村建设中存在建大亭子、大牌坊、大公园、大广场等"形象工程"现象。

5. 乡村振兴中社会力量的作用发挥不够

政府主导有余、农民参与不足的现象普遍，农民主体地位和主体作用没有充分发挥,部分农民群众认为,乡村振兴是政府的事,养成"等靠要"思想。此外,乡村治理缺少"领头人",农村中比较有能力的人,特别是年轻人都外出打工或者考上大学,不愿意做村党支部书记或者村委会主任,导致很多农村选不出合适的"领头人"。

三 深刻领会实施乡村振兴战略的认识和要求

实施乡村振兴战略,扬州有很好的条件和基础,也存在很大的差距,当前扬州经济社会发展最大的短板在农村,最大的潜力也在农村。实施乡村振兴战略,全面准确把握中央提出的产业兴旺、生态宜居、乡风文明、治理有效、生活富裕的总要求,首先要理清三方面认识。一是认识任务的长期性。20字的总要求需要30余年的接续奋斗,绝不是一朝一夕就能实现的,也绝不是能够毕其功于一役的,需要绵绵用力、久久为功,经过长期不懈的努力、循序渐进的改变才能完成。二是认识任务的艰巨性。实施乡村振兴战略,需要科学规划、注重质量、从容建设,不追求速度,更不能刮风搞运动。既要充满信心不断向目标迈进,也要重视实施乡村振兴的复杂性和艰巨性,尊重农民主体地位和主观意愿,因地制宜不搞"一刀切",一步一个脚印、踏踏实实地将乡村建设好、发展好。三是认识任务的内在逻辑性。乡村振兴战略五个方面的总要求,涉及农村经济、政治、文化、社会、生态文明和党的建设等多个方面,彼此之间相互联系、相互协调、相互促进、相辅相成,构成一个有机整体,是实施乡村振兴战略的具体抓手和根本遵循。

在实施乡村振兴战略的过程中,要注重处理好生产、生活、生态三者的关系。一是在生产上,持续推进农村三次产业融合发展。进一步贯彻大农业的发展思想,在产业选择上,结合本地实际,聚焦生态农业、观光农业、农产品加工、农村电商、"互联网+"农业、健康产业、养老产业等可大有作为的领域,探索乡村体育赛事、乡村文化产业、传统手工业等领域,选准契合本地实际的特色主导产业。二是在生活上,让乡村振兴更有"乡愁""乡味"。围绕守住魂,要传承好村风民俗,保护好农耕渔猎文化,打造更多叫得响的品牌乡村游、体验游。围绕留住人，要下决心将财政资金对基础设施和社会事业的投入重点放在农村，按照基层基本公共服务功能配置标准，推动农村基础设施建设提档升级。围绕提振精气神，加大文化惠民向乡村倾斜力度，将城市公园体系建设向乡村延伸、书香城市建设向乡村推广、城市书房建设向乡村普及。三是在生态上，以绿色发展引领生态振兴。要将环境治理落实到乡村振兴全过程，既要呵护好农村的原生态系统，也要利用好本地自然资源禀赋，大力发展绿色农业、质量农业、品牌农业。要树立城乡一体的生态观，建立农村生态市场化、多元化补偿机制，加大对农村生态建设的补偿性投入，守护好绿水青山。

四 全面推进实施乡村振兴战略的对策建议

乡村振兴既是一场攻坚战，更是一场持久战，必须坚定信心、咬定目标，苦干实干、久久为功。当前及今后一个时期，要为推进实施乡村振兴战略谋好篇、布好局、开好头、起好步，扬州市要准确把握形势变化，按照中央和省的部署，坚持农业农村优先发展，进一步加大农村改革力度，加快结构调整步伐，不断提高农业发展的质量效益和竞争力，推动全市农业农村现代化建设取得良好开局。

1. 突出产业振兴，谋划打造华东地区的"中央厨房"

实施乡村振兴战略，产业兴旺是关键，农业供给侧结构性改革是主线，要进一步调整农业生产结构和生产力布局，把打造华东地区的"中央厨房"作为扬州推进农业供给侧结构性改革的现实路径和关键抓手，尽快实现农业由总量扩张到质量提升的转变，推动从农业大市向农业强市迈进。一是深入推进农业结构优化升级。在稳定粮食生产的基础上，推动农业向绿色化、优质化、特色化方向发展，按照"基地支撑、特色成块、产业成带、集群发展"的要求，实施农业"31113"基地建设工程，提供优质的农产品来源。加快提升农业经营集约化、组织化、规模化、社会化、产业化水平，着力构造现代农业经营体系，提升新型农业经营主体发展质态，大力培育农业产业

化联合体。二是大力推动农村三次产业融合发展，加快发展"产品优质化、营养化、方便化和生产机械化、专业化、规模化"的现代食品工业，进一步做大做强扬州食品产业园，培育一批农产品加工龙头企业、知名品牌，打造几个全产业链的大型食品集团。三是加强外向型农业建设，集聚各方资源进行包装营销，共同打响"扬州牌"，全面发展"线上+线下、交易市场+直销门店+餐饮连锁"的立体销售模式，努力构建"农产品+加工食品、生鲜+净菜+成品菜、地产+非地产"的全覆盖式供应链，带动扬州农产品（食品）走出去。

2. 突出人才振兴，培养造就一支懂农业、爱农村、爱农民的"三农"队伍

把人力资本开发放在首要位置，强化乡村振兴人才支撑，重点打造三支队伍。一支是新型农业经营主体队伍。大力推进新型职业农民队伍建设和农业适度规模经营发展，紧贴新型经营主体发展需要，不断优化职业院校专业结构，着力培养一批愿意从事、善于从事农业的新型职业农民。一支是乡土人才队伍。专门制定乡土人才培养计划，通过学校教育与"师带徒"相结合的方式，推动雕刻、剪纸、竹编等扬州乡土产业后继有人、重振雄风。引导城里人带着资金、农业科技人员带着技术下乡创业，鼓励高校毕业生带着新理念、在外农民工带着成熟经验回乡创业，并出台配套政策，让愿意留在乡村、建设家乡的人留得安心、更有信心。一支是乡贤队伍。打好"亲情牌""乡愁牌"，培育富有地方特色和时代精神的新乡贤文化，出台更有针对性的激励政策，引导更多企业家、专家学者、党政干部等乡贤带着资源返乡发展、繁荣家乡，在乡村振兴中发挥积极作用。

3. 突出文化振兴，焕发乡村文明新气象

坚持物质文明和精神文明一起抓，以历史的责任感，加强古村落、古建筑、文物古迹、农业遗迹的保护和农村非物质文化遗产的传承，打造一批农村新文化地标。利用春节等传统节日，探索举办"节庆+文创+旅游"的新时代庙会，开展农村能工巧匠技能大赛、农民趣味运动会、农村文明家庭颁奖、农产品交易、农民文艺会演等活动，推动传统农耕文明展现新魅力、新风采。建设集农村政务服务中心、基层综合文化服务中心、农民活动中心

为一体的新时代乡村中心，为村民提供"一站式"的文化服务和公共服务。着力培育文明乡风、良好家风、淳朴民风，制定扬州乡村文明新风准则，引导农民思想观念接轨新时代。

4. 突出生态振兴，建设生态宜居的美丽乡村

结合落实"263"专项行动部署，组织开展"百村示范、千村整治"行动，以铁的手腕、铁的举措抓好农村环境突出问题整改，深入推进农业面源污染防治和林地、湿地、水面等自然生态系统保护修复，全面提升农村生态质量和人居环境。满足农民对美好生活的需求，不折不扣落实农村基层基本公共服务功能配置标准，积极开展农村"厕所革命"，加快推进村镇公交和通组道路建设、区域性医疗卫生中心创建二级医院等工作，推动农村基础设施和公共事业高水平发展。注重发挥特色小镇和特色田园乡村的示范引领作用，着力打造一批乡村振兴的样板。

5. 突出组织振兴，加强党对"三农"工作的领导

全面落实推动乡村振兴工作领导责任制，建立党政领导班子和领导干部推进乡村振兴实绩考核制度。健全鼓励激励、容错纠错、能上能下"三项机制"，把优秀干部优先放到农村一线锤炼，大胆选拔重用经受农村锻炼、实绩突出的"三农"干部。进一步组织实施镇村书记"双培养双提升"行动计划，继续培养"双带型"村党组织书记，把农村基层党组织建设成为推动乡村振兴的坚强战斗堡垒。健全自治、法治、德治相结合的乡村治理体系，充分发挥乡规民约在管理公共事务、保护资源环境等方面的作用，建立健全新乡贤参与乡村治理的有效机制，构建民事民议、民事民办、民事民管的多层次基层协商格局，使农村社会和谐有序、充满活力。

B.8
2018年扬州农业供给侧结构性改革研究报告

扬州市农业委员会课题组*

摘　要： 扬州市农业工作以实施乡村振兴战略的总体部署为抓手，推进农业供给侧结构性改革，全面谋划和打造华东地区"中央厨房"，发挥农业特色资源优势，以三次产业融合发展为核心，致力于质量兴农、绿色兴农、品牌强农。

关键词： 农业　中央厨房　供给侧结构性改革

一　扬州农业供给侧结构性改革的做法

1.强力推进农业结构调整，提升农业发展质量效益

2018年以来，启动实施绿色优质农产品"31113"基地建设工程，因地制宜增加销路好、品质高、市场缺的绿色优质农产品生产。粮食生产保持稳定，粮食种植总面积600万亩。继续实施粮食绿色增产"1120工程"，粮食生产持续丰收，全市夏粮总产量达101.1万吨，同比增长3.91%，全年粮食预计总产量可达294万吨，同比增长2.61%。持续推进市区"菜篮子"基地建设，全市蔬菜播种面积达104万亩，产量220万吨，地产叶菜供给率

---

* 课题组负责人：马顺圣，扬州市农业委员会主任，博士。课题组成员：胡荣利，扬州市农业委员会综合处处长，研究员；李才胜，扬州市农业委员会综合处副主任科员；王又涵，扬州市农业委员会综合科员；张强，扬州市农业委员会综合处科员。

达70%。按照"三个永久"要求，全面规划建设5个现代化生猪产业集聚区，高邮、江都、宝应已分别与上海光明集团正式签订生猪养殖基地土地租赁协议，仪征陈集、邗江杨寿、宝应湖西规模猪场提升改造工程正在有序推进。示范推广稻田综合种养，亩均增加效益1000元以上，特色水产养殖面积达98万亩。

2. 于实施品牌强农战略，提升农业竞争力

加快推进农业标准化生产，全面推行"一品一策"标准化、个性化指导，全市建成省级蔬菜茶果园艺作物标准园62家、畜禽标准化养殖示范场105家、水产健康养殖示范场40家。建成无公害农产品基地近290万亩、绿色食品原料基地199万亩、有机食品生产基地1.5万亩。坚持"产出来"和"管出来"两手抓，加强农药生产、经营、使用等全程监管。加大执法力度和检查整顿频次，共组织市级以上农产品质量抽检645批次，合格率达98.45%，全市未发生一起农产品质量安全事件。坚持以品牌引领发展，打造高品质、有口碑的农业"金字招牌"。绿色优质农产品生产规模不断壮大，"三品"总数达1267个，其中无公害农产品948个、绿色食品124个、有机农产品195个，"三品"产地面积占耕地面积比重达70%。圆满通过市人大绿色优质农产品评议。积极组织企业参加"4·13"海峡两岸（扬州）名特优农产品展示展销会和"9·26"省园博会名特优农产品展等各类展会，不断提升地方农产品的知名度和美誉度。

3. 着力推进三次产业融合，共享产业链条价值

大力发展农产品精深加工，农业龙头企业不断壮大。全市县级以上农产品加工企业销售收入达291亿元，同比增长6%。江苏宝粮控股集团股份有限公司、仪征方顺粮油工业有限公司获批2017年全省农产品加工业"20强"企业，积极组织三和四美酱菜有限公司成功申报国家级农业龙头企业。宝应射阳湖荷藕产业示范园喜获首批"全国绿色食品一二三产业融合发展示范园"称号，并获得中央财政2000万元奖补资金。大力培育农业新业态，农业发展新动能不断增强。发挥宁镇扬同城效应，大力发展休闲观光农业，2018年以来，营业收入达5.7亿元，同比增长37.9%；农业电商网上销售

额达36.7亿元，同比增长43.9%。

4. 全力开展"6＋X"农业招商，增强农业发展后劲

围绕"6＋X"农业招商安排，我们依托各地农业资源禀赋、重点产业优势，"走出去"和"引进来"相结合，以海峡两岸（扬州）农业合作试验区为平台，认真组织开展"4·17"首届海峡两岸（扬州）乡村振兴论坛、农业产业招商签约会和福建、南京、北京等多场专题招商推介会，成功举办首届"中国农民丰收节"系列活动。2018年以来，共组织招商拜访16次，新引进现代农业项目46个。新开工亿元以上农业重大项目25个，完成全年目标任务的83.3%，其中新招商的项目比重达52%，达到了省高质量发展考核指标中产业项目占比70%的预期要求。会同各县（市、区）、功能区积极争取各类农业"上争资金"5.8亿元，为乡村产业振兴和农业绿色发展提供资金保障。

5. 大力推进农业绿色发展，持续改善生态环境

认真贯彻落实中央长江经济带和省市江淮生态大走廊建设要求，大力推进造林绿化工作，全年完成成片造林3.62万亩，完成年度目标任务的110%。切实抓好中央和省环保督察问题回头看工作。强化畜禽粪便综合利用，全市新建17处省级畜禽粪便综合利用项目。实施秸秆综合利用工程，夏季秸秆机械化还田253.8万亩，多种形式利用量5.7万吨，综合利用率达97.7%。实施农药化肥零增长工程，农药用量1018.33吨，比上年同期下降12%，全市化肥用量比上年同期减少2.8%。持续开展畜禽规模养殖场治理，已治理441家，治理率达76.83%，超额完成年度目标的70%。坚决贯彻落实中央和省市非洲猪瘟防控工作要求，全力打好非洲猪瘟等动物疫病防控战。

6. 强化人才振兴，提升科技支撑水平

赴中国农大、四川大学等高校开展现代职业农民师资专题培训，加大新型职业农民培育力度，已培训新型职业农民1.28万人，完成全年任务的85.3%。会同市科技局和扬州大学，认真抓好生猪选育和江豚保护实验室建设，已会商形成生猪重点实验室建设实施方案，正按照进度要求扎实推进。

成功承办第二届"省农村创业创新项目创意大赛",扬州市参赛项目获得初创组一等奖,将代表江苏省参加全国总决赛。落实中央"大众创业、万众创新"要求,2018年共创建市级以上返乡下乡创业创新园区19个,扶持20个返乡下乡人员创业创新项目。

二 扬州农业供给侧结构性改革中的问题

2018年以来,全市农业经济发展态势总体向好,但也存在一些不容忽视的困难和问题,主要表现在以下几个方面。

一是农产品供给结构性问题仍然存在。一般的低端产品供给仍然偏多,品质优良、特色鲜明、消费者青睐的绿色优质产品供给仍显不足。一方面大路货卖不掉,另一方面好东西又买不到。

二是养殖业发展面临严峻形势。近年来,环保压力越来越大,环保督察越来越严,养殖业作为重点整改领域,面临巨大的环保压力。2017年全市共关闭搬迁844家畜禽养殖场,其中216家属于规模养殖场,对畜禽养殖产生较大影响。同时,由于生猪价格持续处在低谷,生猪养殖一直处在亏损状态,生猪养殖迫切需要转型升级。

三是休闲观光农业同质化竞争突出。部分休闲观光农业企业建设过程中同质化现象严重,盲目跟风,功能雷同,把农家菜、垂钓、采摘园当成了大众标配,定位单一,乡土特色不鲜明。加之长期以来财政扶持多以支持工业、城建及农业重大项目为主,休闲观光农业作为现代农业新兴业态,目前获得财政支持的力度还相对较小。

四是农产品加工短板明显。目前扬州市农产品加工相对薄弱,短板比较明显。主要表现为:加工企业数少,加工链条短,精深加工层次低,农产品加工产值低,真正实现全产业链发展的产业少。企业带动本地农民增收的作用不强,利益联结机制不够完善,农民缺乏相应的技术服务和价格保护机制。同时,农业产业化发展面临招商引资难、项目落地难等问题,尽管近期已举办多场招商推介活动,但效果并不尽如人意。

三 推动扬州农业供给侧结构性改革的对策

扬州当前及今后一个时期农业工作将以实施乡村振兴战略为总抓手，以推进农业供给侧结构性改革为主线，以全面谋划、全力打造华东地区的"中央厨房"为工作方向，以促进农业增效、农民增收为中心任务，以思想的大解放推动扬州现代农业高质量发展。

1.着力优化农业产业布局，加快建设绿色优质农产品基地

按照基地支撑、特色成块、产业成带、集群发展的要求，启动实施绿色优质农产品"31113"基地建设工程，即到2022年全市建成300万亩优质粮食种植基地、100万亩绿色园艺种植基地、100万头优质生猪养殖基地、100万亩特色水产养殖基地、3000万羽特色家禽饲养基地，着力建设一批"放心米""放心菜""放心肉"基地，有效保障绿色优质农产品的供给。一是继续深入实施"粮食绿色增产1120工程"，进一步推广应用南粳9108、南粳5055等优质高产食味品种，创建粮食绿色高产高效示范片80个，加快示范推广稻鸭共作、稻渔共作及稻豆轮作新模式，每个县（市、区）至少建立2个200亩种养示范方。二是做好"1161"和省级"菜篮子"生产基地建设，新建与提升蔬菜生产基地1000亩以上，切实提高本地蔬菜自给能力和应急供应能力。三是加快启动建设5个现代化生猪产业集聚区。招引业内有影响、知名度高的（特）大型龙头企业，发挥知名企业在经营理念、管理方法上的示范引领作用。全面落实市政府与光明食品集团战略合作协议，继续推进"115"鲜奶及放心肉工程建设，新建奶吧15个。四是组织全市水域滩涂养殖规划修编，大力推进水产生态健康养殖，加快渔区基础设施建设，积极发展高效设施渔业和品牌渔业，全市水产养殖面积稳定在110万亩，特色水产养殖达95万亩。

2.着力实施品牌强农战略，加快推进现代农业提质增效

加强农业品牌建设是提升农业整体发展水平和质量效益的必然要求。一是走农业标准化生产之路。大力开展农业标准化示范基地创建，新创建10

家农业部畜禽养殖标准化示范场和省畜牧生态健康养殖示范场、5家省级园艺作物标准园。二是坚持实施农业品牌化战略。制定农产品品牌建设三年行动计划，培育一批"扬字号"农产品品牌，全面深化"一村一品"建设，大力发展好现有8个国家级"一村一品"示范村镇。大力发展"三品一标"，全年新增绿色、有机农产品20个，种植业三品比重达53%以上。三是深入开展农产品质量安全整治。以高毒限用农药违规使用、禁用农药隐性添加、滥用抗生素、添加瘦肉精、私屠滥宰等突出问题为重点，坚持重拳出击，强化执法查处，严惩违法违规行为。

3. 着力推动农业龙头企业提质扩量，精准补齐农产品加工短板

大力推动农业龙头企业发展，做大做强农产品加工业，促进农民增收致富。一是招引一批农产品加工企业。依托海峡两岸农业合作试验区金字招牌，常态化开展"6+X"招商活动，加大招商选资力度。全市县级以上农业龙头企业总数达433家，新增农产品精深加工企业数6个。二是培育壮大现有农业龙头企业。积极推动现有5家国家级、54家省级农业龙头企业采用兼并、重组、收购等多种方式组建大型集团。每个县（市、区）重点推进1个农产品加工技改大项目，培育一批亿元以上农产品加工企业。三是着眼集群集聚，进一步加强农产品加工集中区建设。力争全市农产品加工产值与农业总产值之比达3∶1，市级以上农业龙头企业年销售额增长6%，力争农产品加工产值突破700亿元，农产品出口增幅达5%。

4. 着力发展农业新业态新模式，大力推进三次产业融合发展

紧扣"农业+"发展模式，拓展多种功能，衍生更多价值，大力发展农业新业态新模式。一是强势推进农业电商发展。着力打通线上线下产销融合渠道。全市创建省级"一村一品一店"示范村30个，农业电子商务年销售额达到50亿元以上，同比增长50%以上，电商企业数达390家。二是加快休闲观光农业发展。休闲观光农业年营业收入增长20%，突破7亿元，年接待游客达到550万人次，积极培育现有省级农业特色小镇，创建4个省级休闲观光农业示范村。三是推动返乡下乡人员创业创新。全面落实返乡下乡人员创业创新各项政策，提升基础设施和公共服务平台等建设水平，重点

扶持12个农民创业创新项目。

5. 着力加强新型经营主体培育和农业实验室建设，稳步提高农业科技支撑水平

重点围绕产业转型和绿色发展重大需求，全面加强与南京农业大学、扬州大学等院校的合作，推动相关技术在绿色发展中集成应用。一是加大新型职业农民培育力度。创新培训方式和培训模式，实施生产经营型、专业技能型、专业服务型"三类协同"，全市计划培育新型职业农民1.5万人。二是定向培养基层农业技术人才。继续与省内相关涉农高校合作定向培养，全市定向培养80名基层农业专业人才。三是抓好生猪选育和江豚保护实验室建设。依托光明食品集团组建企业兴办为主的重点实验室。加快法国生猪研究院落地生根。整合扬州大学现有3个生猪产业创新团队，组建生猪选育实验室。进一步加强与农业部长江办、中科院水生所等的对接，筹划建设省级长江江豚自然保护区，建立长江下游江豚野化训练基地。

6. 着力抓好农业园区和重大项目建设，持续增强农业竞争力

围绕县建产业带、镇建产业园、村建特色基地的思路，充分发挥农业园区和重大项目建设的引领作用，全力打造优势特色产业发展平台和示范样板。一是全力抓好农业园区建设。深入开展现代农业园区"等级创建活动"，加快建设沙头镇、八桥镇两个省级农业示范园，积极培育10个农业园区争创国家和省级农业产业示范园。全市涉农乡镇农业园区覆盖率要达到100%，覆盖面积达到48万亩以上。二是突出抓好农业重大项目建设。确保全年新开工农业重大项目30个，实际投资40亿元以上，新开工项目中新建项目比重不低于50%。三是扎实推进设施农（渔）业发展。开展连栋大棚、玻璃温室、物联网服务平台等设施建设，全年新增设施农业8万亩、设施渔业2万亩。

7. 着力推进国土绿化和湿地保护工作，扎实提升林业生态建设水平

坚持按照江淮生态大走廊、江淮生态经济区等建设要求，全力推进全市国土绿化和湿地保护工作，确保林木覆盖率和自然湿地保护率分别达23%、49%以上。一是高水平推进造林绿化建设。更大力度推进实施"生态廊道、生态中心、村庄绿化"等重点工程，全年成片造林3.3万亩，其中珍贵用材树种1.5万亩；植树660万株，其中珍贵用材树种270万株。二是认真开展湿地资源保护工作。以高邮湖、宝应湖、邵伯湖、长江滩地为重点，加大重要湿地保护和修复力度。加强高邮湖湿地自然保护区的建设管理，积极开展湿地保护小区建设，开展省级重要湿地名录认定。全年修复湿地4000亩，新建湿地保护小区6个。三是加强森林资源保护。加强现有林地、林木管理，严厉打击乱砍滥伐盗伐林木行为，依法依规办理林地征占用和林木采伐审核审批手续。加强森林病虫害和森林防火工作，保护好森林资源。

8. 着力开展农业面源污染综合治理，深入推进农业绿色发展

围绕省市"263"专项行动要求，着力推进农业废弃物资源化利用、农业投入品减量增效和生态循环农业建设，打好农业面源污染防治攻坚战。一是大力推进农药减量控害。实施植保提升工程，推进病虫绿色防控和统防统治融合发展，全面推广高效低毒低残留农药、生物农药及绿色植保技术，进一步完善试点区域农药"零差率"统一配供模式。全市主要农作物重大病虫害专业化统防统治覆盖率达71%，高效低毒低残留农药使用面积占比达83%，农药利用率提高到42%。二是扎实推进高效精准施肥。发布2018~2019年主要农作物施肥主推配方，全年测土配方施肥技术推广面积500万亩以上，全市化肥使用总量（折纯量）较2015年下降3%以上。三是加快农业废弃物资源化利用。扎实推进秸秆机械化全量还田和畜禽粪污综合利用项目建设，确保秸秆与畜禽废弃物综合利用率均达96%以上。四是加强非禁养区养殖场（小区）污染治理。督促非禁养区养殖场（小区）落实污染防治主体责任，配套建设畜禽养殖废弃物综合利用和无害化处理设施，加强养殖企业污水深度处理，非禁养区畜禽养殖场（小区）治理率达70%以上。五是开展农产品产地土壤重金属污染防治工作。制定全市土壤重金属预警监控方案，完成全市240个土壤重金属预警监控点的最终选定工作，确定土壤重金属修复候选试点区域。

四 有关工作建议

1. 建议由点到面逐步实施

建议在制定乡村振兴战略有关政策规划时，全面摸清各地农业农村发

现状底数、存在问题和薄弱环节，统筹考虑全省乡村资源禀赋、产业现状、基础设施等，针对不同地区、不同薄弱环节，分类推进、分类指导，提出不同的目标任务，采取不同的补短板方式，同时根据产业特点，筛选一批有基础的地区作为建设示范点进行打造，由点及面逐步铺开。

2. 建议加大基层农技人才培养力度

当前基层农技人才严重匮乏，青黄不接，这一问题势必成为乡村振兴战略实施的重大阻碍，建议加大基层农技人才培养力度，加强对农技人才培养的组织领导，增强基层岗位吸引力，引导更多年轻人投身农业，扎根基层。

3. 建议落实设施农业用地和农产品加工用地政策

当前在设施农业、休闲观光农业和农产品加工业等发展过程中，普遍遇到用地限制问题，极大影响了项目建设和产业发展，建议省农委制定出台符合新时期农业发展要求的农业用地实施办法，提供政策支持，切实解决基层用地问题。

4. 建议加大金融支农力度

"贷款难""贷款贵"问题仍然突出，严重制约着农业企业的发展壮大，建议建立财政支农稳定增长机制，出台相关优惠扶持政策，重点投向规模畜禽、设施园艺等重点领域和新型农业经营主体等重点对象。

B.9
2018年扬州金融形势分析与展望

扬州市金融学会课题组*

摘　要： 2018年以来，扬州市经济运行总体平稳，但经济运行不确定性因素有所增加，住户存款分流加快，非金融企业存款和广义政府存款增量大幅减少，各项贷款保持较快增长，棚户区改造、房地产开发贷款和制造业贷款加快增长，个人购房贷款增速有所回落，人民银行定向降准政策成效凸显，普惠金融增长有力，但金融支持小微企业、高质量服务"三农"的水平还有待进一步提高。

关键词： 金融　融资　金融支撑

一　金融运行情况

（一）存款增速低位运行，住户存款同比多增，非金融企业和广义政府存款同比大幅少增

9月末，全市本外币各项存款余额为6079.62亿元，比年初增加267.65亿元，同比少增加155.25亿元，余额同比增长3.55%，增速低于省平均水平3.48个百分点，但比6月末上升1.27个百分点，增速排名全省第12位。

---

* 课题组组长：戴又有，中国人民银行扬州市中心支行行长、扬州市金融学会会长。课题组成员：蔡定洪，中国人民银行扬州市中心支行副行长、扬州市金融学会副会长；胡章灿，扬州市金融学会秘书长、高级经济师；张翼，扬州市金融学会副秘书长、经济师；傅佳伟，经济师。

从存款结构看,住户存款比年初增加186.89亿元,同比多增38.67亿元,非金融企业存款比年初减少27.66亿元,同比少增108.03亿元,广义政府存款比年初增加87.04亿元,同比少增95.14亿元。

(二)社会融资规模增量降幅收窄,各项贷款、银票增量大幅上升

1~8月,全市社会融资规模增量(不含异地贷款净流入和异地信托贷款,下同)为562.39亿元,同比少增66.99亿元,增量同比减少10.64个百分点,但降幅比上半年收窄6.47个百分点。

从结构看,各项贷款大幅多增,1~8月,全市各项贷款本外币余额新增476.22亿元,同比多增71.29亿元;占社会融资规模增量的84.68%,同比上升20.34个百分点。银行承兑汇票净额新增28.31亿元,同比多增12.18亿元。股权融资同比多增,1~8月,全市通过上市、增发、挂牌等方式实现股权融资净额增加12.55亿元,同比多增1.18亿元。

(三)各项贷款继续加速,制造业贷款增速高于省平均水平

9月末,全市本外币各项贷款余额为4557.65亿元,比年初增加528.69亿元,同比多增68.79亿元,余额同比增长14.33%,增速高于省平均水平1.73个百分点,比6月末上升0.57个百分点,增速排名全省第6位,位次与2017年同期持平。

9月末,全市本外币制造业企业贷款(不含贴现,下同)余额为585.8亿元,比年初增加26.07亿元,余额同比增长2.70%。9月末,全市本外币制造业企业贷款占各项贷款余额(不含贴现,下同)比重13.59%。

(四)普惠金融稳步发展,小微企业贷款增长较快

2018年以来,人民银行加大政策工具运用,引导银行加大普惠金融支持力度。9月末,全市小微企业再贴现票据余额达13.7亿元,占比90.97%;支持小微企业再贷款余额达14.7亿元,央行支持小微企业资金合计28.4亿元,同比增长71.91%。9月末,普惠金融贷款余额为604.99亿

元,比年初增加57.34亿元,同比增长15.45%,超各项贷款增速0.83个百分点。其中,农户生产经营贷款比年初增加12.76亿元,同比增长9.42%;个体工商户经营性贷款比年初增加16.87亿元,同比增长18.70%,超各项贷款增速4.08个百分点;授信500万元以下的小微企业贷款比年初增加18.54亿元,同比增长22.84%,超各项贷款增速8.22个百分点。

(五)基础设施行业贷款增速放缓,住房开发贷款增速持续上升

9月末,全市基础设施行业贷款余额1143.89亿元,比年初增加144.49亿元,同比少增121.89亿元,余额同比增长6.36%,增速比上半年和2017年同期有所放缓。9月末,全市房地产贷款余额1478.4亿元,比年初增加257.83亿元,同比多增58.28亿元,余额同比增长25.54%,其中,住房开发贷款余额201.01亿元,余额同比增长86.9%,增速连续七个季度保持环比上升。

(六)存款利率稳中有降,小微企业贷款利率回落明显

9月,全市人民币活期存款加权平均利率为0.33%,自2017年12月以来基本保持稳定,定期存款加权平均利率为2.11%,比1~8月平均水平下降8个基点。9月,全市人民币贷款加权平均利率为6.01%,比1~8月加权平均利率小幅下降6个基点。9月,全市小微企业贷款加权平均利率为5.99%,比1~8月加权平均利率低18个基点,比2017年同期低1个基点。

二 金融运行中存在的主要问题

(一)经济承压明显,各方信心有所下滑,企业投资意愿不足

2018年以来,在中美贸易摩擦持续升级、去产能及环保整治力度加强的背景下,原材料价格继续上涨,劳动力成本继续刚性增长,人才引进难度加大,投资观望情绪较浓,银行家、企业家和储户对经济发展信心出现波动

情绪。三季度,扬州银行家宏观经济热度指数①较上季度回落11.3个百分点,企业家对应指数分别下降3.2个百分点,居民当前经济形势指数②下降3.65个百分点。由于贸易摩擦不断升级,企业面临市场竞争压力增大,同时原材料价格持续走高拉抬企业成本,负面情绪有所抬升,企业盈利水平同比有所下滑,固定资产投资指数回升势头减弱。同时,较高的居民杠杆率挤压了消费增长空间,2018年以来,社会消费品零售总额增速始终维持在9%左右,居民储户消费意愿和未来消费信心均明显回落,三季度居民消费情绪指数③为61.50%,环比下降5.75个百分点,同比下降4.38个百分点。其中,29.75%的居民认为本季的消费支出"增加",较上季下降9.5个百分点,比2017年同期下降6.5个百分点;6.75%的居民认为消费支出"减少",较上季上升2个百分点。

(二)小微企业直接融资发展较快,但融资渠道单一问题仍然存在

2013年以来,扬州已经先后有65家中小企业在"新三板"挂牌,获得定增融资9.8亿元。另有上报在审企业11家,20多家企业已与券商及中介机构签订挂牌推进协议。此外,在江苏、上海、深圳前海等区域性股权交易市场挂牌企业也超过40家。但总体上看,小微企业融资仍存在较多限制因素。小微企业融资专项调查结果显示,银行仍然是小微企业最重要的融资渠道,小微企业银行依赖度仍然较高。此外,小微企业首贷获得水平有待提高,虽然2015年以来企业首次获贷时间相比2010年以前缩短了5年以上,但是仍有一定的上升空间。

---

① 宏观经济热度指数、预期指数=判断或预期宏观经济"偏热"的占比+0.5×判断或预期宏观经济"正常"的占比,指数越高,宏观经济越热。景气"扩张"与"收缩"的分界线均为50%。
② 当前经济形势指数=剔除选择"不清楚"的居民占比,按百分之百对剩余三个选项进行重新分配,然后用认为本地区经济状况比三个月前"好"的居民占比+0.5×认为本地区经济状况与三个月前"基本不变"的居民占比。该指数越大,表明居民对当前经济形势的判断越好。
③ 居民消费情绪指数=当前月消费支出比三个月前"增加"的居民占比+0.5×当前月消费支出与三个月前"基本不变"的居民占比。该指数越高,表明居民消费热情越高。

（三）金融高质量服务"三农"有待进一步加强

实施乡村振兴战略是党的十九大提出的重要决策部署，是新时代"三农"工作的行动指南。近年来，人民银行及有关部门积极深化农村金融改革，着力扩大对高效农业、农业科技创新和农村三产融合发展的金融支持，取得较明显成效。但在工作推进中也发现一些问题。一是从需求层面看，传统农村金融体系难以适应农村金融需求新变化。新型农业经营主体对经济作物生产投入增加，对融资期限、规模和灵活性要求上升，城镇化加快导致农民购房购车、教育医疗等消费金融需求和就业创业等长期性金融需求明显上升。而传统农村金融体系对中长期、大规模、综合性的生产和消费金融需求支持力度有限。二是从供给层面看，信贷投放和储备不足，普惠性服务有待拓展。9月末，涉农贷款余额1388亿元，比年初增加125亿元，同比少增45.44亿元，余额同比增长5.20%，增速同比下降7.5个百分点。9月末，县域各项贷款余额1229亿元，占比为26.97%，比2017年同期低0.39个百分点。其中，仪征、高邮和宝应占比分别为10.07%、8.97%和7.93%。部分银行信贷政策有所收紧，对未设立分支机构的地区要求逐步压缩存量贷款，对乡级及以下的政府类业务领域的存量融资，到期收回不再续做。

（四）债务融资工具发行难度有所上升

上半年，全市非金融企业注册发行债务融资工具12单、70亿元，并实现年内全省首单5亿元绿色债券成功发行，总体呈现"稳中有优"的良好发展态势。但工作推进中也暴露出若干亟待解决的问题。一是发行规模在全省排名靠后。从发行金额占比看，扬州市发行金额仅占全省的2.48%，省内排名较为靠后。二是辖内银行的参与度下降。辖内银行参与的承销金额较2017年同期下降近20%。扬州地区债券发行施行招标机制，对建立公平竞争的市场环境有一定积极意义，但在激励机构积极性方面仍有欠缺。三是下半年债务融资工具注册发行难度上升。一方面，政策收紧，导致报批流程延长，新注册难度加大。另一方面，金融去杠杆、强监管背景下的流动性趋紧等多重因素叠加，信用利差扩大，低评级的债券票面利率偏高、发行困难。2018年上半年全国银行间市场AA级主体发行金额占比降至9.97%，较2017年下半年下降了5.3个百分点。扬州市多数发行主体总体评级较低，极易受市场不利因素波及。

三 全年经济金融运行形势展望

（一）经济发展韧性增强，微观主体预期出现分化

一是经济运行韧性增强。三季度工业景气调查数据显示，企业经营景气预期指数[①]为61.37%，比上年同期提高0.26个百分点，未来国内订单预测指数[②]为51.14%，也处于50%以上的"扩张区间"。一方面，企业总体订单水平波动回升，五成的受调查企业预计订单总体将继续增长，对外贸依赖程度继续下降，国内市场表现好于出口市场。从具体行业来看，一批技术水平落后、落后产能集中的行业得到有序出清或产能转移，部分率先开展转型升级的行业展现出更强的活力。另一方面，劳动力市场依然活跃。从存量看，劳动力结构更加优化，单位劳动力贡献率进一步提升；从增量看，劳动力市场供需总体维持紧平衡，劳动力价格调节机制更加顺畅，60%的受调查企业表示近期存在招工需求，部分紧缺工种、高技术工种的劳动力价格有序提高。

二是微观主体预期出现分化。人民银行扬州支行开展的居民、银行家、企业家三项调查结果显示，2017年下半年以来，居民、银行家、企业对未来经济形势判断均企稳向好。进入三季度，受外部环境影响，各类主

[①] 企业经营景气预期指数=预期企业经营"较好"的企业比例+0.5×选择"一般"的企业比例。该指标值越高，表明企业预期经营状况越好，反之越差。
[②] 企业国内订货预期指数=预期国内订货"上升"的企业家占比+0.5×预期"持平"的企业家占比，该指标值上升，说明未来国内需求有所回升，反之回落。

体预期有所分化。居民未来经济预期指数①为48.37%，比2017年同期低5.42个百分点，连续两个季度处于50%荣枯线以下；银行家宏观经济热度预期指数②降为26.92%，低于前两个季度水平；企业家反应相对温和，三季度企业家信心指数③为76.1%，虽比二季度下降10.2个百分点，但得益于2018年以来整体行情改善的惯性支持，比2017年同期高0.6个百分点。

（二）适宜的货币金融环境为经济后劲提供支撑

一是精准发力为高质量发展营造适宜的货币环境。2018年以来货币政策维持稳健中性，为促进域内经济健康平稳发展营造良好的金融环境。一方面，借助于四次降准，辖内银行服务实体经济能力得到有效补充；另一方面，央行综合运用再贷款、再贴现等货币政策工具，全市货币信贷和社会融资规模将继续保持合理增长。

二是着重突出对重点领域的扶持力度。2018年以来，通过落实五部委《关于进一步深化小微企业金融服务的意见》，印发《关于推动小微企业政策措施加快落地生效的通知》，召开小微金融推进会，组织开展金融惠企大走访活动，积极引导辖内金融机构聚焦小微、"三农"等薄弱领域，努力解决企业融资难、融资贵等现实难题，推动小微企业信贷投放增量扩面。此外，还将积极研究推动民营企业债券融资支持工具在扬州落地，重点支持暂时遇到困难，但有市场、有前景、技术有竞争力的民营企业债券融资。创新运用多种手段，有效保障全市普惠金融水平稳步提高。

---

① 居民未来经济预期指数=剔除选择"不清楚"的居民占比，按百分之百对剩余三个选项进行重新分配，然后用认为未来三个月经济形势比现在"好"的居民占比+0.5×认为未来三个月经济形势与现在"基本不变"的居民占比。该指数越高，表明居民对未来经济形势的判断越好。

② 银行家宏观经济热度预期指数=预期宏观经济"偏热"的占比×1+预期宏观经济"正常"的占比×0.5，指数越高，宏观经济越热。景气"扩张"与"收缩"的分界线均为50%。

③ 企业家信心指数=本季经济形势"正常"的企业占比+下季经济形势"正常"的企业占比，指数越高，企业家宏观经济信心越高。

（三）金融服务加速回归本源，非法金融活动整治成效明显

一是紧密围绕去杠杆、降风险，金融部门加快回归本源、服务实体经济。部分金融机构存在的业务发展不规范、多层嵌套、刚性兑付、规避监管等问题得到纠正，对有效防范和控制金融风险，引导社会资金流向实体经济，更好地支持经济结构调整和转型升级具有积极意义。后续随着"资管新规""理财新规"等相关配套政策的逐步完善，银行金融服务加速回归本源，银行经营质态更加稳健。银行机构预期经营景气指数①达到65.38%，与2017年基本持平，银行机构盈利预期指数②数达69.23%，也处于较为景气的区间。

二是非法金融活动得到多方重视，整治工作收效明显。2018年以来，市政府协调多部门健全风险排查和预警机制，合力推进防范和监管工作。上半年全市非法集资案件与2017年同比下降49%，非法金融活动得到初步抑制。人民银行组织辖内金融机构开展防范非法集资、深化存款保险制度宣传月活动，在全辖区范围内开展了为期三个月的涉嫌非法集资风险专项排查活动，有力支持扬州非法集资案件的侦查工作。非法集资发案的有效控制，有利于净化地方金融生态，打赢防控金融风险的攻坚战，为地方经济高质量发展提供重要基础。

三是落实"放管服"改革，外汇管理领域贸易便利化措施稳步推进。2018年以来外汇管理领域出台了多项便利化措施，具体包括全面实行全口径跨境融资宏观审慎管理，实行资本项目结汇支付意愿化；建立跨境人民币重点企业库，支持企业通过跨境人民币进行贸易投资等；发布"'一带一路'国家外汇政策概览"，便利"一带一路"境外工程承包企业收付汇；支持企业境外发债，助力辖内企业拓宽境外融资渠道等。在落实好已出台政策，争取新政策在扬州先行先试的同时，年内还将逐步推出一系列政策措施，有效保障市场主体真实合理的用汇需求，营造更加开放有序的营商环境。

---

① 银行机构预期经营景气指数 = 预期经营景气度"较好"的占比×1 + 预期经营景气度"一般"的占比×0.5，该指数越高，经营景气感受越好。

② 银行机构盈利预期指数 = 预期盈利"增加"的占比×1 + 预期盈利"持平"的占比×0.5，该指数越高，盈利预期越好，50%为景气"扩张"与"收缩"的分界线。

B.10
2018年扬州市服务业发展研究报告

杨蓉 卞吉 夏坚 王斌 汤鑫*

摘 要: 本文从全市服务业整体运行情况、服务业十大重点产业和各县（市、区）服务业发展情况等方面，梳理了2018年扬州市服务业的发展现状，并对当前扬州市服务业发展所面临的三个挑战进行了分析。针对2019年扬州市服务业发展总体规划，提出了扬州市服务业发展的未来主要目标和各重点产业的发展重点，阐述了推进全市服务业发展的重点举措。

关键词: 扬州市 服务业 产业运行

2018年，在市委、市政府的正确领导下，扬州服务业面对经济发展新常态，实现了平稳快速发展，成为全市经济增长的重要引擎、转型升级的重要抓手、财税收入的重要来源。

一 2018年扬州市服务业发展现状

（一）总体情况

2018年1~9月，全市实现服务业增加值1814.09亿元，增长7.3%，

---

* 杨蓉，扬州市发展改革委党组书记、主任，扬州市服务业办公室主任；卞吉，扬州市发展改革委党组成员，扬州市服务业办公室副主任；夏坚，扬州市发展改革委服务业发展处处长；王斌，扬州市发展改革委服务业发展处副处长；汤鑫，扬州市发展改革委服务业发展处科员。

增长速度列全省第八，低于全省平均水平0.5个百分点。前三季度，服务业增加值占GDP总量的46.5%，比2017年同期提高0.9个百分点。

1~9月，全市服务业固定资产投资增长13.2%，比全省服务业投资增速高1.1个百分点，位居全省第一。

1~9月，全市新开工服务业重大项目30个，列入"扬州市2018年度服务业重点项目投资计划"的375个服务业重点项目前三季度完成投资379.3亿元。

1~9月，服务业实现税收总收入174.46亿元，增长7.4%；其中，国税服务业收入93.28亿元，增长0.5%；地税服务业收入81.18亿元，增长16.6%。服务业税收占税收总收入的46.5%，同比上升1.3个百分点。

1~9月，全市服务业用电量281327万千瓦时，同比增长11%，增幅明显，占全社会用电量的15%，增长0.8个百分点。

预计至2018年底，全市实现服务业增加值2580亿元，增长8.5%左右，比GDP增速高2个百分点；服务业占GDP比重达到47%，比上年提高1.1个百分点；服务业固定资产投资1800亿元，增长10%；服务业实现税收总收入230亿元，增长15%。全面完成全市年度服务业发展工作各项目标任务。

（二）扬州市服务业各重点产业运行情况

（1）旅游业。1~9月，全市实现旅游总收入687.2亿元，同比增长15%；接待国内旅游人数5425.64万人次，同比增长12%；入境过夜者旅游接待5.47万，同比增长19.6%；接待国内过夜游客617万，同比增长12.6%；游客满意度稳居全省第四位。起草并牵头实施以服务游客为核心的"3号"文件。印发《扬州市旅游业发展引导和资金使用细则》，加大对全市旅游项目建设的政策引导。全面启动全国旅游标准化试点城市创建工作，出台《扬州市创建全国旅游标准化示范城市工作方案》等文件，加大政策奖励力度。举办了"亲子研学夏扬州"主题旅游活动，推出12项重点品牌活动和60多项特色精品活动，赴北京、上海等12个城市开展路演推介活动。成功举办"2018扬州旅游招商推介会",8个项目现场签约,总投资额超50亿元。加快推动华侨城、江都中国电影世界等重点旅游项目建设。

(2)软件和互联网业。1~9月,全市软件和互联网相关产业实现业务收入980亿元,同比增长30.3%。累计通过评估的软件企业503家、软件产品1400件,分别位列全省第4位、第5位;鼎集智能、宏创科技等6家本土IT企业挂牌新三板,易图地信、智途科技等3家企业入围"2018中国地理信息产业百强企业榜"。引导企业业务由传统的电子政务配套研发向行业应用软件、物联网支撑服务、工业软件等领域拓展,涵盖了电力、通信、税务、石油、机械等多个行业;万方电子、智途科技等企业设有"省级软件企业技术中心"。与华为、阿里、京东、谷歌等国内外知名IT企业开展全面合作,"中国·扬州云计算中心""华云大数据基地""盛世云""软通动力创新产业园""猪八戒网"等一批行业重大项目相继建成投入运行。形成了"1+3"产业集聚区,产业集聚效应逐步显现。江苏信息服务产业基地、中国智谷分别获批"江苏省互联网产业园""江苏省大数据特色产业园"。

(3)文化产业。召开文化产业发展推进会、协调会,组织文化产业统计培训,重点企业上报率达100%。紧扣"新增三上企业50家"的核心指标,全力培育亮点企业。全市现有文化产业法人单位超7000家,总数在苏北地区处于领先地位。开展、参与3次招商活动。在2018年扬州(深圳)文化产业推介恳谈活动期间,8个总投资32.6亿元的项目现场签约。扬州艺术馆二期、江都新文化中心、扬州新大剧院、京华城中城空中文创影视一条街等重点项目有序推进。组织邵伯运河风情小镇、湾头玉器小镇、甘泉爱情小镇申报"江苏省文化旅游名镇"。成功举办2018年中国(扬州)大运河文化旅游博览会。组织企业参加长三角品博会、苏州创博会、深圳文博会、广州国际乐器展等知名展会。

(4)金融业。1~9月,全市实现金融业增加值226.77亿元,增长4.5%,占GDP和服务业增加值比重分别达5.8%和12.3%。1~9月,银行机构存贷款余额分别为6079.62亿元和4557.65亿元,同比分别增长3.55%和14.33%;实现保险保费收入146.24亿元,同比增长7.4%。倍加洁、亚普股份在上交所主板上市，菲达宝开、金润龙、和天下在"新三板"挂牌。扬瑞新材IPO证监会排队，海昌新材、扬力集团、揽月科技3家企业IPO在省证监局辅导。强化非法集资活动和重点案件的打击力度，开展防范和处置非法集资5月集中宣传月活动。组织开展外来网络借贷信息中介机构在扬分支机构登记管理和对4家P2P专项检查工作。开展金融招商和拜访活动。召开全市金融工作会议，研究部署服务实体经济、防控金融风险、深化金融改革三大工作任务。协调推进市级综合金融服务平台建设运营。组织开展"信贷大篷车县区行"系列活动。

（5）科技服务业。1~9月，全市科技服务业总收入突破92.3亿元；健全企业统计体系，将原属于市统计系统的100多家列统单位一并纳入江苏省科技服务业统计系统中，健全和优化了科技服务业企业统计体系，提升填报效率，更为全面及时地反映扬州科技服务业企业发展状况。举办扬州百家高校院所科技成果展示洽谈会、扬州市科技产业综合体建设及运营推介会、中国·瘦西湖创客周、联想之星创业CEO扬州行等重大活动，164个项目达成合作，133个项目现场签约。"扬州创新中心"在创客周期间开园，与国际知名孵化器以色列Startup East、良仓加速器、电子科技大学科技园3家孵化器、20多家第三方协作平台、35家金融机构及55家企业达成意向入驻协议。梳理在手的市级科技服务业专项资金项目，开展2017年5家科技服务业项目绩效评价工作，截至2017年底，5个项目完成投资额达4256万元，为总投资额的76.4%；吸纳就业人员393人。

（6）物流业。1~9月，一是全市物流需求平稳增长，总体运行态势良好，但货运增速有所回落。全市货运周转量263.71亿吨公里，同比增长5.1%，比上年同期下降2.1个百分点；货运量8738万吨，同比增长5.0%，比上年同期下降4.2个百分点。预计三季度全市社会物流总额约为12016亿元，同比增长13.5%，高于上年同期2.3个百分点。物流业增加值255亿元，同比增长9.3%，比上年同期提高2.4个百分点。二是物流成本逐步下降。2018年以来，全市物流总费用占GDP比重总体高于上年，但呈下降趋势。1~9月，全市社会物流总费用约为583亿元，同比增长11.5%，比上年同期下降0.8个百分点。社会物流总费用占GDP比重为13.8%，高于上年同期0.1个百分点，低于二季度0.9个百分点。其中，运输环节在社会物流总费用中的比重略有下降，占比达55.4%，比上年同期下降0.5个百分点。三是物流载体提档升级。全市共有市级以上物流集聚区8家，其中，仪征汽车物流园、扬州商贸物流园被评为省级示范物流园区，扬州港口物流园、扬州长江石化物流中心纳入省级现代服务业集聚区，扬州综合物流园、江都沿江物流集聚区纳入省级示范物流园区储备库。三季度，8家市级以上物流集聚区实现营业收入378.2亿元，同比增长6.1%；实现税收3.8亿元，同比增长19.6%；集聚企业2460家，同比增长5.0%；吸纳就业1.7万人，同比增长7.6%。四是物流业项目有力推进。全市纳入省"十三五"物流发展规划重点物流项目7个，计划总投资52.8亿元，1~9月，新增投资32亿元，累计完成投资46.4亿元，完成项目计划投资的87.9%，超序时进度27.9个百分点。在建千万元以上物流项目33个，计划总投资252.45亿元，其中，10亿元以上项目12个、1亿~10亿元项目14个，0.1亿~1亿元项目7个。33个千万元以上物流项目2018年计划总投资49.65亿元，1~9月实际完成投资41.43亿元，完成年度计划的83.4%，超序时进度8.4个百分点。

（7）商务服务业。1~9月，全市商务服务业实现增加值166.2亿元，同比增长12.5%。6个亿元以上商务服务业项目在"2018扬州（深圳）产业招商活动"中集中签约。1~9月全市新开工、新竣工和新达效商务服务业重大项目分别达6个、5个和7个。

引导全市商务服务业集聚区加大转型升级力度，扬州京华城商务集聚区（省级）等5个市级以上园区实现总收入218.7亿元，同比增长5.7%。继续推进板块建设的同时，在景区重点打造瘦西湖路新金融商务和总部经济板块，在邗江区依托人力资源服务产业园，建设人力资源服务专业板块。

（8）商贸服务业。1~9月份全市实现社会消费品零售总额1145.2亿元，增幅9.6%，增幅位列全省第三，总量全省排名第八位。其中，限额以上零售额315.36亿元，同比增长5.4%。对接市"两创办"，完成2016年度"两创示范"商务发展资金扶持政策项目申报、评审、下拨工作。组织

开展2017年度"双创示范"项目申报工作，目前正在开展第三方审计工作。开展《关于进一步促进全市电子商务发展的实施意见》和《关于促进全市电子商务发展的扶持政策》编制工作。政策意见经市政府常务会审议通过后正式印发。茱萸湾路玉器电商特色街等3个园（街）区获批省级乡镇电商特色园（街）区；小纪镇华阳村等9个村获批省级农村电商示范村；圆梦创新工坊等3个园区获批省级电商众创空间试点。创建市级电商示范村21个。开展了第二批"扬州老字号"认定工作，经过企业申报、县（市、区）初审、专家评审等环节，共认定"扬州老字号"10家。以东关街—国庆路为载体，打造老字号集聚区，推动东关街—国庆路街区成功创成首批江苏省老字号集聚街区。

（9）家庭服务业。印发《关于开展扬州市2017年度家庭服务业调查工作的通知》，最终统计数据为法人单位245家、个体经营户205家、家庭户调查问卷826份。组织扬州市优秀家庭服务企业参加2018年扬州榆林劳务协作推介会、安徽省金寨县春风行动等活动，按照"优势互补、合作共赢"的原则，开展劳务协作，促进劳动力有序流动、就业脱贫。开展"扬州市家庭服务业万人培训工程暨第六届技能培训月"活动，发布扬州市区家庭服务业部分工种工资指导价。开展进社区"送温暖、送服务、送培训"活动，实施"互联网+家政"社区服务平台项目。参加"2018扬州（深圳）产业招商推介"活动，推动相关项目到扬州落地。对接南京快易洁家政服务有限公司，推动快易洁仪征公司和养老服务中心项目加快落地和投运步伐。

（10）健康服务业。以产业融合为方向，加快宁扬毗邻地区融合发展，打造仪征—六合353省道沿线健康养老生态休闲带，建成月塘山水旅游综合开发项目，新开工宝应智能医疗养老中心项目。落实利用闲置房地资源发展健康养老等服务业项目办理流程相关文件精神，优化项目办理流程，扬州颐乐养生文化园一期项目已办理完毕，二期正处于办理阶段。扬州瑞和护理院项目已完成前期备案手续。完成2017年度扬州健康服务业报告。开展省级养老服务业创新示范企业申报工作。接洽澳大利亚Pore Home Care公司，推动高端家庭护理品牌在扬州落户，提升扬州"医康养"产业质态。

（三）扬州市服务业分县市区运行情况

（1）广陵区。1~9月，实现服务业增加284亿元，占GDP的58.6%，同比提高1个百分点，增速为8%；实现服务业固定资产投资160亿元，同比增长20%；实现服务业税收收入25亿元，同比增长20%；净增服务业重点企业14家，净增纳税过千万元服务业企业3家。

（2）邗江区。1~9月份，全区实现服务业增加值361.76亿元，占GDP比重56.5%。固定资产投资增长14.1%。新增服务业重点企业5家，新开工重大项目7个，新竣工重大项目5个，新达效重大项目4个。积极组织开展创新示范企业申报工作，源点科技、朗森特等8家企业获批2017年度扬州市级服务业创新示范企业，天苗科技、能煜检测等11家企业获批扬州市生产性服务业（第三批）创新示范企业，扬州冶春食品生产配送股份有限公司的中央厨房冷链物流配送服务标准化试点项目获批2018年度江苏省服务业标准化试点项目，笛莎申报省生产性服务业百企升级引领工程第三批领军企业。强化财政资金杠杆作用，开展国家、省、市级服务业引导资金申报工作，江苏医联生物科技有限公司成功获批中央预算内服务业引导资金500万元。

（3）江都区。1~9月，实现服务业增加值332.03亿元，占GDP比重46.7%。实现服务业固定资产投资同比增长4.5%。实现服务业税收16.6亿元，增幅18%。其中，服务业国税9.1亿元，增幅34.74%；服务业地税7.4亿元，增幅2.4%。新开工项目3个（佳源商务中心二期、万德隆商贸服务中心、金奥中心二期），新竣工项目2个（扬州金鹰新城市中心一期、香江休闲美食城），新达效项目6个（汇锦城商业综合体、江苏方正钢铁集团总部大厦、新加坡城城市综合体、衡山明珠国际大酒店、美钢物流中心、中信泰富码头）。

（4）仪征市。1~9月，实现服务业增加值增速4.9%，占GDP比重45.1%。实现服务业固定资产投资171亿元，同比增长28%。实现服务业税收19.04亿元，同比增长0.02%。其中，服务业国税12.46亿元，同比下降0.23%；服务业地税6.58亿元，同比增长0.49%。1~9月，全市实施服务业重大项目46个，总投资442亿元，计划年度完成投资58.8亿元，其中，在建项目22个，拟新开工项目24个；围绕扬州市服务业重大项目建设任务，以传化柏泰公路港、铜山体育小镇等项目为重点，完善前期手续，落实开工条件，全力加快项目进度。

（5）高邮市。1~9月，实现服务业增加值203.94亿元，增长6.6%，占GDP比重40.9%。金帆中心、波司登世贸金街、扬州市康福医养结合综合体项目通过新开工认定。诚信应急物流及冷链物流园、高邮市文化体育休闲公园、高邮市建造业总部集聚区项目通过新竣工认定。江苏弘盛商务集聚区和高邮市建造业总部集聚区项目通过新达效认定。

（6）宝应县。1~9月，实现服务业增加值215亿元，同比增长6%，占GDP比重45.8%。服务业固定资产投资70.96亿元，增长7.4%。实现服务业税收10.8亿元，同比下降4.0%。新开工服务业重大项目3个，新竣工重大项目3个，服务业重点项目投资完成49.9亿元。净增服务业重点企业16家（含结转）。实现社会消费品零售额132.32亿元，增长10%。1~9月，完成新开工3个、新竣工2个、新达效2个。分别是：新城吾悦广场、宝应智能医养中心、红星生活广场等项目通过新开工认定，生态新城健身产业综合体及体育公园、开发区宝胜科创中心等项目通过新竣工认定，亚细亚中央商城、世纪广场等项目通过新达效认定。

（7）市开发区。1~9月，实现服务业增加值181.15亿元，增幅11.1%，占比提升0.9个百分点；完成服务业固定资产投资69.4亿元，增幅8.5%；完成服务业税收9.5亿元，增幅39.7%；完成社会消费品零售总额69.26亿元，增幅9.4%；新增服务业重点企业22家。新签约服务业重大项目5个、新开工4个、新竣工3个。服务业重点项目当年完成投资42亿元，序时完成84%。

（8）生态科技新城。1~9月，服务业固定资产投资增幅达30%。举办了亚布力青年企业家论坛、"大美扬州"绿色论坛、2018年扬州首届中英名校赛艇邀请赛、"大运河杯"全国U系列青少年龙舟赛暨青少年龙舟夏令营、新乐府小私塾亲子音乐节、自在岛"诗加歌"音乐节等。深潜水上运动中心、亚布力企业家俱乐部、音乐俱乐部等一批项目落地。

（9）蜀冈—瘦西湖景区。1~9月，服务业固定资产投资同比增长15%，服务业税收增长率同比下降14.8%。累计完成服务业重大项目投资24.2亿元，占全年投资计划的75.2%；社会消费品零售总额同比增长10.2%。创新开展集聚区管理工作，强化公共服务平台建设，积极培育和申报省、市级服务业集聚区和示范区。大力推动花都汇园艺体验中心申报市级服务业集聚区工作，6月正式被评定为市级服务业集聚区。

二 当前服务业发展面临的挑战

1. 服务业缺乏龙头型领军企业支撑

扬州服务业企业总体规模偏小、实力不强、竞争力弱、行业内部集聚度低，缺乏大企业和大集团。虽然有许多区域性强势服务业企业，但其规模和外在影响力仍相对较小，对整个经济的带动作用仍有限。

2. 服务业区域竞争力不强

目前扬州市服务业产业融合度不高、服务业品牌竞争力较弱等问题比较突出，尤其是高端服务业企业尚未形成集聚效应，对接海内外的全面开放格局尚未形成。现代服务业所需要的人才较为短缺，尤其是适应产业转型升级发展需求，处于"微笑曲线"两端的研发设计、商务中介、现代金融等高端服务业人才严重不足，一定程度上影响了扬州市现代服务业产业化和国际化发展进程。

三 2019年扬州市服务业发展目标与思路

（一）主要目标

2019年，全市实现服务业增加值2870亿元，增长9%，比GDP增速高2个百分点；服务业占GDP比重达到48%以上，比上年提高1个百分点以

上；服务业固定资产投资1980亿元，增长10%；服务业实现税收总收入260亿元，增长13%。

（二）产业发展重点

（1）旅游业。制定《加快推动扬州旅游发展三年（2017～2019年）行动计划》。落实省委书记"要把人们心目中的扬州建设好，满足世界人民对扬州的向往，争创城市发展的第四次辉煌"的讲话精神和市委七届六次全会关于"加快打造独具魅力的国际文化旅游名城"、市委书记景区经济调研座谈会上的工作部署，按照"五可"要求，梳理排定《加快推动扬州旅游发展三年（2019～2021年）行动计划》，推进扬州旅游跨越发展。做好"旅游+体育""旅游+园林"等旅游新产品、旅游新线路的策划包装和宣传推广。策划举办好"冬季养生节"旅游活动，满足不同的游客需求，打响扬州冬季旅游品牌。组织召开世界运河城市文化旅游分论坛活动，实现国际成员间游客互送、资源共享。集中力量在北美、欧洲、上海等地区设立旅游推广站。精心策划来年境外营销推介活动，提升扬州国际形象，让扬州成为世界人民向往的城市。

（2）软件和互联网业。围绕"建、引、提、培、扶"的思路，组织召开工业App培育论坛，成立工业技术软件化联盟，为全面推进工业互联网App发展提供充足的智力支持，打造良好的环境。围绕"建、引、提、培、扶"的思路，组织召开工业App培育论坛，成立工业技术软件化联盟，为全面推进工业互联网App发展提供充足的智力支持，打造良好的环境。赴成都、西安调研学习两城市推进软件产业发展、打造"软件名城"的主要经验和做法，研究制订扬州市创建软件名城的行动计划，并修改完善市级软件和互联网专项政策。

（3）文化产业。对照国家统计局最新颁布的《文化及相关产业分类（2018）》，用好第四次经济普查时机，加强对"互联网/数字文化""文化投资运营"等新行业小类的调研。分梯度建立重点企业培育库，实现动态监测、及时服务，提供精准政策保障，做大全市文化产业企业队伍。把握

"招商—注册—发展"全流程，及时提供跟踪服务，加大政策兑现力度，推动金融、土地和"一条龙"服务等发展要素落到实处。

（4）现代物流业。强力推进"十三五"物流项目建设，2018年千万元以上物流项目完成投资50亿元左右，加快招引一批运营模式新、信息平台优、发展质态好的物流龙头项目。用好省市级服务业引导资金，加快物流模式创新，构建扬州物流业现代化信息平台，以信息化推动物流业模式创新，助力降本增效。认定一批物流领域的市级服务业集聚示范区，加强省级示范物流园区储备。对照物流园区空间布局规划，打造一批物流业重点园区，实现特色化发展。进一步落实《扬州市落实物流业降本增效专项行动工作方案（2017~2018年）》，降低运输成本，强化成本核算，定期监测物流运行效率。

（5）金融业。畅通金融资源供求对接渠道，持续扩大信贷投放，重点引导和推动金融机构加大对制造业和小微企业的金融支持力度，确保新增信贷投放400亿元以上。按季度组织"新三板"联盟活动，动态保持上市挂牌后备企业80家以上。"一企一策"，推进符合条件的企业加快上市进程。配合做好扬州金融集聚区和江都、瘦西湖基金小镇建设，推进仪征农民住房财产权抵押贷款试点、宝应县域金融改革创新试点。谋划建设地方金融监管机制，努力消除监管真空和监管套利，筑牢从市场准入到处置退出的事前、事中、事后监管防线。

（6）科技服务业。加大对重点地区科技服务机构和企业的招引力度，全力做好新成立科技服务企业的服务工作。推进科技公共服务平台建设，建设科技公共研发平台，充分发挥扬州技术交易市场的作用，推动全市科技服务业快速发展。培育核心服务团队，引进新型业态，打造有影响的科技服务品牌，提高科技服务业集聚区（示范区）对科技服务业发展的带动作用。

（7）商务服务业。用好政策资源，加快建设总部经济、人力资源、科技商务咨询等商务服务业的特色板块。在总部经济、商务咨询等领域招引一批技术密集、资本密集、附加值高的商务服务业项目。实施商务咨询专业资质提升工程，增强商务服务业的竞争力和服务功能，培育一批有实力的领军企业。会同相关部门，督促扬州市龙头型法律服务业企业（机构）尽快列入统计样本库，弥补法律服务业企业统计缺失，全面做好商务服务业统计工作。

（8）商贸服务业。关注重点企业，紧盯重点行业，通过召开社会零售企业工作会议、推动达限企业入库、举办全市社会零售企业业务统计培训等手段，促进全市社会零售企业稳增长。做好2017年度项目审核、下拨和"双创示范点"绩效考核工作，用好用足资金政策，加快项目建设进度。推进蜀冈—瘦西湖景区"三把刀"集聚区项目建设，重点推进长春路沿线"三把刀"主题化设计、核心功能区、文博馆等项目。按照序时举办2018年中餐国际化暨淮扬菜创新发展大会。举办电商创新创业培训，帮助农民、大学生村官、回乡创业人员、农业合作社学习网上销售技能，提高创业就业能力。举办2018年中国扬州传统商贸业数字化创新发展大会，为企业家学习新思维、新模式搭建平台，营造电商发展氛围。

（9）家庭服务业。组织开展星级家庭服务企业评定、诚信企业认定、示范家政服务站创建工作。强化与市电商协会合作，引导"维小保、修车郎、智慧社区"等各类民营家庭服务业信息平台做大做强。

（10）健康服务业。开展健康服务业专题招商活动，积极引进先进的健康服务模式和优质项目。推动在库健康服务业重大项目加快建设。优化项目审批流程，推广落实利用闲置房地资源发展健康养老等服务业项目，激发健康服务业领域投资活力。研究长三角区域健康服务业集聚区和示范培育企业长效管理机制，加强与区域内健康服务业企业的合作交流，力争促成一批合作项目。

四 推进全市服务业发展的重点举措

（一）坚持结构优化和质态提升并举，打造核心增长极

进一步推动服务业产业结构向价值链高端攀升，努力打造生产性服务业与生活性服务业并驾齐驱、蓬勃发展的产业发展新格局。积极推进生产性服务业与先进制造业协同融合发展，大力推进生活性服务业精细化发展。加快

提升主城区域服务业质态，依托服务经济基础、交通区位优势和现有产业集聚优势，以高端服务功能为主导，以高附加值的旅游、文化创意、金融、科技、商务、会展、信息、研发设计、现代商贸等现代服务业为重点，不断提升产业层次，强化核心功能，着力打造全市现代服务业发展的先行示范区，形成集聚服务产业、人才、资本和信息的核心区域。特色化发展区域服务业，县市区域利用各地城市化过程中城乡互动发展、块状经济明显、特色旅游休闲环境优越、特色产业集聚等特点，以促进县域经济发展为目标，充分发挥比较优势，大力培育发展特色服务业，不断增强县域、功能区和中心镇的服务功能，实现区域服务业发展水平与主城区的同步提升。

（二）坚持扩大增量和优化存量并举，积蓄项目新动能

加强对新兴产业和业态的跟踪研究，进一步完善"服务业工作云"招商信息库，高标准策划好牵头负责的各类专题招商活动，力争对接落实一批具有带动示范效应的重大项目。以存量优化内挖潜能，开展2019年度计划竣工投运项目调研，加大在建重大项目竣工投运引导力度，推动项目早日竣工达效。鼓励现有企业加大投入、扩大规模，通过企业做大做强，形成产业发展源源不断的新增长点。积极做好服务业重大项目上争工作，筛选一批体量大、质态优的现代服务业项目，特别是生产性服务业项目，力争列入上级重大项目库，为争取上级资金和政策筑牢基础。

（三）坚持载体建设和企业培育并举，增强承载支撑力

坚持高端化、高新化、集聚化发展方向，提升省级现代服务业产业集聚区建设水平。大力开展骨干企业培育工程。进一步完善服务业企业管理服务和数据报送平台，扩大全市GDP核算数据报送企业及服务业重点企业规模，在此基础上实施生产性服务业企业"十百千"培育计划。实施生活性服务业企业"三化"提升计划。围绕生活性服务业优势领域，按照扩大消费需求、提高人民群众生活质量的总体要求，运用现代服务理念、经营模式和信息技术，推进生活性服务业企业智慧化、连锁化、品牌化发展。

（四）坚持政策引导和服务创新并举，营造发展软环境

加快贯彻落实《关于进一步做好现代服务业工作的意见》，推进利用闲置房地资源发展健康养老、文化创意等现代服务业项目办理进程。修订完善市级服务业引导资金预算方案，加强向上对接，提前了解国家、省引导资金资金盘子整体情况，梳理出一批对口储备项目。着力健全完善服务业统计、监测体系，研究制定现代服务业及重点领域统计分类，实现应统尽统。建立重点产业、集聚区数据分析评估制度，定期组织有关部门对统计数据进行研究分析，形成年度、季度信息研判发布机制。充分发挥"商务咨询服务业集聚区""扬州商务咨询服务网"和"扬州服务业企业交流微信平台"作用，为现代服务业企业搭建展示企业形象、开展交流合作的平台。实施标准品牌建设工程，鼓励具备条件的企业实施知识创新、技术创新和模式创新，建立健全服务行业标准体系，打造一批有影响力的服务品牌企业和集聚区域。实施人才培育引进工程，完善招商引资与招才引智相结合的柔性引进机制，重点引进现代服务业复合型领导人才、高层次企业管理人才和高素质专业技术人才来扬发展。

B.11
2018年扬州市物价情况分析与研究

扬州市物价局课题组*

摘　要： 2018年是扬州市区市场物价水平保持温和上涨态势，1~9月CPI累计涨幅为2.1%，预计全年涨幅不超过2.2%，物价水平稳定在合理区间。价格改革的深入推进，应更多地服务经济社会发展大局，围绕保障和改善民生，逐步建立适应人民群众对美好生活新期待的民生价费体系，积极打造公平竞争的市场价格秩序，为高质量发展创造更好的价格环境。

关键词： 扬州市　市场价格　运行特点

2018年1~9月，扬州市区居民消费价格指数CPI月同比涨幅在1.3%~3.0%范围内小幅波动，呈现温和上涨态势。展望2018年四季度和2019年的市场物价走势，价格指数可能出现阶段性波动，在国家各项宏观政策调控下，价格总水平的上涨总体温和可控。

一　市场物价的基本情况

2018年1~9月，扬州市区CPI累计上涨2.1个百分点，比江苏省平

---

* 课题组负责人：吴顺文，扬州市物价局局长。课题组成员：李锋，扬州市物价局副局长；周兵兵，扬州市物价局综合处处长；陆长昀（执笔人），扬州市物价局综合副处长。

均涨幅低0.1个百分点,与全国持平。从消费结构看,构成CPI的八大类商品七涨一平。其中,生活用品及服务、交通和通信价格涨幅最高,分别上涨5.3%、4.7%。其他涨幅由高到低排序分别为:衣着类上涨3.2%,其他用品和服务类上涨2.1%,居住类上涨1.9%,食品烟酒类上涨1.4%,教育文化和娱乐类上涨0.7%,医疗保健类与上年持平。从各月情况看,市区1～9月份CPI与2017年同比分别上涨2.0%、2.7%、1.9%、1.3%、1.9%、2.2%、2.0%、2.0%和3.0%,同比涨幅均未突破3%的调控线,为经济社会发展提供了相对平稳的价格环境。预计四季度物价月同比涨幅可能有所上升,全年CPI涨幅在2.2%左右(见表1、图1)。

表1 扬州市区2018年1～9月居民消费价格指数汇总

项目名称	2018年每月同比指数									1～9月同比指数
	1月	2月	3月	4月	5月	6月	7月	8月	9月	
居民消费价格总指数	102.0	102.7	101.9	101.3	101.9	102.2	102.0	102.0	103.0	102.1
一、食品烟酒	100.7	103.1	101.5	100.6	100.9	101.1	101.1	101.3	102.6	101.4
粮　食	100.8	100.9	101.3	101.8	101.7	99.8	101.4	99.3	100.8	100.9
鲜　菜	99.1	117.7	109.7	110.5	113.7	116.5	106.5	104.3	114.3	110.0
畜　肉	97.9	97.9	98.2	94.4	92.1	98.7	98.9	100.1	103.5	98.0
水产品	100.9	104.8	95.9	94.3	93.8	93.4	91.3	92.9	94.0	95.6
蛋	117.4	124.7	125.3	120.8	126.4	121.4	117.0	109.2	106.1	118.0
鲜　果	106.9	110.7	104.2	101.0	98.0	93.5	107.4	111.2	109.7	104.4
二、衣着	104.1	103.0	102.7	103.4	101.6	103.1	104.0	102.8	104.2	103.2
三、居住	102.9	102.0	101.5	101.4	101.5	101.9	101.8	102.1	101.9	101.9
四、生活用品及服务	104.8	105.7	107.2	105.9	105.3	104.0	105.4	105.4	105.4	105.3
五、交通和通信	103.4	104.2	103.8	104.5	105.1	105.5	105.2	105.3	105.8	104.7
六、教育文化和娱乐	101.1	101.2	100.7	96.6	101.2	101.2	99.9	101.2	102.9	100.7
七、医疗保健	98.4	98.4	98.4	100.7	100.7	100.9	101.2	101.0	101.2	100.0
八、其他用品和服务	104.6	103.5	103.6	103.5	101.1	101.2	100.9	100.8	99.9	102.1

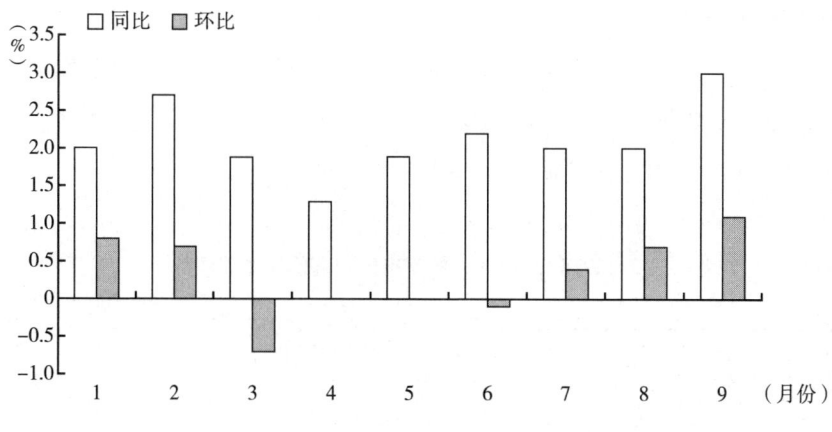

图1 扬州市区2018年1~9月居民消费价格指数走势

二 市场物价的运行特点

（一）主副食品价格总体稳定

2018年来，扬州市主副食品价格总体保持了较为稳定的运行态势：粮油价格以稳为主、猪肉价格持续走低、鸡蛋价格涨幅较大、水产品价格稳中有降、蔬菜价格呈季节性波动、水果价格普遍下降。

1. 粮油价格以稳为主

扬州市粮食库存充裕，市场供求关系保持基本稳定，粮食价格以稳为主，受2017年底超市调价影响，同比价格有所变动，月环比价格大多持平。1~9月扬州市晚籼米、粳米（三级）、粳米（东北产二级）平均零售价（每500克，下同）为2.08元、2.32元、2.93元，同比分别上涨0.48%、4.04%、3.03%；标准粉、特一粉、玉米粉零售均价为2.31元、2.86元、3.41元，同比分别下降3.75%、1.04%，上涨8.6%；红小豆、绿豆、黄豆平均零售价为5.98元、5.62元、4.24元，同比分别下降8.84%、4.26%，上涨6.0%。在粮食供应稳定的情况下，预计后期扬州市粮价走势仍将以稳为主，但受新麦量质双降影响，面粉加工企业的收购量逐步提高，预计后期面粉价格有一定上涨空间（见表2）。食用油价格依然低位平稳运行,1~9月市场桶装压榨菜籽油、浸出菜籽油、大豆油、花生油、玉米油、大豆调和油零售均价(每5升,下同)分别为73.12元、57.96元、42.28元、134.00元、68.78元、51.42元,同比分别上涨4.91%、1.79%,下降2.67%、0.73%、5.47%、3.05%(见表3)。

表2　2018年1~9月扬州市区粮食价格变化情况

单位:元/500克,%

商品名称	规格等级	1月	2月	3月	4月	5月	6月	7月	8月	9月	1~9月同比增幅
晚籼米	二级	2.07	2.07	2.07	2.07	2.07	2.07	2.07	2.09	2.15	0.48
粳米	三级	2.32	2.32	2.32	2.32	2.32	2.31	2.31	2.31	2.31	4.04
粳米	东北产二级	2.93	2.93	2.93	2.93	2.93	2.93	2.93	2.93	2.93	3.03
面粉	标准粉	2.31	2.31	2.31	2.31	2.31	2.31	2.31	2.31	2.31	-3.75
面粉	特一粉	2.86	2.86	2.86	2.86	2.86	2.86	2.86	2.86	2.86	-1.04
玉米粉	脱坯玉米粉	3.32	3.39	3.39	3.39	3.39	3.39	3.40	3.51	3.54	8.60
红小豆	中等	6.10	6.16	6.10	6.06	6.06	5.87	5.81	5.81	5.81	-8.84
绿豆	中等	5.66	5.66	5.66	5.66	5.66	5.63	5.58	5.58	5.53	-4.26
黄豆	三等	4.18	4.28	4.28	4.28	4.28	4.26	4.20	4.20	4.20	6.00

表3　2018年1~9月扬州市区食用油价格变化情况

单位:元/5升,%

商品名称	规格等级	1月	2月	3月	4月	5月	6月	7月	8月	9月	1~9月同比增幅
菜籽油	桶装一级压榨	73.12	73.12	73.12	73.12	73.12	73.12	73.12	73.12	73.12	4.91
菜籽油	桶装一级浸出	57.96	57.96	57.96	57.96	57.96	57.96	57.96	57.96	57.96	1.79
大豆油	桶装一级浸出	42.28	42.28	42.28	42.28	42.28	42.28	42.28	42.28	42.28	-2.67
花生油	桶装一级压榨	134.00	134.00	134.00	134.00	134.00	134.00	134.00	134.00	134.00	-0.73
玉米油	桶装一级压榨	68.78	68.78	68.78	68.78	68.78	68.78	68.78	68.78	68.78	-5.47
大豆调和油	桶装一级	51.42	51.42	51.42	51.42	51.42	51.42	51.42	51.42	51.42	-3.05

2. 猪肉价格持续走低

扬州市猪肉价格持续低位运行,整体呈"V"形走势。1~2月受恶劣天气条件运输及节日市场效应等因素影响,春节前扬州市猪价逆势下跌但尚未传导到零售市场;春节后,受生猪市场影响,扬州市生猪价格一路走低,整体价格比2017年同期大幅度下降，生猪养殖企业除遭遇价格下降外，同时也面临饲料价格上涨、成本上升的压力，已在盈亏平衡点附近波动。5月底猪肉价格缓慢回升，8月底受生猪存出栏量减少以及部分地区疫情影响，猪肉价格迅速上升，回升至全年高位（见图2）。1~9月，市区各大市场精瘦肉、肋条肉、去骨后腿肉零售均价分别为13.13元、11.27元、11.18元，同比分别下降14.41%、13.71%、14.40%。在猪肉价格低位运行的情况下，牛羊肉市场份额进一步扩大，价格也出现上涨。以牛肉为例，1~9月牛腱子肉、牛腩零售均价分别为36.17元、34.73元，同比分别上涨9.31%、13.79%（见表4）。

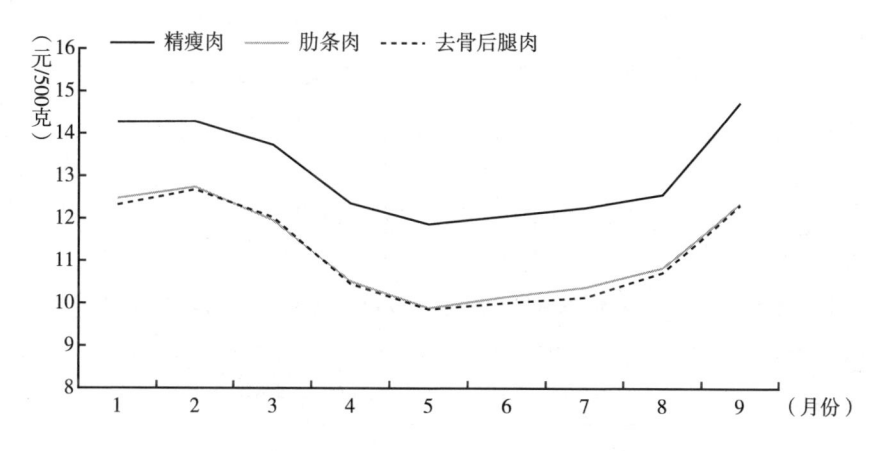

图2　2018年1~9月扬州市区猪肉价格变化情况走势

表4　2018年1~9月扬州市区猪肉、牛肉价格变化情况

单位：元/500克，%

商品名称	规格等级	1月	2月	3月	4月	5月	6月	7月	8月	9月	1~9月同比增幅
鲜猪肉	精瘦肉	14.28	14.28	13.75	12.33	11.87	12.05	12.27	12.57	14.76	-14.41
鲜猪肉	肋条肉	12.49	12.75	11.99	10.54	9.87	10.18	10.38	10.83	12.38	-13.71
鲜猪肉	去骨后腿肉	12.34	12.67	12.04	10.46	9.87	10.00	10.14	10.73	12.36	-14.40
鲜牛肉	腱子肉	36.32	36.45	36.39	36.52	35.59	35.59	35.72	35.99	36.99	9.31
鲜牛肉	牛腩	34.78	34.91	34.84	34.91	34.31	34.31	34.38	34.58	35.58	13.79

3.鸡蛋价格涨幅较大

年初由于前期鸡蛋价格过低，养殖户处在亏损的边缘，多数养殖户淘汰蛋鸡，减少了补栏量，新一轮蛋鸡明显减少，造成鸡蛋价格较高。随着补栏推进，3~6月鸡蛋价格逐步回落。受夏季高温高湿天气影响，为给鸡舍防暑降温，大部分养殖户降低了养殖密度，促使一部分蛋鸡提前淘汰，同时蛋鸡"歇伏"生理现象也导致产蛋率大幅下降，夏末市场鸡蛋货源短缺，价格大幅上涨。1~9月洋鸡蛋、品牌草鸡蛋的零售均价分别为4.48元、8.13元，同比上涨26.2%、下降4.24%。由于猪肉价格保持低位，鸡肉消费需求平淡，价格较为平稳（见表5）。

表5　2018年1~9月扬州市区鸡肉、鸡蛋价格变化情况

单位：元/500克，%

商品名称	规格等级	1月	2月	3月	4月	5月	6月	7月	8月	9月	1~9月同比增幅
鸡肉	白条鸡、开膛上等	8.05	8.05	8.05	8.22	8.30	8.30	8.01	8.05	8.01	0.74
活鸡	活肉鸡1~1.5公斤	13.00	13.00	13.00	12.89	13.00	13.00	11.89	11.67	11.67	-0.95
鸡蛋	新鲜完整（洋鸡蛋）	4.96	5.07	4.15	3.97	3.96	3.94	4.03	4.97	5.31	26.20
鸡蛋	品牌草鸡蛋	8.26	8.26	8.19	8.19	8.09	7.93	7.86	8.04	8.33	-4.24

4.水产品价格稳中有降

年初，受节日需求拉动，水产品价格全线上扬，2月涨至一季度最高位，随后价格缓慢回落。6月各地陆续进入伏季休渔期，海产品供应量减少，淡水鱼需求量有所上升，加之天气逐渐炎热，对淡水鱼运输不利，导致部分淡水鱼价格小幅上涨，但总体价格水平稳中有降。1~9月市场鲫鱼、鲢鱼（白鲢）、鳙鱼（花鲢）、鳊鱼零售均价分别为8.74元、4.04元、8.07元、8.51元，同比分别下降18.55%、上涨3.32%、下降1.71%、下降11.72%（见表6）。

表6 2018年1~9月扬州市区水产品价格变化情况

单位：元/500克，%

商品名称	规格等级	1月	2月	3月	4月	5月	6月	7月	8月	9月	1~9月同比增幅
带鱼	冰鲜250克左右	17.34	17.94	18.27	17.47	17.41	17.14	17.14	17.14	17.07	0.06
鲳鱼	冰鲜250克左右	30.53	30.53	28.70	28.45	29.70	30.20	30.03	29.70	29.70	6.10
鲫鱼	活350克左右	9.20	10.25	9.26	8.47	8.05	8.19	8.20	8.38	8.62	-18.55
鲢鱼(白鲢)	活1000克左右	4.00	4.33	4.56	4.00	4.00	3.87	3.87	3.87	3.87	3.32
鳙鱼(花鲢)	活1500克左右	7.39	8.29	8.35	8.29	7.93	8.06	7.90	8.39	7.99	-1.71
鳊鱼	活500克左右	8.78	9.75	8.83	7.98	8.03	8.03	8.22	8.55	8.38	-11.72

5. 蔬菜价格呈季节性波动

年初，受春节及强冷空气因素影响，蔬菜价格相对较高，2月份春节零售均价突破4元大关，创近年来新高；入春后气温逐步回升，地产蔬菜长势良好，上市量增加，蔬菜价格持续下行；6月25日入梅，较往年推迟，菜价逆市下行，加之扬州市不断培育蔬菜基地，蔬菜供应品种不断增加，本地蔬菜大量上市，保持了相对稳定的价格水平。同比涨幅较大的品种有旱芹、油菜、青椒、花菜，分别上涨24.82%、21.83%、27.06%、29.19%；同比跌幅较大的品种有西红柿、蒜薹、蒜头，分别下降18.07%、22.68%、45.47%（见表7、图3）。

表7 2018年1~9月扬州市区蔬菜价格变化情况

单位：元/500克，%

商品名称	1月	2月	3月	4月	5月	6月	7月	8月	9月	1~9月同比增幅
芹菜(西芹)	2.99	3.56	2.86	2.56	3.05	3.85	3.74	3.63	4.27	-6.87
芹菜(旱芹)	3.06	4.56	3.32	2.22	2.85	3.56	3.38	3.36	4.48	24.82
大白菜	1.14	1.21	1.05	1.08	1.25	1.83	1.74	1.81	2.03	0.69
油菜(青菜)	2.39	3.02	2.13	1.98	2.08	2.24	2.21	2.71	2.81	21.83

续表

商品名称	2018年每月平均销售价格									1~9月同比增幅
	1月	2月	3月	4月	5月	6月	7月	8月	9月	
黄瓜	3.67	5.15	3.83	3.09	2.44	1.99	2.53	3.03	3.35	9.86
萝卜	1.25	1.97	1.38	1.28	1.15	1.29	1.30	1.54	1.51	2.92
茄子	4.28	5.95	4.53	4.21	3.22	2.90	3.02	2.90	2.79	3.30
西红柿	3.31	4.19	3.20	2.69	3.25	2.86	2.75	3.47	4.10	-18.07
土豆	2.06	2.29	2.17	2.24	2.27	1.97	2.01	2.25	1.85	-0.47
胡萝卜	2.18	2.87	2.62	2.38	2.43	2.37	2.24	2.31	2.42	1.26
青椒(菜椒)	4.23	5.17	5.39	5.19	4.96	5.01	4.90	4.06	4.23	27.06
薄皮青椒	4.00	5.90	5.05	3.59	2.85	2.63	3.14	3.56	3.72	22.36
尖椒	5.64	6.17	6.21	5.87	5.54	5.10	4.39	4.41	4.10	-1.13
圆白菜(包菜)	1.86	1.95	1.70	1.61	1.59	1.94	1.76	1.86	1.83	-4.79
豆角	6.70	7.99	7.22	5.15	4.08	3.52	3.84	4.59	6.57	5.34
蒜薹	5.13	6.02	6.12	3.88	2.67	3.34	3.83	4.70	4.82	-22.68
韭菜	3.92	4.37	2.95	2.34	2.07	2.18	2.43	2.85	3.06	-3.96
花菜	3.08	4.24	3.60	3.57	3.55	3.53	3.93	4.05	5.06	29.19
洋葱	1.96	2.20	2.17	1.93	1.67	1.63	1.59	1.64	1.85	-11.48
冬瓜	1.50	2.19	2.40	2.47	1.65	1.46	1.11	1.07	1.00	-5.17
黄豆芽	1.90	1.90	1.90	1.90	1.90	1.90	1.90	1.90	1.90	-5.00
绿豆芽	1.90	1.90	1.90	1.90	1.90	1.90	1.90	1.90	1.90	-0.52
菠菜	4.20	4.53	3.40	4.06	4.09	4.83	6.06	6.26	7.43	-1.58
山药	3.91	4.13	4.35	4.49	4.54	4.61	4.73	5.00	4.88	6.35
西兰花	5.06	5.41	4.28	4.40	4.83	4.90	5.23	5.09	6.26	-2.51
生菜	3.78	3.93	3.12	2.30	2.30	2.95	2.88	3.18	4.18	4.26
蘑菇	9.60	10.06	10.00	9.73	7.77	8.03	8.10	8.00	7.80	-1.90
平菇	5.46	6.00	4.93	4.40	3.54	3.81	4.01	5.01	5.08	-7.50
丝瓜	5.10	6.43	5.34	4.48	3.68	2.75	2.92	3.11	3.66	-10.15
毛豆	7.70	8.11	7.11	6.26	5.30	4.20	3.30	2.91	2.88	-4.50
蒜头	4.34	4.11	4.66	4.76	4.24	4.00	3.71	3.49	3.53	-45.47
生姜	4.64	4.64	4.73	4.83	4.89	4.89	4.89	4.86	4.79	3.45

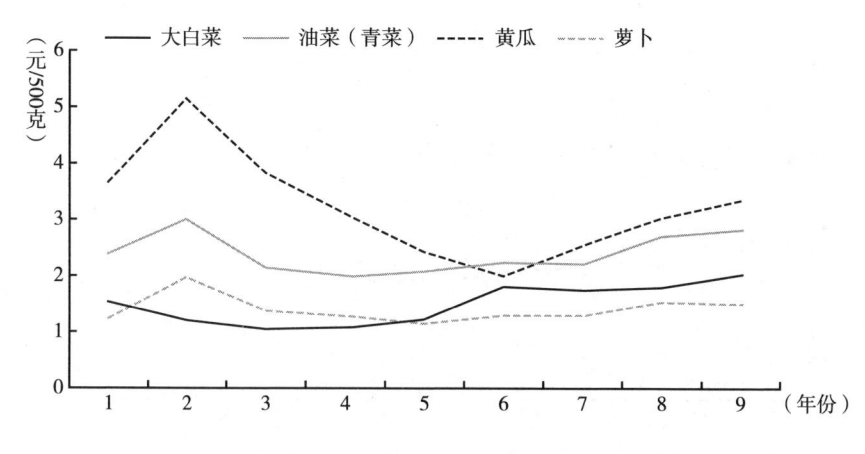

图3　2018年1~9月扬州市区蔬菜价格变化情况走势

6. 水果价格普遍下降

年初受春节因素等影响，扬州市水果价格保持上行态势，5月后地产西瓜、香瓜、草莓、葡萄等批量上市，水果价格开始小幅回落。2018年进口水果是近十年来数量最多的一年，且国内各地水果产量较高，导致进口水果和国产水果价格全线下跌，而苹果价格因为炒作因素出现逆势上涨。1~9月扬州市市场脐橙、苹果、香蕉、西瓜、梨零售均价分别为6.01元、5.02元、2.97元、2.77元、2.18元，同比分别下降4.24%、上涨3.29%、下降12.13%、下降2.46%、下降27.09%（见表8、图4）。

表8　2018年1~9月扬州市区水果价格变化情况

单位：元/500克，%

商品名称	规格等级	2018年每月平均销售价格									1~9月同比增幅
		1月	2月	3月	4月	5月	6月	7月	8月	9月	
脐橙	一级	5.19	5.57	6.05	5.58	5.91	6.23	6.86	6.52	7.01	-4.24
苹果	红富士一级	4.47	5.39	4.98	5.13	4.76	4.88	5.08	4.94	5.55	3.29
香蕉	国产一级	2.73	3.13	3.13	3.07	2.87	2.81	2.90	2.98	3.11	-12.13
西瓜	地产主销一级	4.03	4.39	3.76	3.31	2.67	1.77	1.76	1.50	1.70	-2.46
梨	当地主销一级	2.08	2.37	2.16	2.13	2.01	1.96	2.17	2.48	2.27	-27.09

图4　2018年1~9月扬州市区水果价格变化情况走势

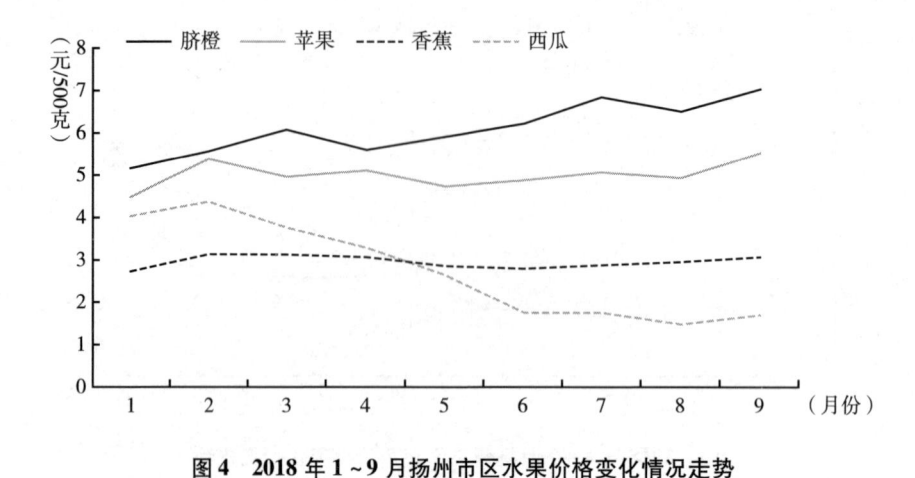

（二）工业品价格整体上涨

2018年，我国经济产业结构优化继续深入，供给质量改善，供需均衡性增强，经济保持总体平稳、稳中向好的发展态势，经济增速有望保持6.7%左右的水平，好于市场预期。2018年，扬州市工业生产资料价格整体上涨，钢材价格震荡上行，有色金属价格小幅下调，化工产品价格跌多涨少，水泥价格探底回升，煤炭价格连续下跌，成品油价格持续攀升。

1. 钢材价格震荡上行

一季度钢价震荡回落，在4月年度低位后持续上升。从价格来看，钢材综合均价1月4133元/吨，9月涨至2018年以来的新高4713元/吨，上半年累计涨幅达14.62%。2018年以来房地产及基础投资增速稳中有升，国内钢材市场走势整体呈现先回调后回升的格局，进入5、6月份销售淡季后，钢材市场需求虽显露疲弱迹象，但江苏受环保限产影响，国内钢材品种短缺，供需维持紧平衡，市场"有价无货"现象增多，不断推动市场需求缓幅走高，主要钢种均呈现强势盘升走势。随着四季度投资增速的下降，预计后期钢价会呈现先高后低走势（见表9、图5）。

表9　2018年1~9月扬州市区钢材价格变化情况

单位：元/吨，%

商品名称	规格等级	2018年每月平均销售价格									1~9月同比增幅
		1月	2月	3月	4月	5月	6月	7月	8月	9月	
圆钢	16，Q235	4020	4020	4040	3943	4300	4450	4483	4577	4630	15.17
螺纹钢	22，HRB 400E	4063	3890	3993	3793	4110	4150	4150	4420	4547	11.89
螺纹钢	12mm，HRB 400E	4183	4010	4027	3907	4240	4260	4260	4533	4653	11.24
线材	普通6.5，HPB300	4250	4073	4093	4017	4390	4500	4500	4660	4770	12.24
热轧中厚板	10mm，Q235普碳	4090	4020	4050	3990	4483	4767	4767	4750	4793	17.20
热轧中厚板	6mm，Q235普碳	4190	4137	4140	4200	4623	4933	4933	4887	4883	16.55

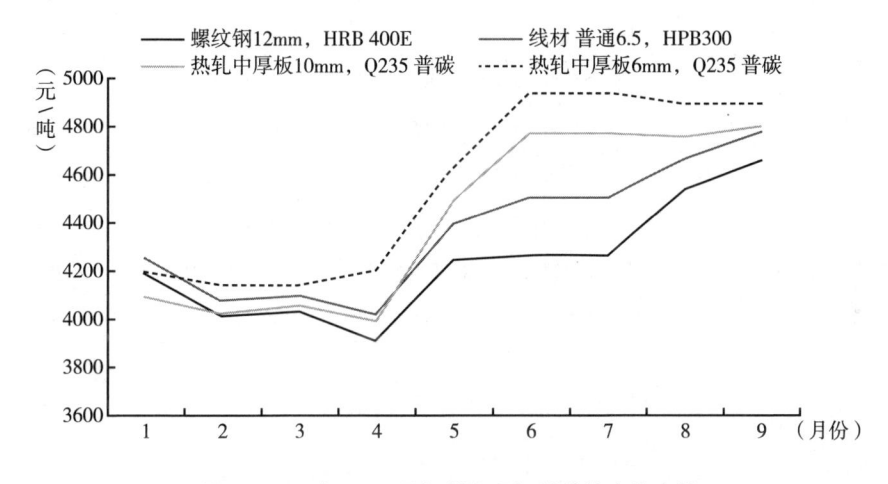

图5　2018年1~9月扬州市区钢材价格变化走势

2. 有色金属价格小幅下调

国际大宗基本金属价格延续了回暖势头，市场需求逐步增强，有色金属价格一季度小幅下降，二季度又小幅回升，三季度再次下调，整体小幅下跌。6个监测品种价格涨跌不一，电解镍较年初价格上涨4.88%，锌价较年初下跌19.25%，铜、铝、铅等金属价格跌幅均在1%~11%不等。一季度，1月底铜交易均价达到上半年高点，56133元/吨的铜价同比2017年上半年高峰点（2月）均价上涨了13.71%。由于市场铜库存供给过剩，国内有色金属总体需求同比增速回落。二季度，随着中央环保回头看以及中美贸易摩擦导致社会资金的投资降温，社会库存在4月后出现下降，6月份社会库存到达低点，镍、锡、铅社会需求增加，价格小幅上涨，带动有色金属价格整体震荡上涨。三季度，受美国贸易战影响，有色金属市场频频受创，价格出现下滑。在供给侧改革的宏观政策指引下，有色金属行业受控新产能、去落后产能和环保限产的三重影响，价格下降空间有限，预计后期将稳中回升（见表10、图6）。

表10　2018年1~9月扬州市区有色金属价格变化情况

单位：元/吨，%

商品名称	规格等级	2018年每月平均销售价格									1~9月同比增幅
		1月	2月	3月	4月	5月	6月	7月	8月	9月	
电解铜	1号	56133	54247	53273	52327	53020	53867	53867	50757	50057	-10.83
铝	A00	15417	14677	14580	14857	15050	14923	14923	15027	15217	-1.30
铅	1号	20037	19893	19120	19120	19643	20743	20743	18547	19180	-4.28
锌	0号	26903	27217	25970	25043	24453	24783	24783	21660	21723	-19.25
锡	1号	150153	153060	150237	150293	150753	153990	153990	150403	150470	0.21
镍	1号	102283	104853	104677	105367	108803	117860	117860	116257	107277	4.88

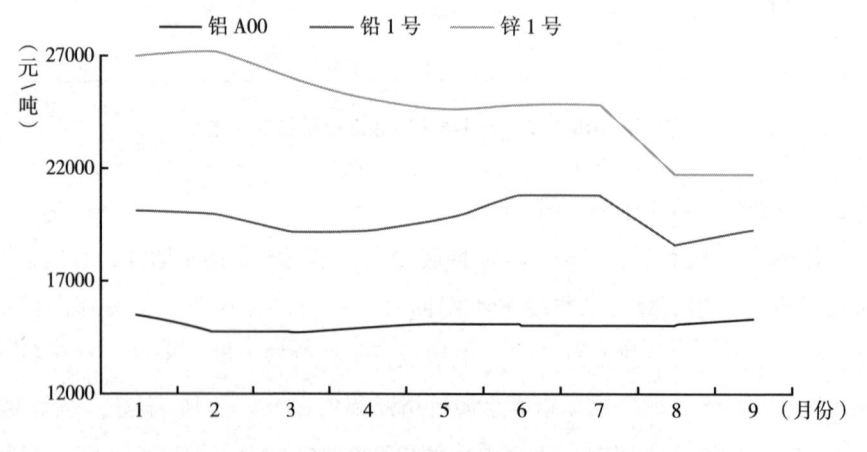

图6　2018年1~9月扬州市区有色金属价格变化走势

3. 化工产品价格跌多涨少

1月受国内环保督查升级、部分企业停产、原材料成本高位运行以及需求回升等诸多因素影响，价格出现一波快速上涨行情。随后投资需求预期下滑，国内企业需求急速下降，化工产品价格整体震荡下跌，总体波动频率较快，化工企业库存量同比低位运行。随着下游产品销售节奏加快，三季度价格再度回升。所监测的9个化工品种中，9月聚丙烯、硫酸分别较年初上涨7.78%、4%，线性低压聚乙烯、ABS树脂、纯碱、烧碱、天然标胶比年初分别下跌2.26%、7.65%、13.16%、26.58%、13.28%。其中天然标胶产量大幅增加，价格在8月初跌至1.01万元/吨的低点。由于原油价格逐月回升，化工企业成本不断被抬高，预计后期化工产品价格跌幅收窄，企业盈利水平稳中趋降（见表11、图7）。

表11 2018年1~9月扬州市区化工产品价格变化情况

单位：元/吨，%

商品名称	规格等级	1月	2月	3月	4月	5月	6月	7月	8月	9月	1~9月同比增幅
高压聚乙烯	薄膜1F7B	10400	10533	9900	9833	10033	9600	9600	10167	10200	-1.92
线性低压聚乙烯	注塑级	11800	11500	11133	10800	10900	11333	11333	11300	11533	-2.26
聚丙烯	拉丝2401	9433	9200	8967	8800	9133	9200	9200	10033	10167	7.78
聚氯乙烯	悬浮液	6700	6750	6500	6417	6867	6683	6683	6800	6700	0.00
ABS树脂	通用级	17000	16667	16567	15933	16300	16400	16400	16000	15700	-7.65
硫酸	98%硫酸	500	457	423	420	380	360	360	500	520	4.00
纯碱	工业碱 含量≥98.5%	2533	1850	1783	2000	2233	2300	2300	2167	2200	-13.16
烧碱	液碱（离子膜法） 含量在30%~40%	1267	1133	1133	1050	1000	1000	1000	937	930	-26.58
橡胶	国产天然 1号标胶	12300	11700	11600	10700	11333	10633	10633	10400	10667	-13.28

图7　2018年1～9月扬州市区化工产品价格变化走势

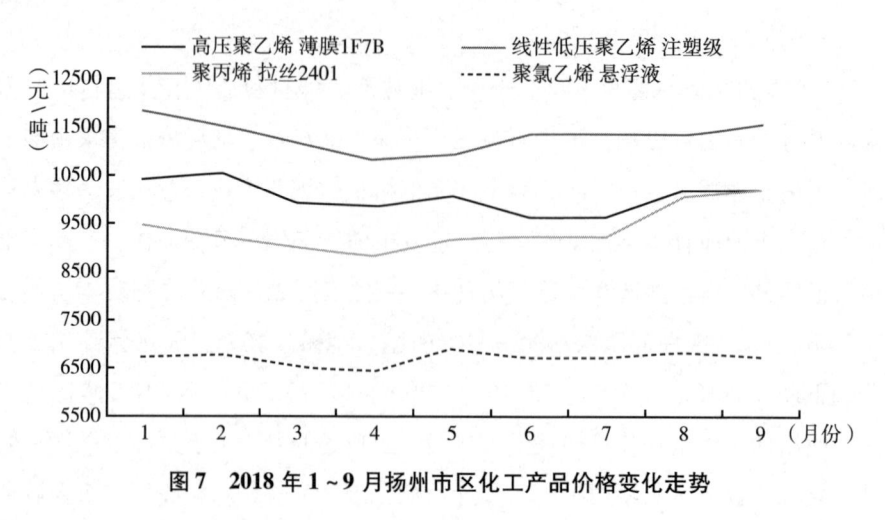

4. 水泥价格探底回升

一季度为水泥传统需求淡季，1月下旬熟料价格超预期一次性回落170元/吨之后，水泥价格加速高位下滑，3月将至价格底部；二季度处于施工旺季，4～5月出厂价格持续回升，6月进入雨季后价格高位平稳运行；三季度房地产投资需求拉动国内建材需求增加，出货量环比上升二至三成，熟料价格涨至440元/吨，本地企业熟料库存仅能维持5天出货量，水泥价格迎来季节性上涨。10月中旬最新数据显示，水泥综合销售均价515元/吨，环比涨幅3.34%，同比涨幅32.62%。其中52.5强度散装普通硅酸盐水泥550元/吨，环比涨幅3.77%，同比涨幅26.44%；42.5强度散装普通硅酸盐水泥500元/吨，环比涨幅4.17%，同比涨幅36.99%；32.5强度袋装复合硅酸盐水泥495元/吨，环比涨幅2.06%，同比涨幅35.62%（见表12、图8）。

表12　2018年1～9月扬州市区水泥价格变化情况

商品名称	规格等级	单位	1月	2月	3月	4月	5月	6月	7月	8月	9月	1～9月同比增幅(%)
普通硅酸盐水泥	52.5强度 散装	元/吨	640	450	410	460	510	510	510	510	530	-17.19
普通硅酸盐水泥	42.5强度 散装	元/吨	540	400	360	410	460	460	460	460	480	-11.11
复合硅酸盐水泥	32.5强度 袋装	元/50千克	24.75	19.50	18.75	20.92	23.25	23.25	23.25	24.25	24.42	-1.35

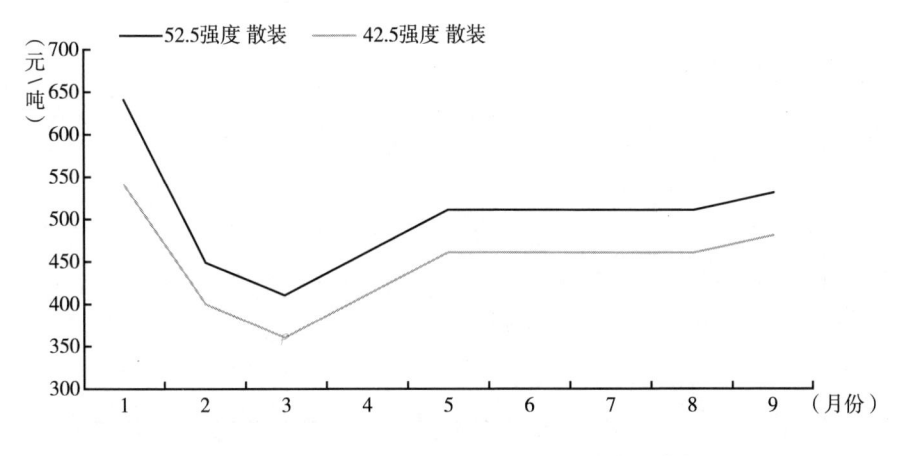

图8　2018年1～9月扬州市区水泥价格变化走势

5. 煤炭价格连续下跌

年初，煤炭市场呈现供、运、需三高态势，煤炭企业的盈利整体仍处于较高水平，但随着气温升高，燃煤消耗减少，价格逐步走低；进入4月份，电厂日耗逐渐恢复至中高位水平，加之水泥等行业错峰生产，拉动用煤量的增加，煤炭价格小幅回升；夏季受台风恶劣天气影响，港口封航多次出现，但煤炭运输依然强劲，供给量保持稳定，但消费量持续缓慢下降。煤炭综合均价从1月的804元/吨连续下跌至9月的672元/吨，上半年累计跌幅16.4%。随着非化石能源发电量的快速增长，清洁能源比重不断增加，煤炭消费减量替代加速推进，其他工业生产领域也受到去产能以及环境治理压力的影响，煤炭消费不会出现大幅增长，因此后期价格上涨动力不强（见表13、图9）。

表13　2018年1～9月扬州市区煤炭价格变化情况

单位：元/吨，%

商品名称	规格等级	1月	2月	3月	4月	5月	6月	7月	8月	9月	1~9月同比增幅
电煤（贫瘦煤）	5000大卡以上	733.33	740.00	750.00	680.00	690.00	653.33	653.33	645.00	625.00	-14.77
混煤	工业锅炉混煤粒度<50mm	876.67	876.67	840.00	780.00	783.33	760.00	760.00	720.00	720.00	-17.87

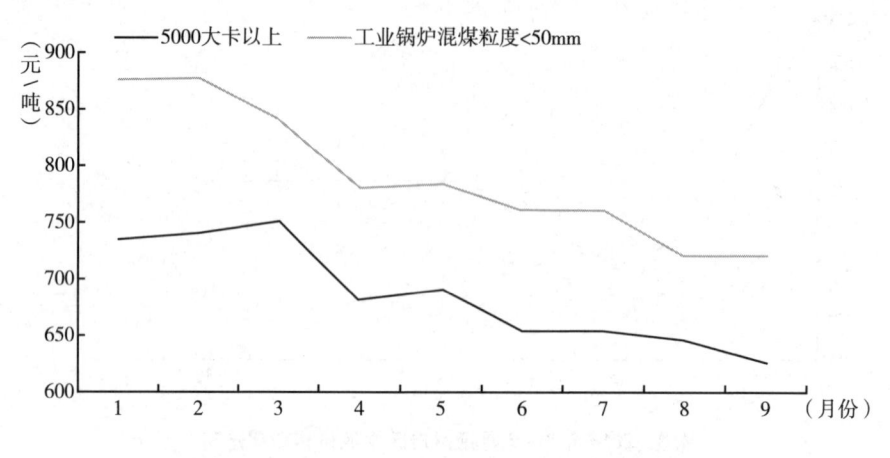

图9 2018年1~9月扬州市区煤炭价格变化走势

6. 成品油价格持续攀升

1~9月扬州市成品油经历19次调价，分别为12涨7跌。汽、柴油批发价上半年比年初累计上涨分别达26.33%、25.62%。4月4日财政部印发《关于调整增值税税率的通知》（财税〔2018〕32号），自5月1日起降低部分行业和货物增值税税率，其中成品油增值税税率由17%降低至16%。据此，国内汽、柴油最高零售价格每吨分别降低75元和65元，自2018年4月30日24时起执行。但受产油国减产协议和政治经济形势不稳定影响，加之国内需求增加，成品油整体呈现涨多跌少态势，特别是9月份油价出现了"三连涨"，零售价格再创新高（见表14、图10）。

表14 2018年1~9月扬州市区成品油批发价格变化情况

单位：元/吨，%

商品名称	规格等级	2018年每月平均销售价格									1~9月同比增幅
		1月	2月	3月	4月	5月	6月	7月	8月	9月	
柴油	0号	6167	5940	5923	6190	6767	6733	6733	7293	7747	25.62
汽油	苏五92号	7167	7500	7367	7333	7750	7750	7750	8300	9043	26.19
汽油	苏五95号	7350	7700	7567	7533	7950	7967	7967	8500	9293	26.44

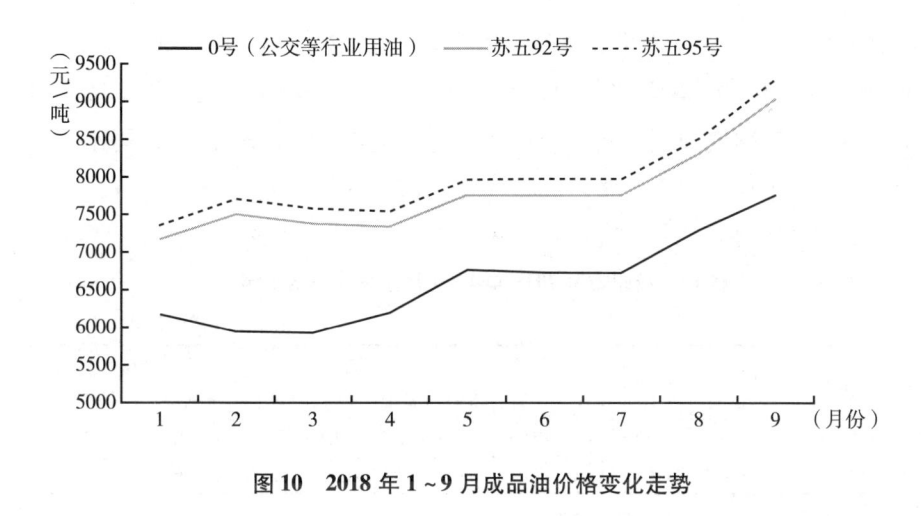

图10　2018年1~9月成品油价格变化走势

（三）重要民生价格稳中有涨

1. 商品住房价格增速放缓

2017年以来，为保持扬州市区房地产价格稳定，扬州进一步加强了新建商品住房（含别墅、车库等）备案工作，有效地遏制了新建商品住房价格上涨势头，新建商品房价格增速放缓，房地产市场出现了二手住宅价格高于新建住宅的价格倒挂现象。针对不少地区住房价格仍持续攀升的现象，7月31日召开的中央政治局会议要求坚决遏制房价上涨，为房地产市场价格调控定了基调。8月24日，市物价局召开市区房地产开发企业座谈会，重申明码标价规定和"一价清"制度，再次明确市区房地产价格监管措施，从严从细从紧进行成本核算，坚决剔除不合理成本，引导企业合理定价，分期申报的同类型住房不得涨价。同时开展"打击侵害群众利益违法违规行为，规范房地产市场秩序"专项行动，明令不得超过备案价格销售，不得通过中介、销售代理、居间服务等手段变相提高房价，全力维护消费者的合法权益。1~9月份共实施房价备案144批次，备案总面积298.56万平方米，备案均价13813.98元/平方米，压缩不合理成本25.59亿元，折合单价降低857元/平方米。其中普通商品住房：备案总面积249.78平方米，备案均价12632.796元/平方米，压缩不合理成本18.38亿元，折合单价降低735元/平方米。10月22日国家统计局发布的70个大中城市住宅销售价格变动情况显示，2018年9月，扬州全市新建商品住宅环比上涨1.4%，同比上涨10.3%；二手住宅环比上涨1.3%，同比上涨7.6%（见表15、图11）。

表15　扬州市区2018年1~9月住房成交均价情况

单位：元/平方米，%

商品名称	2018年每月平均成交价格									1~9月同比增幅
	1月	2月	3月	4月	5月	6月	7月	8月	9月	
新建商品住房	11346	11517	11850	12100	12137	12217	12205	12519	12550	12.26
二手住房	11077	11406	11550	12108	12198	12312	12341	12844	13266	18.91

注：由于不同年度统计楼盘区位有变化，同比增幅仅作参考。

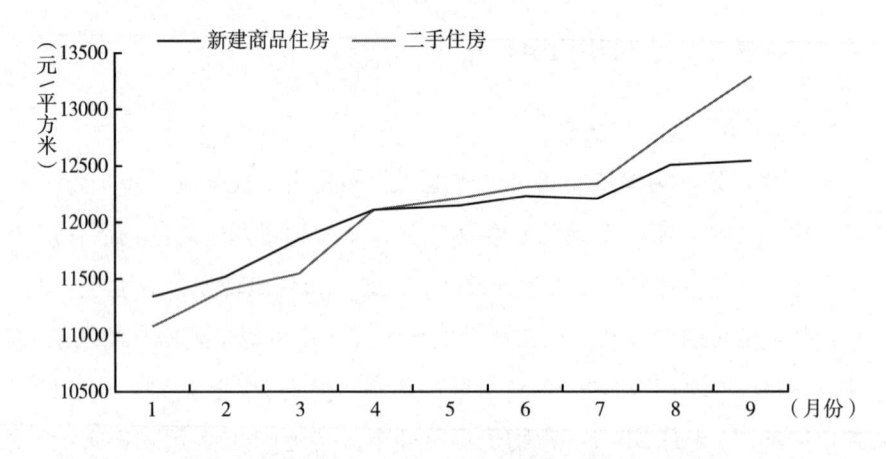

图11　扬州市区2018年1~9月住房成交均价情况走势

2. 教育收费有所调整

收费年度统计报告显示，2017年教育部门收费因生源减少而有所下降，但高中学费、民办教育收费、幼儿园保育教育费标准都有不同程度上调。根据成本变动情况，从2018年秋学期起，对部分民办教育收费进行调整。其中，扬州梅苑双语学校初中学费由6200元/生·学期调整为8800元/生·学期；扬州中学教育集团树人学校初中学费由9000元/生·学期调整为11500元/生·学期；扬大附中东部分校初中学费从4700元/生·学期调整为 6000 元/生·学期，高中学费从 6000 元/生·学期调整为 8400 元/生·学期。落实最新《江苏省幼儿园收费管理办法》，对性质为差额拨款或者自收自支的公办幼儿园以及部队、高校、企业（国有集体）、街道、社区举办的公办幼儿园实行保育教育费浮动。乡镇公办幼儿园及城区三年内新定级的公办幼儿园在原规定收费标准基础上上浮幅度最高不得超过 20%；城区其他公办幼儿园在原规定收费标准基础上上浮幅度最高不得超过 30%（见表 16）。

表 16 扬州市区 2018 年教育收费情况（秋学期）

学校类别		现行学费标准
公办学校	幼儿园	基准标准为：省优质园 2200 元/生·学期（有 10% 以内的浮动）、市优质园 1600 元/生·学期、合格园 1200 元/生·学期，可上浮
	义务教育	免费
	高中	一星 480 元/生·学期、二星 640 元/生·学期、三星 840 元/生·学期
	大学	扬州大学文科类专业收费 5200 元/生·学期，理科类专业收费 5500 元/生·学期，工科类专业收费 5800 元/生·学期，农林类专业收费 2500 元/生·学期，艺术类专业收费 6800 元/生·学期，中外合作办学 19200 元/生·学期
民办学校	幼儿园	吉的堡双语幼儿园 10500 元/生·学期，凯莱幼儿园 7000 元/生·学期
	小学	扬州世明双语学校 6500 元/生·学期
	初中	扬州梅苑双语学校 8800 元/生·学期，扬州世明双语学校 7000 元/生·学期，树人学校 11500 元/生·学期
	高中	扬大附中东部分校 8400 元/生·学期
	大学	扬州江海学院 13000 元/生·年

3. 天然气价格改革

按照国家资源性产品价格"管住中间、放开两头"的改革思路，省物价局要求各地核定燃气企业通过城镇配气管网向终端用户提供燃气配送服务价格，2018 年 9 月底前完成本地管道燃气配气定价工作，为下一步实现终端销售价格由购气价格和配气价格组成做好准备。同时，对配气延伸服务收费进行清理规范，成本已纳入配气价格的项目，燃气企业不得另外收费。

2018年6月10日，国家发展改革委通知要求理顺居民用气门站价格，与非居民用气门站价格实施并轨，原则上在8月底前完成居民用气终端销售价格调整。此次江苏门站居民用气价格上调0.29元/立方米，各市将结合上游门站价格调整、增值税下调、管道运输价格调整、弹性价格机制建立等，考虑社会承受能力，合理核定市区天然气终端销售价格。目前扬州市已完成前期成本监审，召开价格听证会并经市政府研究审议，拟将每阶梯价格上调0.30元/立方米，即第一阶梯量300立方米/年及以下、第二阶梯量为300～600立方米/年、第三阶梯量为600立方米/年以上，对应阶梯价格为2.72元/立方米、2.96元/立方米、3.69元/立方米。

三 价格形势的分析与展望

2019年扬州市居民消费价格预计仍将温和上涨，由于经济运行中的不确定因素增多，仍需密切关注市场价格动态，对中美贸易摩擦、国际经济环境、国内财经政策进行研究分析，合理安排价格调控措施，稳定价格秩序。

1. 宏观经济环境相对复杂

从国际看，世界经济持续复苏态势有望延续，但中美贸易摩擦持续升级，双方互相加征关税，而且贸易摩擦有进一步升级的可能，对进出口商品价格可能产生影响。以原油为代表的国际大宗商品价格走高趋势明显，国内价格运行面临一定的输入性通胀风险。从国内看，我国经济已由高速增长阶段转向高质量发展阶段，经济发展长期向好的基本面没有改变。货币政策保持稳健中性，金融监管持续加强，有效投资增速趋缓，上游原材料供给收缩态势减弱，农产品价格总体稳中偏弱。总体供求关系相对宽松，有利于价格总水平平稳运行。从市情看，扬州市经济运行总体平稳、稳中有进、稳中向好。同时也面临不少困难和挑战，如产业转型升级仍处于重要关口、新旧动能接续转换、城市建设持续推进等，都有可能对价格形势带来影响。

2. 食品价格预计稳中有升

2018年猪肉、水果等价格的低位运行，对稳定消费价格指数发挥了重要作用。但食品价格受到季节、气候、生产、进出口等多方面因素的影响，价格容易出现波动。例如，2018年初扬州出现暴雪、冰冻天气，食品生产、运输、仓储成本提高，生鲜食品均呈现不同程度上涨，天气因素与春节效应叠加，使1~2月份食品价格高企。当前，生猪养殖受非洲猪瘟疫情影响，存栏生猪数量有所下降，后期价格存在上涨压力；水产品价格受养殖成本、生态保护和物流成本提高的影响将延续上涨态势；加上推进农产品质量安全追溯体系建设、市场需求的品质提高和品种多样化等因素，食品价格将有进一步上涨的空间，预计后期食品价格可能企稳略升。

3. 服务价格涨势预计趋缓

受人口红利逐渐消失、劳动力成本上升以及居民生活水平提高、消费结构发生改变等因素影响，服务项目价格持续走高，1~9月扬州服务项目价格同比上涨1.6%，带动价格总水平上涨0.6个百分点。涨幅超过15%的服务项目为：车辆修理与保养上涨53.4%，其他保险上涨30.5%，家政服务上涨21.5%，其他住房费用上涨20.0%，衣着加工上涨17.9%，邮政邮寄上涨15.9%。随着居民收入水平提高和消费结构升级，对服务的消费需求，特别是高品质、个性化的服务需求不断增加，但优质专业的服务供给不足，供需出现结构性失衡，成为服务价格持续升高的新因素。当前及今后一个时期，在房价总体趋稳、各地医疗服务价格调整范围和幅度缩小的情况下，预计服务价格涨势将趋缓。

4. 工业消费品价格涨幅预计将有所扩大

大宗商品价格上涨势头已持续一年多，工业品价格"剪刀差"问题突出。2018年，大宗商品价格虽有震荡，但总体仍呈上升趋势。大宗商品价格通过传导作用，进而影响到消费领域的商品价格。受上游能源原材料价格上涨传导影响，工业消费品零售价格涨幅屡创新高，成为拉动CPI上升的重要因素。当前上游原材料价格上涨向下游工业消费品传导已体现，预计传导效应会进一步显现，叠加劳动力、物流、环保成本攀升，工业消费品价格涨幅可能有所扩大。

四 以价格机制改革促进高质量发展

省、市"六个高质量发展"的部署以及省物价局《全面深化价格机制改革行动计划（2018~2020年）》明确了当前和今后一个阶段的工作任务，价格部门要以深化价格机制改革为目标，加快构筑放管结合的价格工作体系，切实服务经济社会高质量发展，营造稳定有序的价格环境。

1.聚焦供给侧改革，服务实体经济高质量发展

贯彻落实国家和省深化价格机制改革的各项任务，积极运用价格杠杆推进供给侧结构性改革，助力"三降一去一补"，突出重点领域和环节，理顺上下游价格关系，减轻企业价费负担，破解发展中的难题。一是推进自然垄断行业价格改革。按照国家发展改革委顶层设计和省物价局统一部署，建立健全以"准许成本+合理收益"为核心、约束与激励相结合的网络型自然垄断环节定价制度，准确核定成本，科学确定利润，促进垄断企业技术创新、降低成本。建立重要公用事业成本信息公开制度，探索实施供水、天然气管道运输等成本信息公开。继续推进工业企业用电大户电力直接交易和非居民用户与气源供应方协商议价，降低企业用能成本。二是进一步加大清费减负力度。根据国家和省、市新收费政策，及时更新公布涉企收费目录清单。进一步完善收费年度报告和巡访制度，运用信息化手段加强事中事后监管，对结余过多的收费项目，积极建议降低标准，减轻社会负担。清理、更新涉审中介服务收费清单，规范审批单位收费行为，助力全市行政审批改革。强化公共资源交易平台收费行为管理，加大力度整治"红顶中介"和行业协会乱收费问题。加强精准管理和对接服务，开展涉企收费专项检查，及时发现并纠正增加企业负担的问题。三是坚持强化房地产价格调控。进一步清理涉房收费，加快建立与住房制度改革相配套的价格监管模式。严格做好所有类型商品住房以及配套车位、储藏室的价格备案工作，加强成本审查、实施分类调控。组织商品房销售价格行为检查，认真执行明码标价和"一价清"制度，确保实际销售价格不高于申报价格。建设"房地产市场价

格综合调控系统",加强房价监测,努力使房价增速稳定在合理区间,促进房地产市场健康发展。

2. 聚焦绿色发展,助力生态文明高质量发展

运用资源、能源、环保价格政策,推动高耗能、高污染行业转型发展,推动产业结构优化升级,推动绿色发展方式和生活方式的形成。一是完善生态补偿价费机制。按照补偿成本并合理盈利的原则,逐步调整污水处理、垃圾处理收费标准,探索实行差别化收费制度;探索建立农村污水、垃圾处理收费制度,推进污水、垃圾减量化、资源化。建立完善"排污付费、治污受益"机制,继续推进资源环境有偿使用收费政策,推进排污权市场化交易,发挥价格对生态环保和资源节约的引导作用。二是落实差别化价格政策。进一步完善高耗能、高污染、产能严重过剩等行业差别(阶梯)电价、水价政策,细化操作办法,合理拉开档次,倒逼淘汰落后产能。逐步建立以质量和效益为核心的工业企业资源集约利用综合评价机制,制定正向激励和反向倒逼的资源配置政策及操作细则,优化要素资源配置。三是制定绿色消费价格政策。围绕倡导简约适度、绿色低碳的生活方式,制定完善节能环保价格政策。继续推进农业水价改革,定期评估居民用水用气阶梯价格政策,根据消费结构变化进行合理调整。完善电动汽车充换电价格支持政策,规范充换电服务收费,促进新能源汽车使用。

3. 聚焦富民惠民,推动民生福祉高质量发展

把群众满意作为工作的出发点和落脚点,积极发挥价格机制作用,保障群众基本生活,促进社会事业发展和基础设施建设,增强群众幸福感、获得感。一是稳定基础民生价格。坚持市场价格调控目标责任制,充分发挥市场价格调控联席会议作用,丰富粮油肉蛋菜等民生商品价格调控手段,确保稳定生产、保障供应、搞活流通、促进消费的各项政策措施落实到位。密切关注市场价格,特别是价格管理形式发生变化的重要商品和服务的价格走势,及时提出价格调控建议。落实社会救助和保障标准与物价上涨挂钩联动机制,加强价格调节基金的绩效管理,有效稳定市场价格水平、保障群众基本生活。二是规范社会事业价格。认真落实省、市养老、殡葬、环卫等行业价

格管理办法，结合地方实际，及时修订相关工作规定，按照管住基本、放开高端的要求，促进行业发展。积极治理义务教育阶段择校乱收费和中小学教辅材料散滥问题，加强民办教育收费监管。落实省汽车运价规则，提高客运企业市场竞争力。改进物业收费监管方式，按照质价相符的要求，规范物业收费行为。建立机动车停放服务收费协调处置机制，及时处理停车收费问题。按照体现公益性的要求，建立健全自然资源、风景名胜、历史遗迹等景区门票科学定价规则。三是深化医药价格改革。动态调整医疗服务价格，逐步理顺医疗服务比价关系，逐步扩大按病种收付费范围。巩固取消药品加成成果，进一步取消医用耗材加成，建立公立医院医药价格长效监管机制，破除公立医院逐利机制。加强医药价格监测和评估，强化"巡查会诊"工作，构建政府指导、社会参与、医疗机构和药品生产经营企业自我约束的医药价格综合监管体系。落实《扬州市非公立医疗机构价格行为规则》，加强对非公立医疗机构的监管。积极应对老年化发展趋势，运用价格政策促进医养结合。

4. 聚焦市场竞争，促进市场经济高质量发展

强化基层价格执法的主体作用和属地责任，加大价格监管力度，促进公平竞争，规范价格行为，完善信用管理。一是维护市场公平竞争。按照新版"江苏省定价目录"的要求，坚决放开部分商品价格，完善市场价格形成机制。落实好公平竞争审查制度，强化联席会议工作机制，做好存量政策的集中清理。加强公平竞争审查督查评估和宣传引导，对涉及市场主体经济活动的规章、规范性文件等审查实现全覆盖，防止出台新的排除限制竞争的政策措施。探索价格反垄断工作路径，培养专业人才，积极收集报送案件线索。二是规范市场价格秩序。全面推行"双随机、一公开"监管方式，探索推进"互联网+"等新技术新模式价格监管。加大教育、医疗、商品房、网络购物等民生领域价格违法行为的查处力度，集中整治热点价格问题。做好宾馆客房旺季调价备案，加强宾馆、餐饮、足浴、停车场、特产等旅游消费价格监管。普及规范市场明码标价，发挥价格违法行为应急处置机制作用，提升价格举报案件的快速处置效果。三是推进价格诚信建设。健全社会价格

监督网络，依托省价格信用平台，完善"诚信黑名单"企业认定、记录、监管等机制。充分发挥信用管理职能，加大警示力度，定期发布"价格行为警示榜"，曝光价格违法典型案例，加强舆论震慑。认真开展价格诚信创建活动，严把诚信授牌认定关，提升价格诚信品牌含金量。

5. 聚焦价格服务，提高促进高质量发展的能力和水平

强化基础工作和数据库建设，加大采集、分析、研究成果的转化和运用力度，逐步扩大价格服务的领域和范围，不断提升价格服务的专业化、信息化水平。一是强化成本调查监审服务。落实成本监审目录，积极引入专业机构参与成本监审审核服务，逐步建立健全分行业成本监审数据库和定价成本信息公开制度。进一步提高农本调查信息化应用水平，积极运用农本调查成果为政府制定农业发展政策提供依据，为促进农民增产增收服务。二是扩大价格信息服务。提高价格信息服务的针对性，结合民生热点增加民生价格信息公示项目；加大移动终端的发布力度，开发或联合有关App，通过地图定位发布商品房、超市、平价商店、农贸市场、停车场、景点等价格信息；办好《价格内参》，主动向企业发送重要工业品价格监测信息、价格改革政策、行业价格指数、价格信用管理等资讯，扩大价格信息服务的影响力。三是提升价格认定服务。严格执行江苏价格认定程序规定，认真做好涉案、涉纪、涉税价格认定工作。巩固价格争议调解工作，加大调解站点布点力度，着力打造一批示范化调解点。做好与12358价格举报热线的对接，为解决价格矛盾提供便利的调解服务。扩大"法院执行标的市场价格水平查询系统"等创新成果的应用，拓展工作职能，积极为政府重大工程、重点项目和政府采购、政府购买公共服务提供价格认定，扩大服务效能。

B.12
2018年扬州市民营经济发展报告

胡春风 谈嘉山 蒋斌 孙学政 黄鹏 刘勇[*]

摘　要： 随着"放管服"改革的不断深化和协同推进，扬州市民营经济保持了快速增长势头，民营经济市场主体总量突破47万户，新登记民营经济市场主体增幅领跑江苏全省。但在市场主体快速增长的同时，扬州市民营经济发展质态也暴露出了规模实力偏小偏弱、存活率偏低、产业结构发展失衡等突出问题。2019年，扬州市应坚持问题导向，积极发挥行政推动作用，因地制宜、综合施策，针对民营经济发展的薄弱环节，采取针对性措施，力争在保持市场主体快速增长的同时，切实改善民营经济发展质态，着力探索实现民营经济高质量发展的新路径。

关键词： 扬州市　民营经济　市场主体

一　2018年扬州市民营经济的发展情况

2018年，我国民营经济发展的政策环境总体上稳定向好，随着"放管服"改革的不断深化和协同推进，营商环境持续优化，创业门槛不断降低，

---

[*] 课题组负责人：胡春风，扬州市工商局党组书记、局长。课题组成员：谈嘉山，扬州市工商局副局长；蒋斌，扬州市场监督管理学会秘书长；孙学政，扬州市工商局个体私营企业监督管理处副处长；黄鹏，扬州市工商局信息中心科员；刘勇，扬州大学马克思主义学院副教授，法学博士。

市场主体登记设立的便利化程度显著提高，市场活力进一步释放。在此背景下，扬州市民营经济保持了快速增长势头，截至2018年10月底，全市民营经济市场主体总量已经突破47万户，其中新登记市场主体的增幅领跑江苏全省。主要特点如下。

（一）民营经济市场主体快速增长，在市场主体总量中的占比进一步提高

从新登记市场主体情况看，2018年1~10月，扬州市新登记市场主体7.1万户，同比增长26%，其中民营经济市场主体6.9万户，同比增长27.2%，日均登记226户；新登记市场主体中，民营经济占比为97.2%，同比增长了0.9个百分点。新登记民营经济市场主体中，私营企业2.2万户，同比增长11.9%；个体工商户4.7万户，同比增长35.7%。统计数字显示，新登记个体工商户为全市新增市场主体的高增幅贡献了较大份额。

从期末实有市场主体情况看，截至2018年10月底，扬州市实有市场主体49.3万户，同比增长14.9%，其中民营经济市场主体47.2万户，同比增长15.4%；期末实有市场主体中，民营经济占比为95.7%，同比增长了0.4个百分点。

按照万人拥有市场主体量计算，截至2018年10月底，扬州市万人拥有登记在册的市场主体1094户，其中民营经济市场主体1046户，双双突破千户大关。

（二）民营经济市场主体规模实力有所增强，户均注册资本保持正增长

从新登记市场主体情况看，2018年1~10月，扬州市新登记市场主体注册资本（金）总额为1327.4亿元，户均注册资本（金）为187万元，同比分别增长12.6%、减少10.5%。其中，新登记的民营经济市场主体注册资本（金）总额为984.3亿元，户均注册资本（金）为143万元，同比分别增长28.8%、1%。新登记民营经济市场主体中，私营企业注册资本总额

为934.8亿元，户均注册资本为434.1万元，同比分别增长28.8%、15.1%；个体工商户注册资金总额为49.5亿元，户均注册资金为10.5万元，同比分别增长28.1%、减少9.1%。

从期末实有市场主体情况看，截至2018年10月底，扬州市实有市场主体的注册资本（金）总额为13189.3亿元，户均注册资本（金）为267.5万元，同比分别增长16%、0.8%。其中，实有民营经济市场主体的注册资本（金）总额为7349亿元，户均注册资本（金）为156万元，同比分别增长17.2%、2%。在期末实有民营经济市场主体中，私营企业注册资本总额为7031.8亿元，户均注册资本为493万元，同比分别增长13%、3.8%；个体工商户注册资金总额为317.1亿元，户均注册资金为9.6万元，同比分别增长18.6%、1.1%。

统计数据显示，无论是新登记市场主体，还是期末实有市场主体，与2017年同期相比，扬州市民营经济市场主体户均注册资本（金）全部实现正增长。其中，期末实有私营企业户均注册资本增幅最大，达3.8%。

（三）民营经济市场主体产业结构持续调整，"三二一"产业结构分化更加明显

从新登记市场主体情况看，2018年1~10月，扬州市新登记民营经济市场主体中，第一产业共902户，第二产业共9293户，第三产业共58477户，同比分别下降23.1%、上升4.1%、上升33.3%。新登记的第一产业、第二产业、第三产业民营经济市场主体占总量比重为1.3%、13.5%、85.2%。

从期末实有市场主体情况看，截至2018年10月底，扬州市实有民营经济市场主体中，第一产业共10609户，第二产业共87337户，第三产业共373726户，同比分别上升11.3%、8.6%、17.2%。期末实有的第一产业、第二产业、第三产业民营经济市场主体占总量比重为2.3%、18.5%、79.2%。

总体来看，扬州市第一、第二、第三产业民营经济市场主体的数量同比均呈现上升趋势，在国际国内宏观经济形势不容乐观的大背景下，出现这一可喜变化，主要归功于扬州市商事制度改革的扎实推进和"大众创业、万众创新"的强力推动。但细致分析后也可以看出数字背后的隐忧，即第一产业、第二产业、第三产业市场主体的发展并不均衡，相对而言，第一产业、第二产业发展较慢，而第三产业市场主体保持强劲增势，期末实有数同比增幅达17.2%，拉升了全市市场主体总量的整体增幅。在看到第三产业快速增长的同时，也可以从数字中看出扬州市的第一产业、第二产业发展形势不容乐观，动力不够强劲。这也从侧面反映了乡村振兴战略和《中国制造2025》计划的实施，面临较大阻力，推进较为缓慢。

（四）民营经济市场主体社会贡献份额突出，在吸纳就业、富民增收、缴纳税收等方面发挥着重要作用

从新登记市场主体情况看，2018年1~10月，扬州市新登记民营经济市场主体（含私营企业、个体工商户）申报的从业人员为17万人，同比增长10.3%。

从期末实有市场主体情况看，截至2018年10月底，扬州市登记在册的民营经济市场主体（含私营企业、个体工商户）申报的从业人员为201.9万人，同比增长5%，占全市常住人口的44.8%。

据统计，2018年前三季度，扬州市实现城镇常住居民人均可支配收入31318元、农村常住居民人均可支配收入16545元、税收收入199.1亿元，其中民营经济市场主体在居民收入和财税收入增长方面的贡献份额超过了"半壁江山"，为全市富民增收作出了重要贡献。

（五）民营经济市场主体"退出通道"进一步畅通，"僵尸"企业清理力度明显加大

2018年，随着商事制度改革、供给侧结构性改革等"放管服"改革措施的不断完善，市场主体退出手续更加方便快捷，扬州市各级工商和市场监管部门对"僵尸"企业的清理力度明显加大。据扬州市工商局统计，2018

年1~10月，扬州市共注销各类市场主体1.7万户、吊销0.5万户，其中民营经济市场主体（含私营企业、个体工商户）注销0.5万户、吊销0.4万户，相当于2018年1~10月新登记民营经济市场主体数的24.6%。通过清理，民营经济市场主体统计数的质量进一步提高，更能真实地反映全市民营经济发展现状。

（六）从行业分布情况看，传统服务业、建筑业仍然占据主体地位，但现代服务业等新兴行业增势喜人

从新登记市场主体情况看，2018年1~10月，扬州市新登记的民营经济市场主体中，居前三位的依次是批发零售业、交通运输仓储邮政业、住宿餐饮业，各有24963户、14113户、6563户，分别占总量的36.4%、20.6%、9.6%。其中新登记的私营企业中，居前三位的依次是批发零售业、制造业、建筑业；新登记的个体工商户中，居前三位的依次是批发零售业、交通运输仓储邮政业、住宿餐饮业。

从期末实有市场主体情况看，截至2018年10月底，扬州市实有的民营经济市场主体中，居前三位的依次是批发零售业、制造业、居民服务修理及其他服务业，各有238657户、74419户、36622户，分别占总量的50.6%、15.8%、7.8%。其中实有的私营企业中，居前三位的依次是批发零售业、制造业、租赁和商务服务业；实有的个体工商户中，居前三位的依次是批发零售业、居民服务修理及其他服务业、制造业。

从统计数字来看，无论是新登记的市场主体，还是期末实有的市场主体，扬州市民营经济市场主体还是以批发零售业、居民服务修理及其他服务业等为代表的传统服务业和传统制造业为主。两者在新登记民营经济市场主体和期末实有民营经济市场主体总量中的占比分别达61.4%、80.7%。

从统计情况也可以看出，虽然扬州市民营经济市场主体行业布局与上年相比没有发生根本性变化，但是在局部领域也发生着可喜的变化。受互联网经济浪潮的影响和带动，扬州市的信息传输和软件信息技术服务业、租赁和商务服务业、科学研究和技术服务业等新兴行业增长迅猛。其中，新登记信息传输和软件信息技术服务业、租赁和商务服务业、科学研究和技术服务业私营企业分别为633、2325、2575户，同比分别减少0.3%、增长31.1%、增长42.7%，在新登记的私营企业总量中的占比分别为2.9%、10.8%、12%，较上年分别减少0.4个、增长1.6个、增长2.6个百分点；期末实有的信息传输和软件信息技术服务业、租赁和商务服务业、科学研究和技术服务业私营企业分别为3025户、11096户、9555户，同比分别增长20.8%、19.1%、39.5%，在期末实有的私营企业总量中的占比分别为2.1%、7.8%、6.7%，较上年分别增长了0.14个、0.39个、1.27个百分点。

（七）地方政府发展理念转变，项目引进既重数量、更重质量，招商引资实效性增强

随着地方政府发展理念的转变，扬州市在民营经济招商引资工作中已经超越了"捡进篮子都是菜"的初级粗放阶段，更多地从与地方经济发展的契合度、与地方优势传统资源的匹配度、对地方经济社会发展的提升度等方面考量，招商引资的目的性、实效性明显增强。在形式上以专题推介和精准对接的小分队招商、登门拜访为主，以集中推介、集中签约为辅。2018年，扬州市搭建了"6+X"招商引资平台，明确了"月月有拜访、季季有签约"的工作要求。在民资招商方面，各县（市、区）赴浙江、广东、上海、北京等地组织民资拜访活动近200场次，全市统一组织赴北京、上海、深圳、杭州、温州、台州、苏州等地举办集中拜访、集中签约活动4场次。2018年1~10月，扬州市新开工建设投入亿元以上民资项目117个，完成年度目标任务的97.5%，超序时进度14.4个百分点。

（八）与周边城市相比，主要发展指标排位前移，总体发展势头良好

2018年1~10月，扬州市民营经济保持了稳定增长势头，纵向比，新登记、期末实有和净增长的市场主体数、注册资本（金）数、从业人员数，均较2017年同期大幅增长；横向比，在周边城市中的排位稳中有进。

据统计，2018年1~9月，扬州市私营企业净增长率为1%，列全省第11位，低于镇江（6.9%）、泰州（5%）、淮安（3.1%）。截至2018年9月底，扬州市登记在册私营企业14.2万户，列全省第八位，高于周边城市泰州（10.8万户）、淮安（9.3万户）、镇江（9.1万户）；登记在册的民营企业注册资本总额为6907亿元，列全省第八位，高于镇江（6630亿元）、泰州（6598亿元）、淮安（5493.7亿元）；扬州市登记在册的民营企业户均注册资本为448.8万元，在全省排第十位，与周边城市相比，低于镇江（726.9万元）、泰州（612.8万元）、淮安（588.8万元）。

2018年1~9月，扬州市登记在册的个体工商户净增长率为3.1%，在全省排第九位。截至2018年9月底，扬州市登记在册的个体工商户为32.7万户，在全省排第九位，高于泰州（32.2万户）、淮安（31.1万户）、镇江（26.3万户）。

二 扬州市民营经济发展面临的主要问题

从统计数字来看，2018年扬州市民营经济保持了商改以来的强劲增长势头，其中新登记、期末实有和净增长的市场主体、注册资本（金）、吸纳从业人员等主要指标均创历史新高，部分指标的增幅甚至领跑江苏全省。但深度分析统计数字，以及对部分地区和企业走访调研也发现，当前扬州市民营经济发展仍然面临诸多问题。

（一）第二产业发展动能明显不足，新登记和期末实有的市场主体连续三年持续下滑

2018年1~10月，扬州市新登记和期末实有的民营经济市场主体中，第二产业占比分别为13.5%、18.5%，同比分别减少3%、1.2%，其中新登记和期末实有制造业分别为6171户、74419户，同比分别减少9.5%、增长5.4%，前者已连续三年持续下滑。究其原因，由于制造业相对服务业而言，对场地、资金、技术、市场、融资以及创业者自身能力素质等都有较高

要求，因此将制造业作为创业首选的比例持续走低。一方面反映了扬州市创业投资结构有待优化；另一方面同时也反映了制造业发展面临的形势不容乐观，亟待引起高度重视。在第二产业中，相对发展较好的是建筑业，新登记和期末实有的市场主体分别为3045户、12587户，同比分别增长51.3%、31.8%，为延缓第二产业下滑势头贡献了较大份额。

（二）现代服务业和"四新"经济占市场主体总量比重偏低，规模体量有待进一步提升

近年来，扬州市着力加大现代服务业和"四新"经济的培育发展力度，取得了一定成效。统计数字显示，现代服务业和以新技术新产业新业态新模式为代表的"四新"经济已经成为扬州市民营经济发展的一大亮点，年均增幅远超全市市场主体的平均增速。2018年1~10月，扬州市新登记现代服务业市场主体22845户、"四新"经济市场主体3851户，同比分别增长101.7%、16.7%。截至2018年10月底，扬州市现代服务业、"四新"经济市场主体总量分别为73871户、18903户，同比分别增长51.4%、26.7%。在服务业（385782户）中，现代服务业市场主体占比为19.2%，同比增长4.4个百分点。

但是从绝对值来看，目前扬州市现代服务业和"四新"经济的总体规模和体量仍然较小，在市场主体总量中的占比偏低。从新登记情况看，2018年1~10月扬州市新登记的现代服务业和"四新"经济市场主体占市场主体总量的比重分别为32.2%、5.4%。从期末实有数看，截至2018年10月底，扬州市实有现代服务业和"四新"经济市场主体占市场主体总量的比重分别为15%、3.8%。与国内先进地区以及一些周边城市相比，扬州市现代服务业和"四新"经济的发展水平还不高，竞争优势相对不足。

（三）创业群体年龄结构趋于老化，在鼓励支持大众创业上仍有较大潜力可挖

统计数据显示，2018年1~10月，扬州市新登记的市场主体中，创业

人群主要集中在40~50岁、30~40岁两个年龄段，在创业人群总数中的占比分别为29.5%、29.8%，30岁以下创业人数占21.9%。数据显示，扬州市30岁以下创业人群在创业人群总数中的占比相对较小。究其原因：一是30岁以下创业人群可能存在创业渠道狭窄、创业资金困难、经营能力和经验不足等问题，亟待有关部门的创业指导和政策扶持；二是在鼓励支持科研技术人员和大学生创业、鼓励吸引在外工作的青年才俊回乡创业、加大高层次年轻人才引进力度以及鼓励吸引外地大学生来扬州创业等方面，应当进一步加大工作力度，目前成效还不够显著，尚有较大潜力可挖。

（四）存量企业"生存不易"，综合实力较弱，市场主体"存活率"偏低

受宏观经济下行压力影响，扬州市部分民营经济市场主体生存发展的现状不容乐观。在走访调研中不少民营企业反映，融资难、融资贵，用工难、用工贵，原料成本、房租成本、用电成本、管理成本等要素成本上升，市场竞争激烈，销货难、回款难。部分民营企业反映，企业经营现状不景气，利润下滑，有的甚至处于亏损运营和停产半停产状态。在激烈的市场竞争中，部分民营企业关停歇业，市场主体退出率居高不下。据统计，近三年来，扬州市私营企业平均存活率为4年、个体工商户平均存活率为2.7年。

从横向上看，扬州市民营企业规模实力偏弱。在"2018中国民营企业500强"中，扬州市民营企业无一入选；在"2017年度江苏省民营企业100强"中，扬州市民营企业仅占一席（江苏邗建集团，全省民企百强排名第77位）。目前，扬州市民营企业中上市公司仅6家。缺少顶天立地的规模型民营企业，客观上已经成为扬州市民营经济发展的一大短板。在扬州市首次评选的2017年度全市民营企业100强中，排在前列的主要是建筑业企业，制造业、服务业、农业企业以及科技型企业数量较少，单体规模在50亿元以上的仅10家。与省内其他地区民企百强相比，扬州市民企百强的入围门槛、经济贡献、产业结构等方面都还存在明显差距。

（五）商业综合体景气度偏低，互联网经济对实体经济带来了较大影响和冲击

随着城市建设和发展的步伐加快，扬州市和所辖各县（市）都兴建和培育了一批商业综合体，且呈现逐年递增态势。但从商业综合体的运营质态来看，这些商业综合体繁荣的不多，大部分商业综合体发展不景气，有的基本上处于"苟延残喘"的境地。从走访调研的情况来看，一些商业综合体经营业态杂乱，以传统零售业、餐饮业、生活服务业为主，商铺空置率较高，有的铺位经营主体更新周期呈现"短平快"状态。与之相类似的是，一些传统商业街区，普遍不景气，经营业态低端化，沿街店铺经营主体频繁更迭。这也从一个侧面显示，低层次创业者的创业成功率偏低。在对部分商户的随机调查中，商户经营者普遍反映，经营不景气的一个重要原因是经营项目与"网店"相同，经营成本远远高于"网店"，实体店铺与"网店"相比，竞争力偏弱。目前，一些经营状况较好的商户，一半以上的订单来自网络，如美团、口碑等App平台。

三　扬州市民营经济发展的对策建议

2019年，国内外的宏观经济形势、商事制度改革和"大众创业、万众创新"等，仍将持续影响扬州市民营经济发展。针对当前扬州市民营经济的发展现状，政府部门应当精准施策、精准发力，坚持问题导向，在促进民营经济发展中更好地发挥行政推动作用。

（一）积极推动制造业发展壮大，促进产业结构调整优化

目前国际国内宏观经济形势以及供给侧结构性改革，对制造业的影响和冲击最大。生产要素成本上升，国内市场竞争激烈，外贸出口市场受到挤压，不少制造业企业生存发展处境艰难。近年来，在扬州市新办企业中，制造业数量较少，占比偏低，存量的制造业企业数呈现逐年下降趋势，经营效

益普遍欠佳。但是制造业在国民经济中占据举足轻重的地位，制造业发展水平是衡量一个地区经济发展水平的重要指标。从行政推动的角度来看，地方党委政府和相关部门应当高度重视制造业的培育发展，针对当前制造业发展不景气的现状，加强调研，因地制宜，逐企施策，切实帮助存量制造业企业渡过发展难关。积极引导和帮助其通过技术升级、产品转型等，实现做大做强做优，切实提升市场竞争力。鼓励和支持同类企业资源整合、组团发展，提高抗风险能力和技术研发水平。在招商引资工作中，要明确主攻方向和目标，紧密结合地方特色优势产业，定向招引产业链配套项目和龙头带动型企业。同时，在"双创"工作中要加大制造业的政策倾斜力度，鼓励引导具备条件的创业者和高层次人才进军高端制造业，以"增量"壮大提升"存量"。

（二）要进一步加大现代服务业和"四新"经济培育发展力度，促进集聚集约发展

现代服务业和"四新"经济占比是衡量经济发展质量的重要指标。目前，扬州市现代服务业和"四新"经济虽然纵向上看发展速度较快、增势明显，但从横向比较以及绝对值来看，体量规模较小，占比偏低，社会贡献份额相对较小。从提升民营经济发展质态、推动经济高质量发展的角度出发，必须对此给予高度重视，采取切实措施，加大现代服务业和"四新"经济的引导发展力度。一是要在招商引资中，突出招引现代服务业和"四新"经济项目，逐步壮大体量和规模。二是要在打造现代服务业和"四新"经济集聚区上做文章。在城市发展总体规划中，统筹规划建设现代服务业和"四新"经济集聚区，促进现代服务业和"四新"经济集聚集约发展，形成完善的上下游配套产业链。通过打造现代服务业和"四新"经济集聚区，集约使用发展资源，吸引更多项目和人才集聚。三是要重点培育和扶持一批现代服务业和"四新"经济的骨干企业发展。通过典型示范效应，提升其社会影响力和对地方经济社会发展的带动力、辐射力。

（三）要进一步加大创业引导力度，在深挖"双创"潜力上狠下功夫

民营经济市场主体迅猛增长的背后，是市场活力和创业热情的有效激发。但对标"高质量发展"的新要求，综合观察和分析扬州市民营经济发展情况，特别是"双创"情况，仍然存在诸多现实问题，促进创业工作仍然有较大的提升空间。一是要主动对接不同创业群体，打造特色创业平台和载体。要学习借鉴外地的成功经验做法，对农民工和下岗职工两大群体以谋生为目的的自主创业，加大政策扶持和专项引导力度。可以划定专门区域，打造农民工、下岗职工创业街区，在准入门槛、税费免除等方面制定出台专门的扶持政策，对其后续经营强化指导和服务，为农民工、下岗职工创业提供便利，帮助其降低创业成本和创业风险，使之成为惠民生的一项实事工程。要切实关注青年创业，针对青年创业特点，打造青年创业街区，将之打造成引领创新文化、先进文化的时尚街区，成为城市建设的新名片。要高度重视科研人员创业，加大科创园区建设发展力度，针对扬州高校和科研院所的科研人才，有针对性地加强宣传引导，鼓励其依托实用专利技术和科研成果等投资创业，让科创园区真正成为创新发展的主战场。要力争通过一段时间的培育发展，逐步提升和扩大科创园区的影响力、带动力，吸引更多市内外科研人员来扬州投资创业。二是打造一批实战型的创业指导中心和创业培训基地。深入挖掘创业投资项目资源，鼓励和支持传统老字号企业、非物质文化遗产项目等，通过培育发挥加盟连锁经营的方式，招引创业投资者，提供创业技能培训指导服务。积极选树创业典型，鼓励和支持创业成功企业以"师带徒"的形式招引投资合作伙伴，发展加盟连锁经营等，提供实战性的创业技能培训指导服务。针对在扬高校大学生、扬州籍大学生和各类职业教育院校在校生，举办多场次的大学生创业技能培训，宣讲创业政策，培训创业技能，提供创业信息，积极鼓励引导大学生创业。地方政府和相关部门要通过认真梳理，积极拓展创业投资项目信息源，

坚持融创业投资项目信息发布与创业技能培训指导于一体的发展思路，建设创业指导中心和创业培训基地，使之真正成为创业"孵化器"。三是精心打造一个创业政策宣传和交流平台。要着眼于营造浓厚的创业氛围，通过经常性举办创业技能竞赛、创业论坛等活动，让创业成功者现身说法，提振创业投资信心，明晰创业投资方向，激发创业投资活力，规避创业投资风险。要着眼于培育潜在创业投资者，建设一个创业交流网络平台。可以以现有的网站和微信公众号为基础，进一步提升功能，发布创业投资信息以及商业综合体、商业街区、商业用房招租信息等，为项目资源发布者和创业投资者提供居间服务。要积极尝试通过抖音小视频等群众喜闻乐见的新媒体，精心制作系列创业宣传短片，提升创业政策、创业故事等的宣传效果，普及创业基础知识和技能。

（四）要更加关注存量企业的生存发展，积极破解民营企业发展存在的融资难等现实困难和问题

针对民营企业发展普遍存在的融资难等具体困难和问题，在用好用足中央省市各级优惠扶持政策措施的基础上，地方党委政府和相关部门要进一步做好深入细致的问题搜集、问题处置工作。要深入企业，逐户了解企业经营发展过程中遇到的具体困难和问题，形成企业反映问题清单，逐一研究问题处置协调方案，明确责任部门和责任人，限期帮助企业协调解决。要发扬求真务实作风，切实想企业之所想、急企业之所急，帮助企业妥善解决合理诉求。特别是要针对融资难问题，搭建银企对接桥梁，创新融资担保服务的方式方法，在有效保障金融机构信贷资金安全的前提下，想方设法为有融资需求的企业提供服务，帮助打通融资的"最后一公里"障碍。对于企业治理结构、发展路径选择等方面存在的问题，要聘请专家加强引导，特别是针对民企普遍存在的"家族式治理结构"问题，要积极引导、帮助其逐步建立完善"现代经理人治理结构"。对于经营效益不好的企业，要积极帮助其分析发展路径、产品结构等方面存在的问题，引导其通过管理升级、技术升级、产品升级等，提升经营效益。

（五）要制订商业繁荣振兴计划，提升商业街区和商业综合体发展质态

对全市已建和在建的商业综合体、商业街区进行全面调查摸底，按照科学规划、辐射合理的基本原则，由各县（市、区）每年分别选择1~2个商业综合体或商业街区，启动商业繁荣振兴计划，打造成年度创业孵化基地，集中资源，政策倾斜，全力扶持，力争打造一个、成活一个、繁荣一个，使之成为创业主阵地、主战场。要结合"双创"工作五年规划的制订，将创业平台载体建设作为重要内容纳入规划编制，力争通过5年左右坚持不懈地推进和滚动发展，全面盘活辖区现有的创业平台和载体资源。要在制订城市发展规划、审批大型商业综合体项目建设时，加强项目可行性论证，提高规划编制质量，加强项目建设的规划引导。属地党委政府和有关部门要对大型商业综合体项目的建设和运营情况加强跟踪，强化服务，积极帮助协调经营发展过程中遇到的各类困难和问题，促进项目建设优质高效、项目运营平稳健康。

B.13
2018年扬州开放型经济发展研究报告

扬州市商务局课题组*

摘　要： 2018年，扬州开放型经济总体发展平稳，利用外资高位增长，对外经贸企稳向好，园区建设步伐加快。2019年，扬州开放型经济发展面临的内外部环境依然复杂多变，应突出利用外资提质扩量，促进外贸优进优出，深化"一带一路"投资合作，推动开发园区创新转型，促进开放型经济高质量发展。

关键词： 开放型经济　"一带一路"　外贸

一　2018年扬州市开放型经济运行情况

2018年是全面贯彻落实党的十九大精神的起始之年，是改革开放40周年，面对错综复杂的宏观经济形势，全市开放型经济保持平稳发展态势，利用外资高位增长，对外贸易企稳向好，外经合作稳步推进，园区建设推进有力。

（一）利用外资高位增长

1~9月，全市实际利用外资9.57亿美元，同比增长47.14%（见表1）。

---

* 课题组负责人：苏爱根，扬州市商务局局长；课题组成员：张连生，扬州市商务局副局长；徐其祥，扬州市商务局综合处处长；胡慧娟，扬州市商务局科员。

利用外资结构优化。1~9月，第二产业实际利用外资3.72亿美元，同比增长17.74%，占全市总量的38.9%。其中，战略性新兴产业利用外资3.48亿美元，同比增长37.1%。第三产业实际利用外资5.82亿美元，同比增长74.39%。招大引强成效明显。新落户赛夫—华兰德车辆零部件项目、万豪国际酒店项目、华侨城项目等世界500强和跨国公司项目6个，新落户丹麦洛科威集团并购扬州科沃节能新材料有限公司项目和德国通快并购江苏金方圆数控机床有限公司项目等外资并购项目2个。主要投资来源地到资增长较快。1~9月，全市实际使用亚洲国家（地区）外资8.0亿美元，同比增长66.9%，占全市总量的83.6%。其中，实际使用港资7.55亿港元，同比增长60.17%。

表1　2018年1~9月全市外资实际到账及外商投资企业批准情况

地区\项目	外资实际到账情况 1~9月上报数（万美元）	同比（%）	外商投资企业批准情况 新批企业数（个）	协议注册外资额（万美元）	本期新批及净增资1000万美元以上企业 企业数（个）	协议外资额（万美元）
全　市	95722	47.14	87	159466	50	153703
开发区	16261	17.50	11	42866	10	42539
化工园区	1698	-47.35	0	165	0	0
广　陵	6937	64.27	20	34411	8	31842
邗　江	14246	73.18	25	28981	17	34136
宝　应	4253	-3.14	3	7379	2	6215
高　邮	8345	63.82	9	13211	4	9621
江　都	20509	67.86	9	17073	3	15771
仪　征	7051	146.88	8	11380	4	9579
生态科技新城	1700	—	2	4000	2	4000
蜀冈—瘦西湖风景区	1982	-67.39	0	0	0	0

（二）对外贸易企稳向好

1~8月，全市实现进出口80.4亿美元，同比增长15.7%。其中，出口57.2亿美元，同比增长11.4%。重点行业出口稳定。1~8月，前十位主要出口行业中，8个行业出口呈正增长，且增幅均高于10%。十大出口商品累计出口33.4亿美元，占全市出口总额的58.3%。纺织制品、机动车辆与零配件、鞋帽、电子纸与液晶装置等行业占全市比重较为稳定，保持在4%~10%（见表2）。一般贸易进出口增速较快。1~8月，全市一般贸易进出口额61.1亿美元，占货物贸易进出口额的比重为76.1%。其中，一般贸易出口额43.6亿美元，同比增长20.0%；一般贸易进口17.4亿美元，同比增长42.8%（见表3）。

表2 2018年1~8月主要出口商品情况

序号	商品	出口额（万美元）	同比（%）	占全市出口比重（%）
1	化学化工	80865	39.8	14.1
2	纺织制品	54085	12.8	9.5
3	新光源新能源	32366	52.5	5.7
4	机动车辆与零配件	32219	15.2	5.6
5	鞋帽	31133	13.8	5.4
6	船舶	27812	-36.8	4.9
7	电子纸与液晶装置	23578	-16.0	4.1
8	电动工具与机床等加工设备	21252	19.6	3.7
9	牙刷	16081	13.1	2.8
10	钢管	14445	24.1	2.5
	合计	333836		58.3

表3 2018年1~8月进出口贸易方式情况

名称	出口额（万美元）	同比（%）	占全市进出口总额比重（%）	进口额（万美元）	同比（%）
一般贸易	435726	20.0	76.1	174225	42.8
加工贸易	103484	-13.7	18.1	33248	-11.5
其他贸易	32946	6.0	5.8	23005	16.2

民营企业出口占比近半。1~8月，全市民营企业实现出口28.5亿美元，同比增长17.9%，占全市出口的49.8%；外资企业出口19.9亿美元，同比增长7.8%；国有企业出口8.3亿美元，同比下降5.2%。新兴市场增

速较快。1~8月，全市对南亚、东盟新兴市场出口快速增长，分别增长59.5%、32.8%。对"一带一路"沿线国家地区累计出口额13.1亿美元，同比增长27.0%，增幅较2017年提高22.8个百分点。

（三）外经合作稳步推进

1~9月，全市完成外经营业额7.37亿美元，同比增长6%。期末在外人数6463人，同比下降31%。累计备案境外投资项目19个，中方协议投资额7456万美元，同比增长21.8%。对外承包工程稳步增长。1~9月，15家有外经实绩的工程承包企业完成外经营业额6.87亿美元（见表4），占全市总量的93.2%。"一带一路"建设成效显著。1~9月，全市在"一带一路"沿线15个国家完成外经营业额约5.4亿美元，占全市总量的73.27%。对外投资19个项目中有8个在"一带一路"沿线国家，中方协议投资额4265万美元，占投资总额的57.2%。

表4 2018年1~9月外经企业实绩排名

排名	公司名称	营业额（万美元）	同比（%）	所属地
1	江苏江都建设集团有限公司	24573	11	江都
2	中石化江苏油建工程有限公司	14100	29	开发区
3	江苏省华建设股份有限公司	10121	-1	广陵
4	江苏牧羊控股有限公司	4800	-10	邗江
5	江苏邗建集团有限公司	4393	86	邗江
6	迈安德集团有限公司	3340	25	邗江
7	宝胜高压有限公司	2090		宝应
8	江苏恒远国际有限公司	1450	-69	江都
9	扬州市国际经济技术合作有限公司	1116	-4	广陵
10	扬州市世达对外经济合作有限公司	1074	-23	开发区
11	江苏中化建设有限公司	880	21	江都
12	江苏中油天工机械有限公司	800	-11	江都
13	扬州汇鸿国际经济贸易合作有限公司	797	61	广陵
14	江苏荣腾建设工程有限公司	750	-43	宝应
15	扬州海经对外经济贸易有限公司	671	14	江都
16	江苏飞扬对外经济技术合作有限公司	572	9	仪征

续表

排名	公司名称	营业额（万美元）	同比（%）	所属地
17	江苏瑞沃建设集团有限公司	541		高 邮
18	恒远国际工程集团有限公司	420	-76	江 都
19	江苏省水利建设工程有限公司	400	-11	邗 江
20	扬州市建盈建筑劳务有限公司	345	-1	江 都
21	江苏宝泰建设工程有限公司	339	36	宝 应
22	扬州荣飞建筑工程有限公司	107	-25	宝 应
23	江苏天宇建设工程有限公司	14	-85	宝 应
	合 计	73693	6	全 市

(四)园区建设推进有力

工业经济稳步增长。1~8月,全市开发园区完成规模以上工业增加值987.35亿元,同比增长6.25%;公共财政预算收入91.02亿元,同比增长4.02%;规模以上工业开票销售2085.31亿元,同比增长10.39%;规模以上工业入库税收93.42亿元,同比增长6.94%(见表5)。项目建设稳步推进。1~8月,全市开发园区新开工重大项目31个,新竣工投产重大项目29个,新达产(效)重大项目74个。融合发展持续深入。1~8月,全市开发园区共落户上海、苏南转移项目20个,计划总投资113.47亿元。

尽管2018年以来扬州开放型经济发展总体保持平稳,但存在的问题也不容忽视。一是利用外资后劲不足。1~9月,全市新批(含增资)外资项目87个,同比仅增长1个,新增合同外资15.95亿美元(含增资),同比增长17.95%,且新批大项目数量较少,难以支撑下一步的外资到账。二是外贸下行压力加大。部分传统行业出口增长动能不足,其中船舶1~8月出口下降36.8%。中美贸易摩擦中美方已实施的500亿美元征税清单将影响扬州市约3亿美元出口,随着美方2000亿美元征税清单的实施,预计将影响10亿美元出口,占全市出口总额的12.7%。三是开发园区贡献率较低。1~8月,全市开发园区自营出口占全市的78.8%,较上年下降1个百分点。税收收入93.42亿元,占全市总量的50.78%,经济贡献率仅24.12%,较上年下降较多。

表 5 2018 年 1~8 月全市开发园区建设发展情况

内容 单位	规模以上工业增加值 累计(亿元)	规模以上工业增加值 同比(%)	公共财政预算收入 累计(亿元)	公共财政预算收入 同比(%)	规模以上工业开票销售 累计(亿元)	规模以上工业开票销售 同比(%)	规模以上工业入库税收 累计(亿元)	规模以上工业入库税收 同比(%)	注册外资实际到账 累计(万美元)	注册外资实际到账 同比(%)	自营出口 累计(万美元)	自营出口 同比(%)	固定资产投资额 累计(亿元)	固定资产投资额 同比(%)
扬州经开区	165	9.2	15.32	-16.6	430.4	11.6	13.8	-5.2	16060	17.87	110331	31.6	125.4	13.3
扬州高新区	181.85	14.2	8.37	8.98	212.41	4.63	13.11	4.80	1789	2193	45298	11.17	101.03	29.91
扬州化工园	62.0	7.4	4.29	19.5	166	13.4	6.3	48.6	1698	-45.66	15588	39.6	68	6.7
江都开发区	165.10	9.1	10.4	4.7	239.3	6.6	9.8	11.4	15299	57.51	72199	-6.9	150.7	4.6
仪征开发区	51.3	6.3	12.8	17.43	275	1.67	21.8	12.5	4254	105.4	14952	24.1	79.1	15
高邮开发区	81.63	14.4	9.87	14.9	212.6	17.2	8.41	59.9	5130	29.02	20960	6.33	108.44	2.5
宝应开发区	74.05	1.05	11.29	6.51	164.15	7.00	3.86	7.22	3883	214.92	42070	-6.54	98.56	7.11
广陵开发区	31.10	1.23	6.54	26.01	102.86	21.56	5.57	24.33	2305	-24.83	53318	4.45	54.52	3.29
维扬开发区	80.12	9.76	7.41	9.8	143.73	21.58	5.76	8.13	5040	-2.63	47592	6.12	114.55	14.32
杭集高新区	48.66	11.65	1.72	10.93	44.63	9.87	2.56	8.02	0		24628	14.11	13.32	10.01
高邮高新区	46.54	18.7	3.01	17.6	94.23	17.2	2.45	17.1	780	28	3910	18.9	116	19.7
合计	987.35	6.25	91.02	4.02	2085.31	10.39	93.42	6.94	56238	33.69	450847	14.32	1029.6	10.70

二 2019年扬州开放型经济发展形势

1. 面临的机遇

从国际看，世界经济逐渐进入了新的增长周期，贸易活动、商业投资等能够促进经济复苏的因素都已经重新启动，新兴经济体实现了加速增长，发达经济体恢复到能够拉动经济增长的程度。世界贸易组织预计2019年全球贸易增速将达4.0%。此外，全球劳动力市场整体改善，就业率的提高增强了投资者对市场的信心，国际油价和大宗商品价格稳步回升等因素均有利于保持经济贸易复苏的态势。从国内看，经济表现强劲而有韧性，经济结构不断优化，新旧动能接续转换加快，消费对经济增长的贡献日益突出。社会资本进入扬州市场的准入限制进一步减少，外商投资准入负面清单外对外资设置的准入限制将全面清理取消，减税降费政策覆盖面越来越广，投资贸易便利化措施更加完善，营商环境持续优化。从扬州看，"一带一路"、长江经济带、扬子江城市群、宁镇扬一体化、江淮生态经济区等国家、省重大战略给扬州开放型经济发展带来了新的历史机遇。连淮扬镇高铁、北沿江高铁等重大工程也将为扬州发展带来新的优势。扬州市委七届六次全会提出，"在提升长三角重要工商名城能级的基础上，打造充满活力的新兴科创名城"，为开放型经济发展提供动力支持。

2. 面临的挑战

从国际看，国际货币基金组织认为经济下行风险正在增加，最大的威胁来自于美国引起的全球贸易紧张局势。美国政府实施贸易保护主义措施，几乎影响到所有与美国存在贸易关系的国家。美国提高关税政策以及贸易伙伴的反制措施，可能使紧张局势持续升级，也将导致全球经济增长下降。欧洲难民危机、英国"脱欧"等问题也影响到欧元区的经济贸易。从国内看，国内投资增速放缓，消费增长后劲不足，货物和服务净出口对国内生产总值的贡献率降低，投资、消费和出口"三驾马车"面临失速的风险。从扬州看，利用外资区域发展不平衡性较为明显，受人口结构变化、节能减排等多种因素影响，劳动力、原材料、能源、土地、环境等要素面临成本上升和供应趋紧的双重压力，导致招商引资难度加大。中美贸易摩擦对化学化工、电子元器件、电动工具、钢管等重点出口行业影响较大，对企业信心和社会预期产生影响。对外投资受地缘政治、安全和保护主义等因素的影响，不确定因素依然较多、风险加大，企业"走出去"顾虑较多。

三 2019年扬州开放型经济发展对策建议

（一）突出精准招商，加快推动外资提质扩量

一是进一步强化战略性新兴产业招引。实施"530""510"等行动计划，瞄准高质量项目，务实谋划开展主题突出、特色鲜明的产业招商活动，积极拓展战略性新兴产业项目源，扩大项目储备。大力招引全球先进要素，确保全年落户世界500强和跨国公司项目6个，新设外资并购重组项目2个。二是进一步完善招商体制机制。更加突出县（市、区）和园区的主体作用和工作责任。鼓励和引导有条件的园区创新招商引资方式，引入市场化运作机制，探索建立招商公司、委托招商、代理招商等模式。三是进一步优化政策环境。加快实施全市促进外资提质增效、推动开放型经济高质量发展的政策意见，进一步创新激励方式、突出要素保障，打造利用外资政策"强磁场"。开展"优化营商环境"专项行动，着力解决项目落户、环保、建设各环节难点，加大在手、在谈外资项目推进力度，提高项目履约率和资金到位率。

（二）强化贸易促进，加快推动外贸优进优出

一是扩大一般贸易进出口规模。借助广交会、中国国际进口展等重点展会平台以及跨境电商、信用保险、进口贴息政策等工具，助推企业自主开拓国际市场。二是推动加工贸易转型升级。通过重点企业、重点品牌培育和产业链招商，进一步招引船舶、电子纸与液晶装置等优势加工贸易产业的配套

企业，扩大产业链出口；引导纺织、鞋帽、玩具等传统企业引入产品设计、营销、服务等高附加值的上下游环节，提高产品出口附加值。三是加快培育外贸新业态。开展市级跨境电商扶持政策的项目申报，在全市上下形成打造外贸新业态的氛围。加快建成运营跨境电商出口退税资金池，为大量中小出口企业节约资金成本。四是大力发展服务贸易。加大重点企业、重点项目、重点载体扶持力度，推动扬州开发区智谷、邗江区文化创意园等申报省级服务外包示范园区，推动更多文化企业进入国家文化出口重点企业（项目）目录。

（三）融入"一带一路"，加快推动企业"走出去"

一是大力推动境外经贸集聚区建设。依托恒远集团、丰尚公司等"走出去"龙头企业对外投资重大项目，着力打造扬州坦桑尼亚建材及能源产业园、缅甸农产品加工园。二是探索开展"建营一体化"运营。重点支持江苏华建、邗建集团、江苏恒远、江都建设等工程承包企业，联合设计、建造、营运、维护等企业抱团合作，在蒙古、沙特、印尼、坦桑尼亚等要素资源丰富、市场容量大、投资环境较好的国家和地区采用投融资方式承揽境外工程项目，带动装备、建材、劳务等出口，探索开展"建营一体化"运营模式，拓宽工程建设合作领域。三是鼓励外经企业开展跨国并购。大力宣传扬杰电子、科派家具并购经验，加大对外经企业开展海外并购的引导，帮助和推动亚普、宝胜、罗斯威尔、奥利威、扬农化工等重点企业"走出去"开展海外并购，力争扬州上市公司海外并购取得新突破。

（四）坚持创新驱动，推动开发园区高质量发展

一是实施"争先创优对标找差"计划。完善开发园区数据统计体系，加大园区经济对经济增长贡献率等高质量发展指标和短板工作在开发园区考核中的权重，推动园区争先进位，着力培育壮大一批规模以上企业，做大税源经济，提高园区GDP、投资和税收对本地区的贡献度。二是实施创新驱动发展计划。建设一批"城市公园+科技综合体+人才公寓"城市创新组团，深化产教融合、校企合作。组织园区企业开展与国际创新源头的技术交

流、与国际龙头企业开展并购重组。扶持培育一批特色产业骨干龙头企业和"专精特新"行业小巨人企业。三是实施"一特三提升"工程计划。瞄准产业高端定位，做大做强仪征汽车工业园、邗江微电子产业园、广陵液压装备、高邮中国路灯制造基地等一批特色产业，推动市开发区、扬州高新区、广陵等开发区创成省级特色创新示范园区。牢固树立以"亩产论英雄"的鲜明导向，提升土地产出率。深入开展"263""散乱污"治理行动，优化生态环境，守好生态底线。加快推进智能车间、智能工厂、"机器换人"、"互联网+"行动。四是实施开放合作融合发展计划。提高波司登高邮工业园、上海莘庄工业区（宝应）工业园等2家南北共建园区建设水平。加快扬州高新区、仪征和江都等3家开发区沿江合作园区建设。重点推进中德梅泰尔工业园、中意食品工业园、海峡两岸绿色石化产业合作区等跨境合作园区建设，力争有1~2家上升到国家层面。有序推进化工园区、广陵开发区与榆林市相关园区的合作共建工作。

（五）深化体制改革，创造优良的营商环境

一是加快优化外商投资环境。深入推进外资商务备案与工商登记"一口办理"改革。进一步优化备案工作流程，推动落实外商投资企业设立商务备案与工商登记"一口办理"相关工作。对接外汇管理部门，商建外资企业数据、信息共享机制。提升服务效率，优化政务环境。进一步放宽市场准入。认真实施新版《外商投资准入特别管理措施（负面清单)》及《外商投资企业设立及变更备案管理暂行办法》，提升外商投资法制化、国际化、便利化水平。二是加快优化开发园区营商环境。深入贯彻落实《江苏省开发区条例》，围绕保护知识产权、提升行政效率等方面，深入开展营商环境评估、政务服务大数据收集运用、不见面审批、"放管服"、"3550"改革等工作。三是加快优化口岸营商环境。全面落实口岸提速降费。强化协同配合，保障通关顺畅，确保"口岸通关时间年内压缩1/3，五年内压缩一半"。降低进出口环节合规成本，研究制定针对性措施切实降低进出口环节整体收费，确保"进出口环节合规成本降一半"。

B.14
2018年扬州市小微企业创业创新状况分析

赵振东　石火培*

摘　要： 扬州市作为全省唯一的小微双创示范城市，从2015年开始高度重视小微企业的发展，取得显著成效，小微企业的创新活跃，万众创业的积极性不断提升。本文主要对扬州市部分小微企业创新创业状况进行调查，总结梳理扬州小微企业创新创业发展环境、发展现状及阶段性特征，并对小微企业在智力资源、资金支持、深化改革等方面提出对策建议

关键词： 小微企业　创新创业　投入

一　扬州市小微企业创新创业发展环境

1. 从政策环境看，开启政策红利窗口期

2016年扬州市委市政府制定下发了扬州市小微企业创新创业示范三年行动计划，就全市小微企业创新创业总体目标、重点工作及主要任务、保障措施等都作出了全面部署。分别从科技产业综合体、小企业创业基地、众创空间与孵化器、商贸集聚区、人才公寓租赁、小微企业服务券等11个方面制定了30个细化保障举措。大力扶持和鼓励小微企业开展创新创业，对新

---

* 赵振东，扬州市统计局局长；石火培，扬州市统计局社会处处长兼统计学会秘书长。

建小微企业创新创业基地给予每平方米20元的奖励,对入驻企业成长为规模(限额)以上企业的,给予10万元一次性奖励,设立创业基地运营考核专项奖励资金2000万元,6000万元天使投资基金,500万元众创空间、孵化器运营扶持考核专项资金。

2. 从经济环境看,处于经济转型升级期

2017年全市实现地区生产总值5064.92亿元,按可比价增长8.0%,比上一年速度放缓,经济总量从"量"到"质"的转型升级,更加注重经济结构调整。在新常态下,开展供给侧结构性改革,"三去一降一补"中不断实现经济结构的转型升级,淘汰落后产能,全年压减钢铁产能88万吨、煤炭产能18万吨、造船产能290万载重吨、水泥产能90万吨。三次产业结构不断优化升级,由上年的5.6∶49.4∶45.0调整为5.2∶48.9∶45.9。

3. 从技术环境看,进入研发快速增长期

根据研究,一般在研发投入占GDP比重从1%快速增加到2%时,会出现经济快速增长期,也是研发投入快速增长期。2017年扬州市研发投入占GDP比重为2.42%,根据2017年研发投入计入GDP新口径计算,扬州市早在2013年研发投入投入占GDP比重即超过2%,达到2.03%,进入研发经费快速增长期。专利受理量为3.26万件,其中发明专利8287件,是2007年的16.12倍(见图1)。

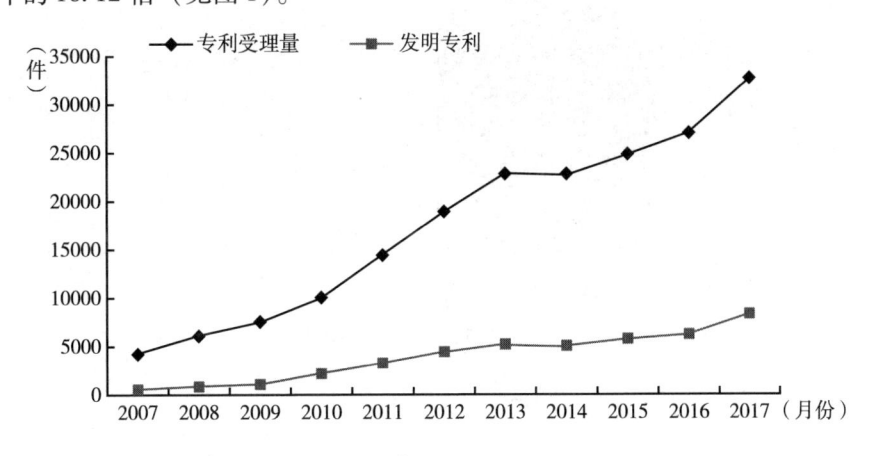

图1 2007~2017年专利受理量、发明专利变化趋势

二 扬州市小微企业创业基本状况

扬州市自小微双创示范城市建设以来，小微企业发展迅速，规模不断扩大。本文选择"四上企业"中的小微企业作为样本数据分析。

1. 从小微企业数量看，总量不断增加

2017年全市小微企业共有10.04万户，比2015年的6.07万户增加3.97万户，累计增幅65.4%，比2016年的7.51万户增加2.53万户，增幅达33.69%，2016年比2015年增加23.72%，呈现数量和增幅同时扩大趋势。

2. 从小微企业行业分布看，工业企业占主体

2017年共有5999家企业进入年报，其中小微企业4624家，占进入年报单位总数的77.08%。其中工业企业占据半壁江山，达50.91%；其次为服务业企业，占19.07%；再次为批发零售业企业，占13.21%（见图2）。

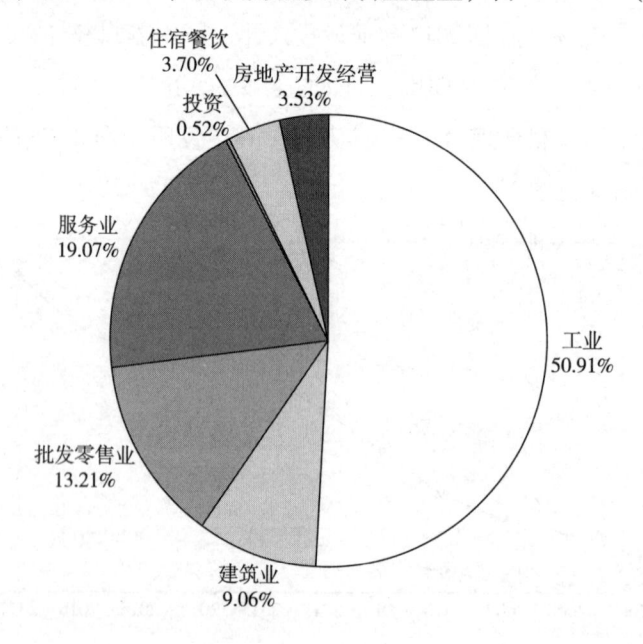

图2 小微企业行业分布

3. 从小微企业营业收入看，规模不断扩大

2017年小微企业营业收入4088.05亿元，比2015年增长7.31%。其中工业小微企业户均达到1.4亿元，投资户均达1.2亿元，批发零售业户均达0.49亿元，户均最少的是住宿与餐饮业，为0.07亿元。服务业户均规模扩大最迅速，2017年户均比2016年增加0.04亿元。

4. 从小微企业行业发展看，房地产业拔头筹

根据税务小微营业收入分行业数据，2017年相比2016年营业收入增幅前三名分别是房地产业、建筑业和信息传输、软件和信息技术服务业，其中房地产业增幅达233.13%，建筑业达214.59%，信息传输、软件和信息技术服务业达117.01%。

三 扬州市小微企业研发创新现状

根据企业创新规律，企业研发数据是衡量企业创新能力的最核心指标，因此我们选择研发创新相关的投入产出指标来说明扬州小微企业创新状况。目前扬州市企业科技创新主要集中在工业企业，2017年全社会研发投入经费中，工业企业占88.67%，占据绝对主导地位。因此，本文以2017年2327家工业小微企业为样本，分析小微企业研发创新状况。

1. 从数量上看，小微企业研发创新活动更加活跃

调查数据显示，2017年全市进入研发年报的2327家工业小微企业，有研发活动的为957家，占41.1%，比上一年提升6.21个百分点，这与扬州市小微双创示范城市建设的推进、出台系列鼓励小微企业创新创业的举措密切相关。

2. 从研发经费看，小微企业研发经费投入显著增长

2017年小微企业研发经费投入为47.79亿元，比上年同期增长31.4%，自2014年以来实现连续4年的两位数以上增长，特别是小微双创示范城市建设以来，小微企业研发经费投入显著增长。2015年比2014年增长13.55%，2016年比2015年增长24.74%，2017年比2016年增长31.4%，呈现总量和增幅双提升。

3. 从研发人员看，小微企业研发队伍不断扩充

2017年小微企业研发人员1.37万人，比上一年增长15.7%，占规模以上工业研发人员比重为42.2%，比上一年提升3个百分点。其中全时人员1.03万人/年，比上一年增长16%。研发人员总量不断扩充，是五年前的近一倍，这说明扬州市小微企业研发人才队伍不断壮大（见图3）。

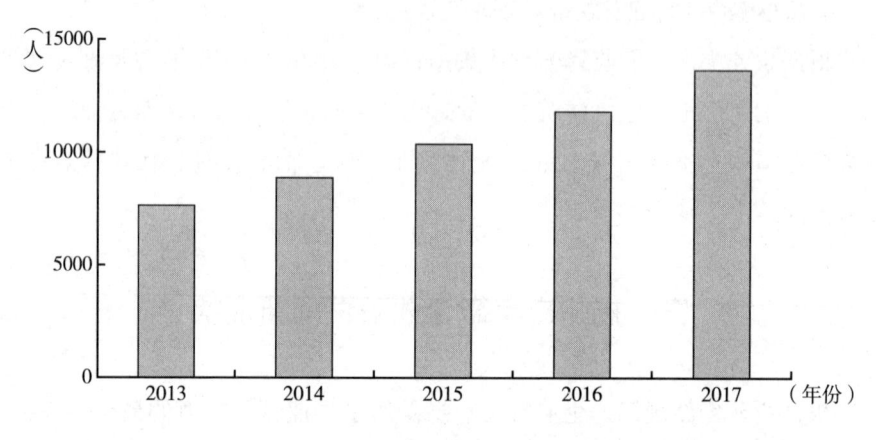

图3 小微企业研发人员数量

4. 从机构建有率看，小微企业研发创新组织化程度提升

2017年小微企业共有1002家拥有研发机构，研发机构建有率为43%，比上一年提升4个百分点。共有研发机构数1120家，比上一年增长18.5%，机构人员为1.35万人，比上一年增长15.4%，机构经费支出36.16万元，比上一年增长28.2%。这说明扬州市小微企业机构建有率和机构人员、经费投入全面提升，组织化程度不断提高。

5. 从研发产出看，小微企业的研发创新成果日益丰硕

2017年小微工业企业专利申请数3934件，比上年增长39%，其中发明专利1002件，比上年增长35%，新产品开发项目数2136项，比上年增长27.8%，新产品销售收入356.62亿元，比上年增长28.7%，产出总量和增幅都超越上年同期水平。这是扬州市大力推进小微双创示范城市建设的显著成果。

四 扬州市小微企业创新创业的制约因素分析

国务院促进中小企业发展工作领导小组第一次会议指出:"我国中小企业具有'五六七八九'的典型特征,贡献了50%以上的税收,60%以上的GDP,70%以上的技术创新,80%以上的城镇劳动就业,90%以上的企业数量,是国民经济和社会发展的生力军,是建设现代化经济体系、推动经济实现高质量发展的重要基础,是扩大就业、改善民生的重要支撑,是企业家精神的重要发源地。"但同时小微企业的创新受到人才、资本、技术等方面的制约因素影响,使得小微企业创新"迈不开脚。"

1. 小微企业研发创新资本投入不足

根据国际经验,技术研发投入占销售额此例在1%以下的企业是很难长期生存的,比例为2%左右的企业仅可以简单维持,只有比例达到5%的企业才有竞争力。在2017年扬州市小微工业企业中,有1469家小微企业没有开展研发活动,研发投入强度在1%以下,占总量的63.13%,有1340家研发费用为0。这意味着扬州市63.13%的小微工业企业将很难长期生存,只有11.3%的规模以上工业小微企业具有竞争力。在创新阻碍因素中,有41%的调查对象选择了"缺乏企业或集团内部资金支持",成为第三大阻碍因素,有28%的企业认为"缺乏风险投资支持",21%的企业认为"缺乏银行贷款等其他外部资金支持"。

2. 小微企业研发创新人力投入不足

数据显示,小微工业企业平均每家仅有5.9个研发人员,仅占全部从业人员的5.12%。关于"工艺与产品创新阻碍因素",66.72%的企业选择"缺乏人才或者人才流失"。人才成为小微企业研发创新的最大阻力,小微企业"招才引智"难。

3. 小微企业创新费用成本过高

技术创新的成本一定会不低于被超越的技术的研发成本,原因在于,被超越的技术的研发投入的人才、设备、设施等成本为当时的最低成本,否则，当时研发机构就会另选成本更低的投资组合（成本更低的研发地点、研发人才、研发设备和设施等）。2017年调查的工业小微企业新产品开发经费占新产品销售收入的14.8%，比上一年提高1.1个百分点。在参与调查的企业中，50%选择了"创新费用方面成本过高"，成为阻碍企业创新的第二大因素。

4. 小微惠企政策覆盖面有待提升

根据2017年企业家创新调查数据，对当下实行的10项科技创新创业惠企政策效应情况进行调研发现，10项政策均有超过50%的小微企业家认为政策"效果不明显"或"未享受"，其中科技创新进口税收政策认为"效果不明显"或"未享受"的比例最高，达72%，企业研发费用加计扣除税收优惠政策为"效果不明显"或"未享受"比例最低，达52%。在认为10项科技创新创业政策效应"效果不明显"或"未享受"的企业家中，均有50%左右的人是因为"不具备享受该政策的资格"。其中认为高新技术企业所得税减免政策"效果不明显"或"未享受"的企业家中，68%是因为"不具备享受该政策的资格"，比例最高；认为金融支持相关政策"效果不明显"或"未享受"，49%是因为"不具备享受该政策的资格"，比例最低。

五　促进小微企业创新创业的政策建议

自2016年跻身"全国小微企业创业创新基地示范城市"以来，扬州市出台了系列促进小微企业创新创业的政策，下发了《扬州市推进小微企业创新创业基地城市示范工作若干政策意见》《扬州市推进小微企业创新创业基地城市示范三年行动计划》《关于加快建设区域产业科技创新中心和创新型城市建设的政策措施》等有效举措，但若要全面实现"大众创业、万众创新"，激发小微企业发展潜力，仍需要在政策的覆盖面、精准度和实效性等方面进一步研究。我国经济学家吴敬琏认为，"企业是技术创新的主体，小企业更是主体中的主体"。所以提升小微企业自主创新能力核心任务。

1. 积极汇聚智力资源，提升小微企业"造血功能"

小微企业创新的最大瓶颈是缺人，一是缺创新型的小微企业家，开设"企业家学院"，重点培养一批青年企业家，特别是扬州本土成长起来的企业家二代；二是缺创新型技术人才，小微企业单打独斗难以招才引智留人，政府搭台，发挥好"1+N"公共网路服务平台和200多万平方米众创空间及孵化器的效应，集聚创新要素，扬州创新设立小微企业家创新人才联盟，为小微企业创新提供公共服务；三是缺创新型管理人才，小微企业的创新不应局限于技术创新，更应放眼于管理创新、组织创新等，扬州本土管理人才不足，可以利用互联网大数据创新设立小微企业网络诊所，为小微企业发展进行评估诊断，并提供远程管理咨询服务。

2. 拓宽资金筹措渠道，丰富小微企业"输血模式"

小微企业创新的第二大瓶颈是资金。完善"四位一体"风险共担机制，构建以政府资金为引导，市场资金为主体，直接融资和间接融资无缝对接的多层次创业融资服务体系。一是发挥好市财政10亿元风险缓释基金的引导作用；二是激励金融机构面向小微企业开展普惠制金融服务，学习借鉴合肥的政银担、政银保等多种风险补偿机制；三是进一步引导和规范社会资本参与小微企业创新，鼓励社会资本创建股权投资企业，拓宽小微企业直接融资渠道；四是利用大数据建立小微企业信用档案，进一步健全小微企业的信用贷款体系。

3. 降费减准深化改革，提升小微企业的"储血能力"

政府为小微企业发展营造良好的环境，不断激发市场活力、增强内生动力，提升小微企业"储血功能"是根本。发展中介服务和众创空间，通过专业的公共中介服务及"创新券"和"服务券"等举措降低小微企业的经营成本；利用互联网技术，降低企业申办的时间成本，如"不见面审批"；利用税收优惠政策，尤其要放低门槛，提高优惠政策的覆盖面，放水养鱼，降低企业的税收成本。

B.15
2018年扬州市城乡居民收入与消费状况分析报告

国家统计局扬州调查队课题组*

摘　要： 2018年以来，扬州市委市政府深入贯彻习近平总书记系列重要讲话特别是视察江苏重要讲话精神，围绕省委"六个高质量"发展任务，奋力推进富民增收工作。全市上下围绕市委市政府《关于2018年民生幸福工程的实施意见》（"1号"文件），按照《关于聚焦富民持续提高城乡居民收入水平的实施意见》（"市富民增收39条"）的具体部署，认真落实各项增收举措，城乡居民收入实现较快增长。前三季度全体居民人均可支配收入同比增长9%。与此同时，居民消费能力日益增强，生活品质进一步提高。前三季度全体居民人均生活消费支出同比增长8.8%。由于宏观经济面支撑减弱，增长基数不断提高，经济发展不平衡不充分等因素，保持城乡居民收入持续较快增长面临新的压力。需要进一步创新富民思路，靠实增收举措，持续拓宽富民增收渠道，完善分配制度，促进共享发展，不断满足人民日益增长的美好生活需要。

关键词： 扬州　城乡居民　收入　消费

---

* 课题组负责人：刘春来，国家统计局扬州调查队队长，高级统计师。课题组成员：游立华，国家统计局扬州调查队副队长，高级统计师；解国元（执笔），国家统计局扬州调查队住户处处长，中级统计师。

2018年，市委市政府将促进城乡居民增收作为全市重点工作，出台了《关于2018年民生幸福工程的实施意见》，强化增收工作组织领导，将增收各项任务细化分解，以高质量就业为主要抓手，积极实施"乡村振兴战略"，全市城乡居民收入保持了平稳较快增长，城乡统筹发展更加协调，居民生活水平稳步提高。

一 2018年扬州城乡居民收入总体状况

在宏观经济下行压力依然较大、居民收入增长空间收窄的形势下，经过全市上下的共同努力，扬州城乡居民收入仍保持了较快增长，主要呈现以下特点。

（一）居民收入总体保持稳步增长

前三季度，扬州市全体居民人均收入25515元，绝对值比全省平均水平低3386元，列全省第7位；增长9%，增幅比全省平均水平低0.2个百分点，列全省第8位。其中城镇常住居民人均可支配收入（以下简称"城镇居民收入"）31318元，列全省第8位，绝对值比全省平均水平低4623元；增长8.3%，增幅低于全省平均水平0.1个百分点，列全省第8位。农村常住居民人均可支配收入（以下简称"农村居民收入"）16545元，列全省第7位，绝对值比全省平均水平高748元；增长8.9%，增幅与全省平均水平持平，列全省第6位（见表1）。

表1 2018年前三季度江苏省及各地区城乡居民收入及增速

地区	城镇 收入（元）	排序	增幅（%）	排序	农村 收入（元）	排序	增幅（%）	排序
江苏省	35941		8.4		15797		8.9	
南京市	44309	2	8.9	1	19291	4	9.3	2
无锡市	43249	3	8.1	10	23055	2	8.4	11
徐州市	25510	11	8.5	4	13848	10	9.0	5

续表

地区	城镇 收入（元）	排序	增幅（%）	排序	农村 收入（元）	排序	增幅（%）	排序
常州市	40745	4	8.1	10	21107	3	8.4	11
苏州市	48190	1	8.0	12	24497	1	8.2	13
南通市	35113	6	8.4	5	16818	6	9.2	3
连云港市	24893	12	8.3	8	12688	12	8.9	6
淮安市	27032	9	8.6	3	13052	11	9.4	1
盐城市	26821	10	8.4	5	15451	9	8.8	8
扬州市	31318	8	8.3	8	16545	7	8.9	6
镇江市	37039	5	7.8	13	18720	5	8.8	8
泰州市	32847	7	8.7	2	15933	8	8.8	8
宿迁市	21504	13	8.4	5	12680	13	9.1	4

（二）分项收入全面较快增长

在夯实工资性增收的基础上，近年来扬州市不断优化增收结构，以"两创示范"为引领，努力促进居民经营性增收；同时加大财政保障力度，实现转移性收入较快增长。从前三季度居民收入四项构成看，均实现了较快增长。全体居民人均工资性收入16005元，增长8.8%；经营净收入4054元，增长8.3%；财产净收入1822元，增长11%；转移净收入3634元，增长9.6%。其中城镇居民人均工资性收入19285元，增长8.1%；经营净收入4668元，增长7.4%；财产净收入2786元，增长9.5%；转移净收入4579元，增长9.2%。农村居民人均工资性收入10935元，增长8.8%；经营净收入3105元，增长9.3%；财产净收入232元，增长12.5%；转移净收入2173元，增长8.4%。

（三）城乡居民收入持续收窄

2018年以来，市委、市政府以党的十九大精神为指引，着力解决"三农"问题，大力推进乡村振兴战略。合理引导农村富余劳动力转移就业，不断改善增收环境,努力促使农业增效农民增收,实现城乡统筹发展,城乡居民收入结构进一步优化。前三季度,农村居民收入增速快于城镇0.6个百分点。由于注重城乡统筹协调发展,近年来全市农村居民收入增速始终快于城镇,城乡居民收入比逐年下降,从2012年的2.06∶1降至2018年前三季度的1.89∶1,明显低于全省(2.28∶1)和全国(2.78∶1)水平(见表2)。

表2　2013~2018年前三季度扬州市城乡居民收入对比

年份	城镇 绝对值(元)	城镇 增幅(%)	农村 绝对值(元)	农村 增幅(%)	城乡差距 绝对值(元)	城乡差距 城乡比
2013	27700	9.5	13775	12.0	13925	2.01
2014	30322	9.5	15284	11.0	15038	1.98
2015	32946	8.7	16619	8.7	16327	1.98
2016	35659	8.2	18057	8.7	17602	1.97
2017	38828	8.9	19694	9.1	19134	1.97
2018年前三季度	31318	8.3	16545	8.9	14773	1.89

(四)区域不平衡现象依然突出

扬州市县域发展不平衡现象较为突出。从6个县(市、区)经济增速看,前三季度仅有邗江和高邮GDP增速达到8%,分别为8.2%和8.6%。由于经济发展水平差异,前三季度居民收入水平也不够均衡。从全体居民收入水平看,广陵、邗江、江都三地分别为32955元、315870元和26603元,分别比全市平均水平高7440元、6072元和1088元;仪征、高邮、宝应三地分别为23932元、21287元和19304元,分别比全市平均水平低1583元、4228元和6211元。

从城镇居民收入水平看,三区及仪征市均高于全市平均水平,其中邗江区最高,前三季度人均收入34667元,比全市平均水平高3349元;高邮市、宝应县均低于全市平均水平。从农村居民收入水平看,三区全面高于全市平均水平,其中广陵区最高,前三季度人均收入21568元,比全市平均水平高5023元;其他县(市)均低于全市平均水平(见表3)。

表3　2018年前三季度扬州分地区城乡居民收入及增速

地区	城镇 收入（元）	城镇 增幅（％）	农村 收入（元）	农村 增幅（％）
扬州市	31318	8.3	16545	8.9
广陵区	33836	8.3	21568	8.8
邗江区	34667	8.2	18263	9.0
江都区	32511	8.2	17445	9.1
宝应县	23995	8.6	15259	9.0
仪征市	31869	8.0	15862	8.9
高邮市	27740	8.4	15238	8.9

二　收入结构状况

1. 工资收入主导地位进一步巩固

一是企业盈利状况较好。1~9月全市规模以上工业实现利润总额278.3亿元，同比增长21.8%，增幅全省最高。企业利润的增长反映了增资基础良好。二是就业保持稳定。全市以"高质量就业"为突破口，在服务企业发展的同时，通过提高职工技能、开展稳岗扶持等，努力稳定就业水平。三是适时上调工资标准。市区和县（市）月最低工资标准分别上调至2020元和1830元，分别上涨6.9%和6.4%。

前三季度，全体居民人均工资性收入为16005元，同比增长8.8%，拉动可支配收入增长5.5个百分点，对居民收入增长的贡献率为61.5%。分城乡来看，城镇居民人均工资性收入为19285元，同比增加1446元，拉动可支配收入增长5个百分点，对居民收入增长的贡献率为60.5%；农村居民人均工资性收入为10935元，同比增加888元，拉动可支配收入增长5.8个百分点，对居民收入增长的贡献率为65.4%。从占比看，全体居民工资性收入占可支配收入的比重为62.7%，其中城镇和农村占比分别为61.6%和66.1%。工资性收入占比均超过六成，主导地位进一步巩固。

2. 经营净收入增幅有所提高

2018年以来，全市围绕"大众创业、万众创新"，继续优化企业经营环境。特别是加大对小微企业的扶持力度，深入挖掘"小微企业创业创新基地城市示范"增收引领作用。加快农业结构调整，大力发展设施农业。多层面扶持农民工、大学生、退役士兵、农业科技人员等返乡下乡创业创新，通过"新农"带"老农"，努力提高农民经营净收入。夏粮单产进一步提高，总产量增长2.6%，再次实现丰产丰收。前三季度全体居民人均经营净收入4054元，同比增长8.3%，拉动可支配收入增长1.3个百分点，占可支配收入的比重为15.9%。其中城镇居民人均经营净收入4668元，同比增加320元，拉动可支配收入增长1.1个百分点，占可支配收入的比重为14.9%。农村居民人均经营净收入3105元，同比增加265元，拉动可支配收入增长1.7个百分点，占可支配收入的比重为18.8%。

3. 财产净收入增长最快

2018年以来，全市公园体系建设不断完善，文昌路升级改造完成、南部快速通道通车，一批城建重大项目顺利推进，城市宜居品质进一步提高。"来扬留扬"潜力被有效激活，市区楼市出现回暖，城乡居民特别是城镇居民自有住房价值出租价格不断上升。深入实施乡村振兴战略，持续化解村级债务，加快发展新型村集体经济。以建设"田园乡村"等具体措施，多渠道多层次帮助农户盘活资产。加强金融产品和金融工具创新，加快构建农村金融服务体系，居民理财渠道更加多元，理财产品更加丰富。积极推进农村土地承包经营权二轮流转，努力提高轮转收益。城乡居民财产净收入增加明显，增速居四项构成之首。前三季度全体居民人均财产净收入1822元，同比增加180元，拉动可支配收入增长0.8个百分点，占可支配收入的比重为7.1%。其中城镇居民人均财产净收入2786元，同比增加241元，拉动可支配收入增长0.8个百分点，占可支配收入的比重为8.9%。农村居民人均财产净收入332元，同比增加37元，拉动可支配收入增长0.2个百分点，占可支配收入的比重为2%。

4. 转移净收入增长较快

近年来，全市在民生保障上不断完善机制，加大投入。市委、市政府持续加大投入，连年上调养老金标准。城乡居民基础养老金标准从125元上调至135元，上涨8.7%，企业职工退休金总体上涨超过6%。在全面实现县域低保"同城同标"的基础上，2018年全市低保标准进一步提高，其中市区提高至月人均660元，县（市）不低于月人均630元，增幅在4.8%~7.7%。全市城乡居民转移净收入保持较快增长，前三季度全体居民人均转移净收入为3634元，同比增加319元，拉动可支配收入增长1.4个百分点，占可支配收入的比重为14.2%。其中城镇居民人均转移净收入为4579元，同比增加385元，拉动可支配收入增长1.3个百分点，占可支配收入的比重为14.6%；农村居民人均转移净收入为2173元，同比增加168元，拉动可支配收入增长1.1个百分点，占可支配收入的比重为13.1%。

三 城乡居民消费状况

随着收入水平的不断提高，城乡居民消费支出也明显增加，消费层次不断提高，八大类支出全面增长（见表4）。城乡居民消费主要呈现以下几个特点。

表4 前三季度扬州市城乡居民人均消费支出结构

指标名称	城镇 支出（元）	城镇 增幅（%）	农村 支出（元）	农村 增幅（%）
生活消费支出	19268	8.1	10578	8.7
（一）食品烟酒	5993	6.7	3307	7.5
（二）衣着	1813	7.1	802	8.4
（三）居住	4184	10.2	2322	9.4
（四）生活用品及服务	1114	9.6	662	11.4
（五）交通通信	1962	8.9	1298	10.2
（六）教育文化娱乐	2451	7.4	1142	7.6
（七）医疗保健	1195	8.1	723	9.2
（八）其他用品和服务	556	7.5	322	6.6

（一）居民消费支出不断增加

随着经济发展、收入持续增加，扬州城乡居民消费水平逐步提高。从消费总额看，前三季度全市社会消费品零售总额1145.2亿元，增长9.6%。从人均消费水平看，前三季度全体居民人均消费支出15854元，同比增长8.8%。其中城镇居民人均消费支出19268元，同比增长8.1%；农村居民人均消费支出10578元，同比增长8.7%。全体居民消费率（消费支出占可支配收入比重）为62.1%，同比下降0.2个百分点。其中城镇居民消费率为61.5%，同比降低0.1个百分点；农村居民消费率为63.9%，同比下降0.2个百分点。农村居民消费率高出城镇居民2.4个百分点。

从过去五年的数据看，全体居民人均消费支出从2012年的12978元增加至2017年的19237元，五年间累计增长0.48倍，年均增长8.2%。扬州居民消费支出实现了持续较快增长，人民生活水平不断提高。

（二）居民消费结构更加合理

在消费总量增长的同时，消费结构也更加科学合理。从恩格尔系数看，前三季度全体居民恩格尔系数为31.1%，扬州居民生活总体稳定在30%~40%的相对富裕阶段。近几年城乡居民消费支出中的食品、衣着等生存型消费比重有所下降，而交通通信、文化教育娱乐服务等享受型、发展型消费比重不断上升。

从食品支出费用看，2018年前三季度与2012年全年相比，全体居民人均食品消费支出占比（恩格尔系数）从32.2%下降到31.1%，降低了1.1个百分点。其中城镇居民从32.8%下降到31.1%，降低了1.7个百分点；农村居民从32.8%下降到31.3%，降低了1.5个百分点。

（三）城乡居民消费热点进一步彰显

1. 汽车、网络等成为消费常态

随着经济发展和人们生活节奏的加快，城乡居民追求更加方便快捷的

出行方式，家庭汽车拥有量日渐增多，居民节假日出行和自驾游也越来越多。随着年内汽油价格数次上调，也增加了出行的相关支出。由于第三方支付更加便捷，无现金消费、网络消费成为城乡居民特别是年轻一代重要的购物方式，网购交易额不断扩大。前三季度，全体居民人均交通通信支出1701元，同比增长9.7%，占消费支出的比重为10.7%。其中城镇居民人均交通通信支出1962元，同比增长8.9%，占消费支出的比重为10.2%；农村居民人均交通通信支出1298元，同比增长10.2%，占消费支出的比重为12.3%。

2. 教育文化娱乐支出快速增长

教育方面，前三季度民办学校收费明显上调；各类兴趣班、培训班的兴起使家教费用逐渐成为教育支出新的增长点。文化娱乐方面，扬州持续将旅游作为扬州市六大支柱产业之一加以推动，积极培育新的文化娱乐热点，休闲娱乐活动迅速融入百姓家庭的日常生活，特别是"省运会""省园会"的成功举办，带动扬州城乡居民旅游、摄影、健身等娱乐活动明显增多。前三季度，全体居民人均教育文化娱乐支出1936元，同比增长8%，占消费支出的比重为12.2%；城镇居民人均教育文化娱乐支出2451元，同比增长7.4%，占消费支出的比重为12.7%。农村居民人均教育文化娱乐支出1142元，同比增长7.6%，占消费支出的比重为10.8%。受文化娱乐消费渠道和教育资源的限制，农村居民教育文化娱乐消费支出仍显著低于城镇居民。

3. 居住消费占比依然较高

近年来，随着房屋交易价格的较快上涨，城乡居民购房支出增长明显；房屋装修方面，由于人工费用、装修材料升级，房屋装修成本提高，同时房租价格增长较快。前三季度，全体居民人均居住支出3453元，同比增长10.5%，占消费支出的比重为21.8%。其中城镇居民人均居住支出4184元，同比增长10.2%，占消费支出的比重为21.7%。农村居民人均居住支出2322元，同比增长9.4%，占消费支出的比重为22%。

四 制约2018年居民增收的主要因素

尽管城乡居民收入实现了较快增长，为满足城乡居民对美好生活的需要，对照"人民生活高质量"的发展要求，增收任务依然较重。分析2018年以来制约扬州城乡居民增收的因素，主要有以下几方面。

（一）经济基本面支撑力度有所减弱

2018年以来，在"中美贸易摩擦"等负面因素作用下，宏观经济低位运行。从1~9月全市经济数据来看：地区生产总值同比增长6.3%，增幅较上年同期下降1.5个百分点；固定资产投资总额同比增长12.1%，增幅较上年同期下降0.6个百分点；金融机构人民币存款余额同比增长3.7%，增幅较上年同期下降5.4个百分点。收入相关指标对居民增收的支撑力度有所减弱。

（二）企业经营压力较大制约工资性收入增长

尽管前三季度扬州经济总体呈现稳中有升的发展态势，地方政府也适时上调最低工资标准，出台工资指导线，但部分企业仍面临市场需求弱、成本上升快、融资借贷难等一系列困难和问题，从业人员工资报酬持续上调缺乏强有力的支撑。而扬州城乡居民收入中六成以上来自工资性收入，因此工资性收入增长快慢与企业经济效益密切相关，企业经营压力较大一定程度上制约了城乡居民收入的较快增长。

（三）多重因素制约经营收入增长

前三季度全体居民人均经营净收入增长8.3%，但是经营性增收固有难题尚未完全破解，主要有以下几重因素。一是产品销售难度大。世界经济仍处于深度调整阶段，发达国家贸易保护主义有所抬头，外贸出口难度较大；国内买方市场已经形成，企业竞争加剧。二是新经济冲击。电子商务等新兴

产业的迅猛发展，对传统的第二、第三产业造成了较大冲击，一些经营方式相对落后的小微企业受到了较大冲击。三是农业难以稳定增收。传统种植业受气候、病虫害影响较大，尽管2018年夏粮实现丰产，但受耕地、资源瓶颈制约，增收后劲不足。四是成本压力大。由于人工、房租、原材料、营销等成本的上升，以及机械使用、种子、人工等费用上涨，无论是企业还是农户，成本压力都比较大。

（四）渠道不畅制约财产净收入增长

前三季度，受房地产回暖的推动，居民房屋折算租金等财产性收入保持较快增长，全体居民人均财产净收入1822元，同比增长11%。尽管如此，城乡居民财产性收入进一步增加难度依然较大。一是近年来银行利率持续下调，居民利息、红利等收益有所下降；二是金融体制尚不完善，城乡居民尤其是农村居民便捷透明的投资理财渠道较少；三是农民拥有的土地、房屋、集体资产股权等资产资源尚未得到有效激活，农村资产确权、赋权、活权改革推进程度还需加强，土地承包经营权、农户宅基地使用权等农村居民权益还不能有效产生财产性收入。

五 促进城乡居民收入持续较快增长的建议

在宏观经济环境复杂多变、实体经济经营压力较大的形势下，隐性失业风险依然较大、就业结构性矛盾未能化解、居民收入结构不尽合理等因素导致持续较快增收仍然面临较多困难。因此，各地各部门应紧紧围绕"高质量发展"主题，按照"1号"文件要求，不折不扣落实好"市富民增收39条"的具体部署，促进全市城乡居民收入持续较快增长。

（一）充分发挥政策能动性

1. 强化政策执行

坚持民生导向，系统梳理和整合各类居民增收政策，研究制定综合性的扶持政策和推进举措。加大宣传和执行力度，组织宣传服务专项行动。紧紧围绕"市富民增收39条"明确居民增收的主要目标、工作举措和保障措施。相关部门要对照目标任务，狠抓推进落实，强化督察考核，使每一项惠民政策落地生根、取得实效。同时建立政策申请的"绿色通道"，进一步精简审批事项、缩减办理流程，切实解决居民增收中遇到的问题和困难，确保政策尽快落地生效。

2. 提高施策精度

坚持问题导向，全面研究分析城乡居民在创业、就业中遇到的困难，针对创业资金需求，研究制定扶持小微企业贷款的相关优惠政策。拓宽融资渠道，完善担保、再保险、抵押等金融服务机制，推进城乡居民信用体系建设，搭建服务平台，提高创业融资能力。同时要重点围绕扶贫工作，扎实推进农村扶贫开发，着力解决当前收入不足的衍生矛盾。继续做好结对帮扶，确保所有低收入农户有人扶、有人帮，逐户制订帮扶工作方案，靠实脱贫增收措施。

3. 做好统筹协调

大力推进"乡村振兴"，加快完善城乡发展一体化机制，着力在城乡规划、基础设施、公共服务等方面推进一体化，促进城乡要素平等交换和公共资源均衡配置。畅通农民工进城落户通道，保护农民应有的权利。围绕"提低、扩中、调高"，着力推进收入分配制度改革，在初次、二次分配中都要兼顾效率和公平，进一步扩大中等收入群体规模。健全以税收、社会保障、转移支付为主要手段的再分配调节机制，确保发展成果更多惠及广大人民群众。加快"特色小镇"建设，加快农业转移人口市民化。同时巩固和完善农村基本经营制度，完善承包地"三权"分置制度，保持土地承包关系稳定并长久不变，保障农村转移就业人员土地收益权。

（二）突出重点补齐增收短板

1. 补齐特殊人群短板

近年来，通过强化外出农民工的培训组织、养殖罗氏沼虾、发展荷藕产

业等，全市范围内涌现出一批富民产业和致富能手。在带动面上增收的同时，帮助了一批贫困群体实现脱贫。应进一步推广脱贫工作的好经验好做法，按照有能力、有意愿、有经验的要求，针对城乡低收入户，科学合理安排结对挂钩对象，尽可能实现双向选择。牵好线搭好桥兜住底，分情况多层次发准力，确保低收入户实现高质量脱贫。

2.补齐收入结构短板

在全面完成农村土地承包经营权确权登记颁证的基础上，进一步明晰所有权，稳定承包权，放活经营权。通过延长农村土地经营权30年，提高农村居民增收潜力。进一步规范流转管理，鼓励、引导农户参与企业发展，以转包、出租、股份合作等形式流转土地承包经营权，参与农业生产和开发。针对传统种植业增收动力不足的现状，大力开展农业招商引资，积极引导推广"罗氏沼虾"等优势产业。充分发挥现有龙头企业的辐射带动作用，大力发展农产品精深加工业。同时以举办"两园"为契机，推进农村生态旅游业。建立新型职业农民培育对象数据库。加大农业信息技术推广与应用，实施农村电商培训万人计划以及"电子商务专业村镇"示范创建工作。

（三）立足就业提高收入

1.通过政策扶持提升企业稳岗能力

一是加强化解过剩产能的企业职工分流安置工作，落实税收减免、降低失业保险费率和援企稳岗补贴等政策，支持企业稳定岗位；二是通过评选"最佳雇主企业"等措施，营造良好的用工环境；三是继续开展创业大赛和创业明星评选活动，注重对核心团队重点人群的激励和扶持，加强典型就业引领和示范；四是注重就业服务信息化建设，加快新版就业管理信息系统开发，打造升级版的"智慧就业"数据服务云平台，提升就业服务水平。

2.通过技能培训提高就业层次

充分发挥高素质高技能人才的培训优势，通过政府引导、市场化运作，进一步整合职教资源，加快培训基地建设；进一步扩大劳动者培训的范围，提高大中专职业技校技能培训水平，着重提高劳动生产率，实现劳动报酬的增长与生产效率的提高同步、与人的素质提升同步。

3. 通过转变观念拓宽就业渠道

引导城乡居民尤其是高校毕业生转变就业观念。积极倡导失业人员通过临时性、季节性、弹性工作等灵活多样的形式实现就业。要积极推进离校未就业高校毕业生就业促进计划，实施离校未就业高校毕业生技能就业专项行动。对离校未就业高校毕业生实现灵活就业的，给予社保、租房等补贴。保护灵活就业意识，鼓励通过勤劳双手创造财富。从主观上激发就业潜能，从客观上营造就业氛围，促进城乡居民收入不断提高。

社会与文化发展报告

Social and Cultural Development Reports

B.16
扬州市深化监察体制改革研究报告

扬州市纪委市监委课题组*

摘　要： 按照中央、省委统一部署，扬州市纪委稳步推进全市监察体制改革，市县两级监察委员会均按时挂牌成立，实现与纪委的合署办公。纪委监委各内设机构也按照监审分离的要求有序组建，顺利完成了市县两级监察机关成立的阶段性任务。全市纪检监督、监察监督、派驻监督、巡察监督全覆盖的监督公权力格局基本奠定。

关键词： 监察体制　监察改革　纪检监察　监督

---

* 课题组负责人：仲生，扬州市纪委常务副书记、市监委副主任。课题组成员：赵志宏，扬州市委第三巡察组组长、市纪委常委；朱红梅，市纪委法规研究室主任；曹军，市纪委法规研究室副科职纪检监察员。

2016年11月8日，党中央发布《关于在北京市、山西省、浙江省开展国家监察体制改革试点方案》，确定在北京市、山西省、浙江省开展监察体制改革试点，为在全国推进国家监察体制改革积累经验。同年12月26日，十二届全国人大常委会第二十五次会议作出在该三省市成立监察委员会的决定，由该三省市的三级人民代表大会选举产生同级监察委员会，并与纪委合署办公。2017年10月，习近平总书记在党的十九大报告中指出："深化国家监察体制改革，将试点工作在全国推开，组建国家、省、市、县监察委员会，同党的纪律检察机关合署办公，实现对所有行使公权力的公职人员监察全覆盖。"这是对国家监察体制改革作出的总体部署。2018年3月，全国人民代表大会通过了宪法修正案，增加了国家监察机关设置和职能的规定，十三届全国人大一次会议通过了《监察法》，实现了监察监督工作有法可依。深化国家监察体制改革是贯彻落实习近平新时代中国特色社会主义思想的重大政治体制改革决定。

一 扬州改革的基本情况

（一）扬州市监察改革现状

2017年11月24日，江苏省委召开监察体制改革试点工作动员部署会。动员部署会前，省委书记主持召开了省深化监察体制改革试点工作领导小组第一次会议。会议审议并原则通过《市县两级监察委员会组建及内设机构设置指导意见》。随后，各地开展了紧锣密鼓的筹备工作。

扬州市纪委在上级机关统一部署和市委的正确领导下，稳步推进全市监察体制改革。2017年11月27日，市委召开全市深化监察体制改革试点工作动员会，提出了扬州市的监察体制改革试点方案和各项工作完成的序时进度，并制表挂牌上墙。全市快速形成了党委牵头抓总、纪委主抓直管、各相关部门协同配合的工作格局。市委书记亲自担任"施工队长"部署各项任务，纪委书记负责具体推进落实。经过与市人大、市检察院及市委组织部、

市编办等部门的多次沟通协调，争取了各有关方面的理解和支持。2017年12月31日前，全市两级检察机关反贪、反渎、预防、指挥办等相关部门人员148名（市级40人，县级108人）的编制、组织关系顺利划转至市县两级纪委。至2018年1月中上旬，伴随着全市两级人民代表大会陆续召开，市县两级监察委员会均按时挂牌成立，实现与纪委的合署办公。同时，纪委监委各内设机构也按照监审分离的要求有序组建，市纪委市监委设置4个纪检监察室（将逐步统一更名为监督检查室，下同）和4个审查调查室，各县（市、区）纪委监委也逐步分设到位。根据转隶人员年龄结构、专业背景等特点，主要安排在纪检监督、审查调查、案件管理、案件审理、信访等部门，原纪委机关干部、派驻机构干部也进行了调整重组，充分实现转隶人员与原纪委人员混合编排融合，顺利完成了市县两级监察机关成立的阶段性任务。扬州经济技术开发区在2018年10月份成立监察工作委员会，设7个内设机构，核定编制24名。当前，全市纪检监督、监察监督、派驻监督、巡察监督全覆盖的监督公权力格局基本形成。由于改革处于试点时期，有些工作还处于起步探索阶段，工作方式方法也有待完善，但开弓没有回头箭，改革将继续进行并正在深化。

（二）扬州市监察改革的特点

1. 横向到边

所谓横向，即市纪委和各县（市、区）纪委对同级机关、国有企事业单位的党组（党委）、党员和其他公职人员监督全覆盖无盲区。

（1）调整设立派驻纪检监察组。将原设置在各个单位的派驻纪检组的机构和人员编制重新核定并与原单位脱钩，统一收归各级纪委进行重新调整和布局，采取单独派驻和综合派驻方式，设立新的派驻纪检监察组，授予部分监察职能，发挥"派"的权威和"驻"的优势，既监督"一把手"和领导班子成员"关键少数"，又监督一般干部"绝大多数"，实现重点监督与普遍监督相结合。扬州市纪委市监委共向各市级单位派出纪检监察组织20个，另设立派管办作为管理和服务各派驻纪检组的专门机构，形成对市级机关、部门和国有企事业单位监督的全覆盖。各县（市、区）纪委也相继调整设立派驻纪检监察组，宝应县设立派驻纪检监察组21个，高邮市设立派驻纪检监察组15个，邗江区设立派驻纪检监察组15个，江都区设立派驻纪检监察组15个，仪征市设立派驻纪检监察组15个，广陵区设立派驻纪检监察组10个，初步实现了对所有党政机关和国有企事业单位公职人员的全覆盖。

（2）撤并检察院的惩防腐败机构。将检察院的反贪、反渎、预防和指挥办的职能整体划转至同级纪委，组建扬州市监察委员会和各县（市、区）监察委员会，与同级纪委合署办公。在领导班子和人员配备方面，配备一定比例兼具专业能力和管理能力的综合型领导人才，充实到纪委监委班子，实现交叉任职，充分实现监委审查调查的专业性要求和纪委的政治性要求的有机结合。同时要求纪委监委领导成员交叉任职人数不超过领导职数总数的三分之二，保证监察工作的相对独立性。

2. 纵向到底

所谓纵向，即全面从严治党向基层末梢延伸，上级纪委监委对下级纪委监委有双重领导的权力，各县级纪委监委对基层乡镇街道党组织和党员干部及公职人员均有监督约束的权力。

（1）优化巡察组织。发挥巡察为纪检监察工作提供问题线索来源的作用，以市委、县（市、区）委的名义成立若干巡察组，加大对地市级、县（市、区）和县级单位的监督力度。市委成立6个巡察组，不断深化政治巡察，及时发现被巡察单位的问题，提出整改意见。各县（市、区）委共成立29个巡察组。持续创新方式方法，探索对村和社区巡察的有效模式，印发《扬州市对村（社区）巡察全覆盖工作规划意见》，指导和规范基层监督工作，为在基层开展监察工作做好舆论宣传和思想准备。扎实做好巡察改革"后半篇文章"，制定《巡察整改情况督查工作暂行办法》，召开整改情况督查会，对被巡察单位整改措施逐一过堂检查。

（2）各县（市、区）纪检监察职能向乡镇（街道办事处）延伸。将原县（市、区）纪委的农村工作室统一改革为执纪监督工作室，设立针对各乡镇的派出监察员办公室，授予乡镇纪检干部必要的监察权限。目前，高邮、邗江已经开展县级监委派出监察员办公室试点，成立了相应机构，正在探索行使监察职能的方式方法。按照省纪委的统一部署，计划2018年12月前在各县市区全面设立监察员办公室，专门负责对乡镇级公职人员的监督，这将有效补上乡镇一级纪委缺少监察职能的短板。

3. 内部深化

所谓深化，即围绕全面从严治党的要求，建立健全相关机制，破除阻碍监督的藩篱。针对监督不顺畅问题，细化监督流程和协调配合措施，分设纪检监督、审查调查、案件审理、案件监督管理四大环节，分别由不同的纪委副书记、监委副主任、纪委常委或监委委员分管，形成既互相配合又互相制约的工作模式，从而实现有效的内部监督。目前，全市内部深化改革主要做了以下几个方面的工作。

（1）监、审进一步专职化分设。目前，全市两级纪检机关均已按照"四种形态"的类型实行纪检监督与审查调查分设，其职能基本涵盖了管党治党的"四种形态"。纪检监督室既联系地区又联系部门，与派驻纪检组各有侧重地开展日常监督。审查调查室负责调查公职人员的职务违法和职务犯罪，不联系地区和部门，实行"一案一授权"。

（2）管、查、审密切分工而又配合制约。案件线索受理管理与审查核查审理分离，健全了权力内控制度。突出强化案件管理室的监督管理职能与案件审理室的审核把关职能。对信访举报、线索处置、纪检监督、调查审查、审理等流程进行细化优化，制定了市纪委、市监委《信访举报交办件办理工作暂行办法》《线索管理处置办法》《自办案件立案前会商暂行办法》《案件介入审理意见》等规范性文件，制作了"留置措施流程图"等办案流程图，将操作的每一个环节、每一个步骤都具体化、规范化。

（3）纪律法律进一步贯通衔接。纪检监督、监察监督、派驻监督、巡察监督在实现对监督对象全覆盖的基础上，还基本实现了彼此之间的互相对接。下力气规范问题线索的收集和移交工作，防止出现有案不移、移而不处、拒不整改、不了了之的现象。要求巡察监督发现问题和线索后及时移送纪委机关案件监督管理部门研判分办，属于需要运用"第一种形态"处置的，交给纪检监督部门，纪检监督部门提出的处置意见要报经党风政风室核实把关，认为应当运用其他几种形态处置的，移交案件管理室重新分办；案件监督管理室认为属于需要运用"第二、三、四种形态"处置的，交给审查调查室处置；信访部门收到举报材料后，进行摘要交办，按照所涉干部管理权限分别转相应的派驻纪检监察组和案件监督管理室进一步分流处理。属于派驻纪检组管辖范围的，同时抄送相关的纪检监督室，督促派驻纪检监察组将问题和线索查办情况及拟处理结果报对应的纪检监督室审核把关。对于疑难复杂的问题线索，建立了相关部门的会商机制，并注意邀请审理部门和公诉部门的人员提前介入，必要时召开常委会监委会集体研究，统一事实、证据和结果处理的认识。

二 深化监察体制改革取得的成效

实行国家监察体制改革后，国家监察和党内监督成为管党治吏的一体两面，既由党的纪律检查机关对党员监督实现全覆盖，又由国家监察机关对所有公职人员的监督实现全覆盖，既防止了虚监，又防止了漏监，这种互补和统一在顶层设计上就体现了防止腐败的制度优势。这种制度优势必须转化为治理效能，否则再好的制度都是空中楼阁。扬州市经过广泛而深入的实践，探索了将监察职能向横向和纵向的边缘延伸，被监督者的工作方式、行为方式和生活方式发生了深刻变化，人民群众对党的信任度进一步增强，党风廉政建设和反腐败斗争压倒性态势已经形成并进一步巩固。

1. 健全了反腐败工作的领导体制

过去，反腐败力量分散。经过改革，全面加强了党的政治建设、思想建设、组织建设、作风建设、纪律建设，实现了各级党委统一领导党风廉政建设和反腐败工作，解决了过去行政监察范围过窄、反腐败力量过于分散等问题，全市三级党委和各单位党组（党委）的主体责任更加集中、明确和突出。纪委监委合署办公，不设党组，以常委会议和监委会议的形式进行集体决策，主任、副主任由纪委书记、副书记兼任，实行一套人马两块牌子，履行两种职能：一是对党员党组织违反党的纪律进行立案审查；一是在国家反腐败过程中对监察对象的职务违法和职务犯罪进行立案调查，便于纪法衔接和执纪执法相协调。

2. 实现了监督对象的全覆盖

过去，党纪处分和行政纪律处分偏重于对党员的监督处理，对行使公权力的非党员尤其是非行政机关的非党员的监督管理存在盲区。扬州市两级监察委员会成立后，尤其是国家《监察法》颁布实施后，对行使公权力的所有公职人员进行监督，弥补了过去只对行政监察监督的不足，监督公权力无空白。全市监察对象由过去的5.37万人增加到12.63万人，上升了135%，基本实现了监督对象的全覆盖。2018年1~11月份，扬州全市纪检监察机关共受理信访举报3260件，同比上升34%。处置问题线索3800件，同比上升103.1%，立案1719件，同比上升11.6%；其中，涉及县处级干部20人，同比上升6.7%，涉及乡科级干部110人，同比增长29.4%。全市共运用执纪监督"四种形态"处理3839人次，其中，运用第一种形态2525人次，占65.8%，同比增长131.4%；第二种形态1055人次，占27.5%，同比增长15.6%；第三种形态85人次，占2.2%，同比上升19.7%；第四种形态174人，占4.5%，同比增长9.4%。谈话函询556件次。四种形态结构更加优化，结果运用趋于合理，全市政治生态形势良好，制度优势正逐步转化为治理效能。

3. 改变了纪出多门、处分主体多元等不协调不统一的局面

过去，对国家工作人员和党员的约束比较分散，表现为：对行政机关的公务员适用《公务员法》的规定，由行政监察机关（监察局）处分；检察人员和审判人员则由检察机关和法院按照检察人员和审判人员的纪律规定处分；对于国有企业，又只对国有企业领导人员按照《国有企业领导人员廉洁从业若干规定》处理；对国有事业单位的规定则更加分散。纪委、行政监察机关、各单位党委（党组）、检察机关分别处置违纪、违法、犯罪，处置主体多，处理结果较为混乱，有时互不通气，如检察机关直接立案查处的职务犯罪案件，由于不经过纪委，有的甚至在被法院判刑移送监狱服

刑后还保留着党员和国家工作人员身份，党内监督轻重倒置，一味追求大要案，强调指标化、规模化，忽略"治小病"。处置顺序倒置，对有些党员干部的处置要等到案件被司法机关处理完结后才能对其进行党纪政纪处分，纪律走在了法律的后面。

改革后，将原来的行政纪律处分改为政务处分，并在国家《监察法》中予以明确规定，上升为法律概念，体现了国家意志，也折射了依规治党和依法治国的有机统一，利于实现党内监督与国家监察的互联互通。一是统一了纪律处分的主体。规定统一由各级纪委监委和当事人的主管部门按照干部管辖权限负责处分。根据《监察法》的规定，监察机关是履行国家监察职能的专责机关。因此，政务处分主要由各级监察机关及其派驻纪检监察组和其他派出机构负责。二是实现党纪处分与政务处分互相补充。根据违纪违法"四种形态"划分，党内轻处分的"第一种形态"占大多数成为常态，其他三种形态涉及职务违法和职务犯罪受到政务处分的应成为少数。三是实现了政务处分的依据即《监察法》与《纪律处分条例》《公务员法》等法律法规中纪律处分的依据有效衔接，使党内法规与国家法律在这方面的规定（原则、精神和处分种类）基本一致。当然，由于《监察法》是新法，《公务员法》的国有企业事业单位的纪律处分规定属旧法，应适当修改在先的规定，将之称为政务处分法规。对公职人员的职务违法和职务犯罪，通过党的纪律审查和监察调查，实现执纪监督和执纪审查在程序上的顺畅连接。党纪处分、政务处分和移送起诉均由国家监察机关依法处置，使党的纪律处分、政务处分、犯罪追究间不再存在空白地带，纪法衔接保证了监督的权威高效。四是实现了纪严于法、纪在法前。监察机关对所有行使公权力的人员的职务违法和职务犯罪进行调查，纪检部门同时对其违纪行为进行审查，这种"双立案"能使案件事实和证据同时使用，节省了人力、物力和财力，体现了对党员的要求比其他非党员的公职人员严格的思想。即如果被调查人是党员且其职务违法的行为构成犯罪，在监察机关调查终结移送检察院审查起诉前，由纪检部门先对党员违反党纪的行为作出党纪处分，再由监察机关对该公职人员作出政务处分，体现挺纪于前。

三 当前改革中存在的主要问题

任何改革都不是一帆风顺和一蹴而就的，监察体制改革没有先例可循，扬州市改革时参考的也仅是先期试点的三个省份的经验做法，且三省份的做法各不相同。因此，在全面试点阶段必然出现一些问题和不足，既有共性的。也有个性的，主要有以下几个方面。

1. 在构建和优化良好的区域政治生态方面举措不多

政治生态是衡量一个地区、一个部门和单位政治生活现状是否健康，主体责任和监督责任是否落实到位，党风政风社会风气是否纯正的重要指标。监察体制改革的目标和任务是通过对国家公职人员的监督全覆盖，落实从严治党、从严治吏的责任，实现政治生态优良、社会风气清正，为其他建设和改革营造风清气正的良好环境，最终实现国家治理体系和治理能力现代化。为探索对一个地区、部门、单位精准画像的有效办法，2018年初，省纪委确定苏州、泰州等五市为构建地区政治生态监测预警与分析研判机制试点地区，并下发试点工作方案，确定了全省开展政治生态评价的总体框架。扬州市虽不是试点地区，但为了以后能够与省纪委工作部署顺利衔接，市纪委决定选择党风政风社会风气较好的邗江区作为扬州市整体政治生态评价监测预警与分析研判机制试点地区。试点工作以江苏省纪委办公厅18号文件《构建地区政治生态监测预警与分析研判机制试点工作方案》中明确的四个方面数据为评价体系的基本框架，参照省委巡视办《关于对被巡视县（市、区）党组织政治生态开展专项研判试点工作的指导意见》所列的八项指标，要求该区6月底前形成指标体系，7、8月份在邗江区各乡镇和部门进行试测和试评，9月份形成评价结果和试点成果，力求在预警监测、研判处置、指标设置、结果运用、制度建设等方面探索、总结出一套较为成熟可以复制推广至全市的经验和做法。目前，这项工作稳步推进、进展顺利，邗江区已完成监测指标体系的制定，正在一些乡镇和单位进行试测，并不断修改完善，力求指标体系科学合理实用。

扬州市的政治生态系统总体较好，没有出现政治上"两个维护"不力方面的问题，没有出现地区、部门、单位塌方式腐败现象。但我们应当清醒地认识到，随着各项改革攻坚破冰和深化推进，党风廉政建设和反腐败斗争必然会出现一些新情况新问题，有的情况和问题也许处于隐藏状态还没有发现，如果稍微掉以轻心，政治生态脆弱的一面就可能暴露出来，我们尽力营造和维护良好环境的各种努力就会前功尽弃。因此，我们要始终绷紧法纪这根弦，持续做好政治生态的维护、巩固和优化工作，防止、阻止出现倒退和恶化。要注意思考谋划建立一些长效机制，可以说目前扬州市在这方面做得是不够的。如各地区各单位主要负责人这一"关键少数"的党性是否坚定和纯洁的考察标准，选人用人的政治关、廉洁关、形象关如何细化，三大攻坚战的常态化跟踪监督机制等等，有的地区和单位甚至尚未意识到政治生态建设的重要性、经常性和艰巨性，往往挂在嘴上停在纸上，这些反过来又冲淡监察体制改革的成效。

2. 在推进纪法贯通、法法衔接方面顶层设计不明确

监察体制改革虽然改变了过去纪出多门、处理主体多元、适用依据分散、违纪违法杂糅、党纪政纪处分和刑事犯罪割裂等不合理现象，但纪法顺畅贯通、法法无缝衔接的任务远未完成。目前，监督执纪工作规则适用对象是党员，监督手段也只对党员适用，对非党员的公职人员的监察监督《监察法》规定得较原则，能否参照监督执纪工作规则中对党员的监督手段，没有系统和集中明确的规范。有的地方探索总结了一些类似党纪监督的手段方法，但又不具有权威性。有的地方和部门对纪委的监督、执纪、问责与监委的监督、调查、处置职责理解还不准确，对纪法彼此如何连接贯通思路不清晰，监察监督工作流转程序也不规范。

（1）同一位阶的多个纪律规定不一致，导致适用困难。这里，我们主要调研了两个领域的突出问题。

一是监察机关在对农村基层开展监察监督时存在的问题。①对农村基层干部中非党员干部进行政务处分的依据不明确。目前对农村基层非党员干部实施政务处分的只有《农村基层干部廉洁履行职责若干规定（试行）》，而

这个规定中对村党组织领导班子成员和村民委员会成员只禁止了5类事项：禁止在村级组织选举中拉票贿选、破坏选举，禁止在村级事务决策中独断专行、以权谋私，禁止在村级事务管理中滥用职权、损公肥私，禁止在村级事务监督中弄虚作假、逃避监督，禁止妨害和扰乱社会管理秩序。由于没有兜底条款，列举情形不全，与《监察法》第11条规定的监督内容还包括依法履职、道德操守等方面不一致，一旦出现这种情况，监察处理依据不明。《农村基层干部廉洁履行职责若干规定（试行）》《公职人员政务处分暂行规定》均由中纪委制定发布，应属同一位阶，是适用新法优于旧法，还是适用特殊法优于普通法，颁布时没有明确，《农村基层干部廉洁履行职责若干规定（试行）》是旧法，按理说适用新法《公职人员政务处分暂行规定》，但《农村基层干部廉洁履行职责若干规定（试行）》又是特别法，《公职人员政务处分暂行规定》是普通法，按法理又可优先适用特别法。而《监察法》是国家法律，与上述两个党内法规的位阶关系不明，导致监察监督时适用法律依据较乱。②对基层组织管理人员采取监察措施执行难。根据《村民委员会组织法》，村民委员会是群众性自治组织，实行自我管理、自我教育、自我服务，其主任、副主任、委员由村民直接选举产生，任何组织或个人不得指定、委派或撤换村委会成员，乡镇人民政府只是对其实行工作指导，不得干预村民依法自治内的事项。按照《公职人员政务处分暂行规定》第11条第4款，对基层群众性自治组织中从事管理的人员给予责令辞职等处理的，由县级监委向其所在的基层群众性自治组织及上级管理单位（机构）提出建议。如果村委会成员违法，监察机关能否依据《监察法》对村委会成员作出警告、记过、记大过、降级、降职、开除等政务处分，是否适用《公职人员政务处分暂行规定》采取警示谈话、通报批评、停职检查、责令辞职，同时提出取消当选资格和罢免等建议。如果按照《监察法》处置了，如何执行？如果按照《公职人员政务处分暂行规定》提出责令辞职、罢免等监察建议，又由谁来执行，如何操作，是重新进行选举还是设定其他什么程序？由于没有明确规定，导致实践中难以追究问责，难以整改落实。

二是监察机关对非职务违法、非职务犯罪的非党员公职人员开展监察监督时存在的问题。①对于普通违法或普通刑事犯罪行为的处置缺少规定。《监察法》第11条第3项规定的"对违法的公职人员依法作出政务处分决定……",这个"违法"是否涵盖非职务违法的公职人员,按照监察对象是对从事公务的所有公职人员的全覆盖精神,理应包括在内,即这个"违法"包括党员和非党员公职人员的非职务违法、职务违法、职务犯罪。对于其中的党员适用党纪处理,这好理解,而对于其中的非党员如何处理,如民主党派机关等单位的非党员公职人员未发生职务违法、职务犯罪而从事了故意杀人、破坏治安秩序等普通违法犯罪行为,那监察机关肯定要处理。但如何处理,程序是啥,是与公安机关一起介入侦查,还是等公安机关侦查完结后材料移送,即使移送了,监委要不要重新制作相关材料,还是直接采信,目前缺少规定。②对于违背职业纪律或单位纪律的行为的处置缺少规定。仅违背职业纪律或单位纪律的非党员公职人员如何处理呢?如有些违反社会公德、家庭美德的行为,只是违反生活纪律,因为纪律不等于法律,这时不能说其违法了按照违法的情形来处置。如不构成违法,那其是否受《监察法》调整?同样的理由,只要是公职人员就要受《监察法》调整,而不论其是违纪还是违法,而且监察监督已经扩大到道德操守等情况。那么,既然受《监察法》调整,其一般违纪行为可否采用谈话、函询等类似对待党员违纪"第一种形态"的方式处置问题线索?《监察法》只在第11条第1项原则规定"对公职人员开展廉政教育,对其依法履职、秉公用权、廉洁从政从业以及道德操守情况进行监督检查",究竟如何监督检查,没有进一步的规定,如果不能采取"谈话、函询"等方式那又有哪些方式,实地考察?查阅资料?还是意味着要采取初核方式和立案调查方式?如果不能采取前面的方式,那采取立案调查的方式可以采取调查强制措施收集证据,意味着处理程序比党员要严厉得多,这明显与我们强调的对党员要比普通人要求严格的理念不符。假如按照第18条第1款规定:"监察机关行使监督、调查职权,有权依法向有关单位和个人了解情况,收集、调取证据……"这里规定可以向有关单位和个人了解情况,就表明可以面对面谈话了解,也可通过单位了解,理论上没有问题,实践中也可以操作。关键是后果如何,可否也像

"第一种形态"一样可以了结、提醒谈话、诫勉谈话等，还是适用中纪委下发的《公职人员政务处分暂行规定》，给予警示谈话、通报批评、停职检查、责令辞职等。但这样又会出现依据《监察法》成为监察对象，但处理上却依据了中纪委的党内法规，而非党员怎样依据党内法规？

（2）同一位阶的法律之间存在衔接不畅。主要表现为《监察法》与《刑事诉讼法》衔接不畅。二者同为国家法律，但由于制定背景和时间不同，在一些规定上出现了不一致不协调情况。就拿留置来说，公安机关对被盘问人最长留置时间是 72 小时。《刑事诉讼法》中检察机关对职务犯罪嫌疑人的最长侦查羁押时间仅单个罪名经过延长就可达 7 个月，发现漏罪可再按此重新计算侦查期限。《监察法》现有规定留置最长期限为 6 个月，没有规定留置期间发现新罪重新计算留置期限，是否意味着留置不管出现什么情况，最长就只有 6 个月，还是制定时立法者忽略了这个问题？再如，追诉时效问题。《刑事诉讼法》和《刑法》规定犯罪嫌疑人承担刑事责任是受追诉时效限制的，时间长短根据其所犯罪行的最高法定刑确定，最长不超过 20 年。但纪律处分没有时效限制，只是明确了重点查处十八大以来的顶风违纪行为，意味着党纪是终身追责的。这导致在对行为人进行纪律处分后，对涉嫌职务犯罪但过了追诉时效的事实要不要再移送检察机关审查起诉或决定不起诉，还是自己撤销案件？按照《监察法》第 45 条规定的 5 种情形，并没有规定已过追诉时效的情形是撤销案件还是移送检察机关作不起诉决定，导致无法可依。另外，移送检察机关的案件，检察机关要不要启动立案程序，有人认为纪委监委是政治机关，不是司法机关，其查办的案件进入司法程序应该由司法机关再行立案方能启动刑事诉讼程序，以解决程序不完备质疑问题。依法留置的案件进入审查起诉环节是直接逮捕还是先行刑拘、当转换成逮捕强制措施后需要退回补充调查时，在监察环节羁押状态如何换押；认罪认罚和自首、立功的认定在移送检察机关前要报上级监委同意，一旦起诉、审判结果不认为是认罪认罚和自首立功如何解决矛盾等等，这些都是理论界关心、实践中要解决的问题。

（3）纪律法律之间有壁垒但需要贯通。纪律和法律分别属于党内法规体系和国家法律体系，两者作为中国特色社会主义法治体系中治理党和国家的工具，相互促进，互为补充。一般来讲，纪严于法，纪在法前，违法必违纪，违纪达到一定程度将转化为违法。但毕竟两者是两个独立的体系，各自调整的关系和对象不完全一样（前者是党组织与党员的党内活动关系，后者调整的是人与人间的社会活动关系），因此，两者存在壁垒隔断也很正常，完全融合是不现实的，更不能等同。但这不能成为二者互不相通甚至存在矛盾冲突的理由和借口。例如，国企、学校、医院等国有单位的有关人员，如果是党员且行使公权时违法犯罪，既要适用党内法规又要适用《监察法》等国家法律。如果党员没有利用管理职权违法犯罪就不能适用《监察法》处理。如果这些单位的非党员在行使管理职权时违法犯罪不能适用党内法规，只能适用《监察法》，如果此类人员中的非党员没有行使公权力既不能适用党内法规，也不能适用国家法律，对其平时的行为开展日常监督则只能适用单位内部规范、行业规范和职业纪律约束，这时党内法规和国家法律彼此分明不可混合适用。事实上，党内法规和国家法律在证据适用规则、裁量规则等方面已经基本保持一致，说明我们在立法时已经注意到互相借鉴吸收和对接呼应。实践证明，纪委监委合署办公的体制优势，使纪委监委对违纪违法的党员公职人员实行"双立案""双处置"时，在收集证据和认定事实方面认识趋于统一，避免出现重复制作两套材料甚至内容不一致的材料，从而使收集的证据能够在纪检和监察两个"立案"中互相通用，防止重复劳动。这种适用依据的叠加性和处理过程的统一性已经体现出纪律和法律间没有不可贯通的障碍。

这里，有种现象再次证明纪法贯通是必要的，也是可行的。即国家法律体系中不仅有的法律包含了纪律处分的条款，甚至已经有专门规定纪律处分的单行行政法规和部门规章，如《行政机关公务员处分条例》就由国务院制定颁布，属于行政法规；《事业单位人事管理条例》《事业单位工作人员处分暂行规定》由国务院人力资源和社会保障部门制定，属于部门行政规章，同样属于国家制定法体系。即将制定的"政务处分法"也将进入国家制定法序列。

3. 在开展全面监督的同时存在监督交叉和缺位

由于监督对象数量庞大，监督力量又很有限，全面监督必然出现监督不力，多头监督、交叉监督、重复监督的现象又在改革初期出现，进一步冲击监督的效果。

（1）党风政风监督室、纪检监督室与派驻纪检组监督交叉重复。《执纪监督规则》对各纪检监督部门的工作职能和监督对象规定就存在职责交叉重叠现象，导致基层在履行职责时出现困惑。

一是党风政风监督室的职能需要调整和转变。江苏省在试点阶段增强了党风政风监督室的综合协调职能，赋予运用"第一种形态"处置案件的审核把关职能。党风政风监督室作为纪检机关最初的监督部门，其传统职能主要有：协调贯彻执行党的路线方针政策和决议、国家法律法规等情况的监督检查；综合协调党风廉政建设责任制和党政领导干部问责、作风建设、廉洁自律等制度规定的落实，开展党风政风监督专项检查；督办查处"四风"问题线索，定期通报有关情况和典型问题；综合协调集中整治和督查督办群众身边的腐败问题，深入推进基层党风廉政建设等。可见，党风政风监督室本来具有一些直接和专职监督职责。调整后，党风政风监督室的直接监督职责大多改为通过相关纪检监督室开展，其只负责制订方案、布置任务、组织协调、汇总分析上报等牵头抓总的综合性职能。原来党风政风监督室可以直接监督的任务逐步转交给了纪检监督室落实完成。同时党风政风监督室对各纪检监督室运用"第一种形态"处置的案件进行审核把关。刚开始，相关内设部门并不适应，工作存在磨合。比如，对四个纪检监督室联系的地区和单位要部署"四风"检查任务时，就曾遇到过是党风政风监督室直接给各县（市、区）、各有关单位提要求，让他们落实和上报完成情况，还是通过相关纪检监督室联系督促落实认识不一致的情况，现在经过一段时间的磨合，党风政风监督室的工作已经变得相对超脱。

二是纪检监督室与派驻纪检组的关系需要理顺。纪检监督室既联系地区又联系部门，在联系部门时与各派驻纪检组的监督职能发生交叉重叠。纪检监督室的监督方式和手段是谈话、函询，而派驻纪检组的监督方式相对灵活多样，而且根据授权还有调查处置权。这几个部门均是平级部门，由于对外均代表市纪委市监委，这就更需要理清职责权限，加强统筹协调配合，努力让多股力量互相借力，形成监督合力。由于《执纪监督规则》规定都可以开展日常监督，要么争着监督，要么互相推诿，导致监督要么交叉，要么不到位，二者工作关系也难以理顺，也不易发现各单位的突出问题形成监督聚焦。如何在保证监督全覆盖的前提下，既避免多头监督影响效率效果，又避免互相推诿出现监督盲区，既加强配合，又体现制约，需要理顺关系。当前，这种状况全省普遍存在，甚至还要持续一段时间。我们应正确看待这种现象，一方面是试点期间肯定有不完善之处；另一方面，这是加强内部权力制约的途径之一，在交叉监督暂时不能避免的情况下，需要我们积极探索协调配合的新路径。可以将纪检监督室与派驻纪检组的关系定位为业务指导与被指导的关系，根据干部管辖权限在各自范围内负监督主责，在都可以监督的范围内互补性地开展监督，纪检监督室对派驻纪检组所办案件有审核把关职责。这样形成各有侧重又错位监督的工作格局。

三是纪委监委机关内设部门与派驻纪检监察组和派管办的关系也不太顺。调研发现，多数派驻纪检监察组反映，当前，党委机关各部室存在多头发文多头联系的现象，导致他们耽误主业、忙于应付。他们认为，派管办是为各派驻纪检监察组服务的综合协调和后勤保障部门，其他部室对各派驻纪检监察组提要求发通知时应加强与派管办的沟通，由派管办与各派驻纪检组联系，而不是直接发通知给各派驻纪检监察组，而且只能在涉及综合性事务方面，对于办案业务性工作则由相关纪检监督室与他们联系。

（2）基层监察监督缺位。虽然改革的初衷是实现对国家公职人员监督的全覆盖，但在乡镇、街道、农村基层，监督面广量大，由于非党员居多，党纪监督约束不了，监察监督机构又不健全，监督力量薄弱。实现全覆盖，首先机构要健全。要健全基层监察组织，打通监督的"最后一公里"。目前，扬州市只有邗江、高邮两地成立了监督乡镇公职人员的派出监察员办公室，由乡镇的监察员负责履行除留置处理外的监察监督职能，但由于人员配备还未到位，履职尚未正常开展。另外，各功能区纪工委的监察机构也不完善，目前，只在扬州经济技术开发区成立了监察工作委员会，其他园区未成立相应的监察机构，导致这些区域对非党公职人员和党员的职务违法犯罪难以开展审查调查。

四　解决之策

1. 探索建立区域性政治生态评价体系

考核考评是督促我们开展工作的动力和抓手，科学的考评机制和合理的考评方式能够为行为提供正确的指引。由于政治生态建设和考评全国尚处于探索起步阶段，目前还没有成熟的做法。江苏省出台了一个试点测评的暂行办法和方案，将指标分解到党委和政府的相关部门实施，但存在需要完善的地方。

（1）科学设置政治生态评价指标。要建立健全科学合理的考核评价体系，保证考核过程和考核结果公平公正，这样才能保证考核的信任度和支持度。指标体系的标准化制订本身就含有科学务实的态度和深入实际的精神，各种指标均要围绕政治性要求设计，出发点和落脚点应侧重于党风政风社会风气的清正廉洁、公平正义。

首先，考察评价"一把手"是否讲政治。政治信仰、政治立场、政治态度、政治制度建设等因素，应成为衡量一个地区、一个部门"一把手"是否讲政治的首要标准，甚至可以作为一票否决的标准。考核政治生态看似考核一个地区和单位整体的政治生活情况，实际还是评价各地区各单位领导班子尤其是主要负责人这一"关键少数"的党性是否坚定和纯洁。因此，这一指标体系也必须包含对作为班长的"关键少数"的考核评价内容，这也是督促其履行主体责任的有力抓手。可以侧重考评"两个维护"、大局观念、群众观念、意识形态、配合上级巡视巡察、遵纪守法、民主集中制执行情况、贯彻落实上级决策和部署、重大个人事项申报情况、重大单位事项请示报告情况、应对重大事件或突发事件的政治敏锐性、鉴别力等方面，运用听取汇报、检查台账、走访了解、效果跟踪、民主测评等手段进行。

其次，考察评价当地各级党委、党组织是否认真履行主体责任、纪委监委是否认真履行监督责任。"两个责任"的落实情况一直是衡量一个地区、部门或单位是否敢于自我约束、自我纠错的标志。可从各级党委、党组织党风廉政建设工作布置、措施方案及落实情况，纪委监委执纪监督问责是否敢于顶真碰硬和开展"一案双查"，党风廉政建设和反腐败工作机制建立健全及运行情况，各地各单位权力内控和廉洁风险点防控情况，党内问责情况，党员干部和群众对该地区该单位反腐败情况的满意程度等方面着手。

再次，考察评价党委党组在选人用人、政商关系、廉洁自律等方面是否公正和正常。可以从有没有贯彻执行德才兼备、以德为先和把好干部廉洁关、形象关等要求，有没有理顺政商"亲、清"关系和切实推进"放管服"改革，有没有违反"八项规定"及细则精神，腐败现象是否多发频发等方面着手。

最后，考察评价指标量化可操作。可以设定正向加分指标，如贯彻执行民主集中制情况、重大事项请示报告情况、党群干群关系情况等；也可设定反向负面清单减分项目，如地区单位廉洁腐败情况、党内问责情况等。考核评价要坚持定量与定性相结合，当现有的方法暂时不能满足定量需要或无法量化时，则采取定性分析的方法，运用"有或无""优秀、良好、一般、较差"等指标来衡量。

（2）合理设计政治生态评价程序。要明确由哪个单位来实行考评，可由各级纪委监委的党风室负责组织并召集纪检监督室、审查调查室和派驻纪检监察组等进行。改革试点中，党风室被赋予了牵头抓总和协调的职能，其平时掌握的情况也多，实施考核评价比较顺当。考核评价程序可以设计成各单位自评、同级各单位互评、上级对下级的集中考评等多种形式相结合的模式。还要设定申诉救济途径，出现考核偏差时可以补救。设定指标是为了考核准确，考核又是为了运用结果。这就要求考核评价要客观公正，要发挥政治生态评价指标对政治生态建设的正面导向作用，要一视同仁，"一把尺子量到底"，不搞变通评价和选择性评价，让考核评价结果真正令人信服。要将政治生态评价结果作为党风廉政责任制检查考核、政府绩效考核、干部考核奖惩的重要依据，鼓励先进、鞭策落后，引导全体党员干部切实增强维护良好政治生态的责任感和使命感。

（3）致力于建立健全制度长效机制。制度带有根本性、全局性、稳定性和长期性。要充分发挥制度治本的作用，及时把实践中创造的好经验好做法总结上升至规范化制度层面。重视制度建设是各级党组织政治成熟的标志，是从源头上把好政治生态不被污染的有效手段，也是确保政治生态长期良好和不断优化的长效举措。一个明规则缺乏、潜规则盛行、风气不正的部门和地区，其党群关系、党内关系、政商关系必然不和谐不正常，暴露出来的各种"山头主义""圈子文化""塌方式腐败"等"小气候"也必然祸害一方。有的部门和地方问题暴露出来后出现"头痛医头、脚痛医脚"、树倒病根在、治标未治本、病急乱投医等现象，就反映了制度不健全不落实造成人们行为没有指引、没有遵循、没有约束的问题。为此，对于实践中探索完善的政治生态建设成果，要善于及时用制度的形式固定下来。

2. 进一步推动纪法贯通、法法衔接

党内纪律法规保障了党的理想信念、宗旨纲领、目标任务的实现，是处于执政地位的共产党员的底线。法律法规体现的是国家意志，是全体公民的底线。对特殊群体的纪律要求要严于国家法律对普通公民的要求，对党员的要求要比一般公民要求高。作为国家公民中的先进分子共产党员不仅要严格遵守党的纪律，还要模范带头遵守国家法律法规。正如前文所言，纪律法律不是彼此分割互不联系的两极，两者的有些原理原则制度基本上是互为借鉴保持一致的，需要我们在实践中加以贯通式地运用。

（1）正确树立纪法分开不是纪法割裂的认识。纪法分开是党探索管党治党的新实践，是理论创新之举，也是规律性认识。我们在执纪的同时，要加强对是否涉嫌职务违法犯罪的评估审查，而不是仅负责执纪，实际上是对六大纪律和职务违法犯罪的"6+1"同步审查。同样在审查调查职务违法犯罪时，也要注意审查其是否违纪，一般而言，违法必然违纪。在移送职务犯罪材料至审查起诉前，是党员的要先行进行党纪处理，实行"先处后移"，不能带着党籍进看守所和监狱。监察体制改革实现纪委和监委的合署办公，为纪法贯通创造了良好的条件。纪检监察人员要不断更新理念，树立正确的执纪观，既不能以纪代法，也不能以法代纪；既要认识到办大案要案是成绩，也要认识到严肃执纪纠小错也是成绩；既要抓早抓小使纪律真正严起来，又要防止干部滑向违法犯罪的深渊，实现执纪执法同向发力的一些规定。

（2）尽快修订《刑事诉讼法》，细化国家《监察法》，让两法衔接配套。一方面，国家《监察法》规定比较原则，具体适用规范还需相应的实施细则和解释，如与检察机关立案案件管辖的分工、自身查办案件时的管辖、对非党员公职人员的政务处分手段和结果、对乡镇（街道）及村委会（居委会、社区）基层组织中的公职人员的监察组织如何设置和如何开展监察监督等方面的工作亟待进一步明确。要抓紧研究制定县级监委向乡镇（街道）派出监察办公室的指导意见，明确乡镇（街道）监察办公室的机构设置、干部任免、领导关系、监察范围、监察职责、监察权限，真正实现监察监督全覆盖。另一方面，《刑事诉讼法》需要回应和解决调查与司法审查案件移送相衔接、强制措施相衔接、检察机关对监委调查审查的法律监督、逃亡职务犯罪嫌疑人的缺席判决、没收死亡职务犯罪嫌疑人的违法所得等程序缺失。否则法法衔接将成为一句空话。

（3）建立健全内外沟通协调机制。加大纪法衔接的实践力度。一是加强执纪执法部门内部的协作配合。在全市范围内实行执纪监督和执纪审查部门分设，体现纪法分工，强化"四种形态"的转交办理流程，通过案件管理室的评估转交，体现纪法转换；规范问题线索受理、审批、分办、处置等运行程序，形成既互相衔接又相互制衡的工作机制，打通纪检监察业务全面运行的阻隔。加强审查调查部门与审理部门的沟通协作，重大、疑难、复杂案件主动请审理室派员介入，引导调查和取证，推动执纪审查工作以审理为中心。二是加强纪委监委与外单位的协作机制建设。纪法衔接不仅是对党的纪律检查机关的要求，而且几乎对所有的党政机关、企事业单位都适用。例如，2015年1月30日中共中央办公厅印发的《关于在查办党员和国家工作人员涉嫌违纪违法犯罪案件中加强协作配合的意见》要求，纪检监察、审判、检察、公安等机关在查办党员和国家工作人员涉嫌违纪违法犯罪案件时要加强协作配合。2016年11月实施的《中国共产党党内监督条例》第37条第2款规定，执法机关、司法机关依法立案查处涉及党的领导干部案件,应当向同级党委、纪委通报。根据纪在法前的要求,只要执法机关、司法机关依法立案查处涉及党员干部案件,就应当及时向同级党委、纪委通报,不局限于党员领导干部违法案件。广大行政执法机关和司法机关应认真落实上述文件精神,主动向纪检监察机关移交涉及党员违法的材料,由纪检机关审核其有没有触犯党纪、是否应予追究纪律责任。根据执纪执法的新形势新实践,各地纪检监察机关亟须细化上述规定,主动加强与公检法的联系,推动执法调查工作以审判为中心;牵头建立健全通信、统计、审计、行政执法等单位或部门的有机协作配合机制,加强在信息查询、措施适用、案件查办、提前介入、案件会商、移送起诉等方面的工作协作,确保纪法贯通、法法衔接落到实处。

3. 加强纪检监察队伍建设

(1)抓紧解决市县监督力量薄弱的问题。市县两级派驻纪检监察组普遍存在编制少、专职监督力量不足,国有企事业单位单独派驻的比例偏低,应加快解决这些矛盾,着力打造纪律、监察、派驻、巡视巡察监督上下联动、无缝对接、高效协作的监督新格局。

(2)时刻加强自身建设。打铁还须自身硬。当前,纪检监察队伍中存在执纪执法人员的素能与监督工作的新形势和新任务不完全适应的情况。监察体制改革后,监察对象大幅增加,又出现了工作多而力量少的矛盾。与"纪律和法律双精通,执纪和执法双过硬"的要求存在差距。一些地区、部门的办案思路、模式、方法还处于"过去式",无法适应形势需要;一些同志在办案中偏执一端,要么注重纪律忽视法律,要么强调法律忽视纪律,有的甚至把执纪程序和执法程序混淆适用;有的审查调查部门在调查取证、定性量纪、罪名适用上标准不统一、尺度不一致;有的与司法机关沟通衔接不顺畅;等等。这些都对纪检监察干部的业务技能提出了更新更高的要求。

(3)尽快实行监察官制度。制定"监察官法",推进监察队伍专业化建设,对监察官的职责、权限、义务、任职条件、任免程序、考核、奖惩等作出规定。加强学习教育培训和轮岗,不断提升监察官的理论和实践水平,更好地承担起新形势下监察监督的重任。

B.17
2018年扬州文化产业发展研究报告

陈 峰*

摘 要: 扬州市文化产业以建设国际文化旅游名城、将文化产业发展成为支柱产业为目标,坚持创意设计引领、融合发展支撑、资源活化生根、平台打造为重,文化产业保持平稳较快发展态势,产业的影响力、集聚度和贡献率不断提升。

关键词: 文化产业 产业规模 产业结构

一 2018年扬州市文化产业发展概况

1. 产业规模逐步提升

2017年扬州市实现文化产业增加值217.74亿元,近五年来年均增长13.7%;占GDP比重为4.3%,占比排名全省第6位,比2016年提升一位。全市"三上"文化企业①388家,比2012年增加190家(见表1)。

---

* 陈峰,扬州市委宣传部。
① "三上"文化企业指规模以上文化制造业企业(年营收2000万元以上),限额以上文化批发和零售业企业(年营收2000万元和500万元),规模以上文化服务业企业(年营收500万元以上或从业人数50人以上)。

表1 2012~2017年全市文化产业统计主要指标情况

年份	文化产业增加值（亿元）	文化产业增加值占GDP比重（%）	"三上"文化单位数（家）
2012	114.69	3.91	198
2013	131	4.03	207
2014	149	4.03	268
2015	162.3	4.07	258
2016	189.39	4.26	326
2017	217.74	4.3	388

2. 产业结构持续优化

扬州市文化产业以制造业为主，但通过近年来的努力，服务业占比不断提高，2017年文化服务业增加值54.94亿元，占全部文化产业增加值的25.2%，比2013年提高8.5个百分点。传统制造业质态提升，扬州市毛绒玩具供应量占全国总量的一半，全市玩具注册企业1000多家，吸纳从业人员15万多人，其中规模以上毛绒玩具制造企业35家，年开票销售近10亿元、入库税收近6000万元；宝应曹甸以建设"中国教玩具城"为目标，全镇文体教玩具企业已发展近370家，年销售额近50亿元；江都获中国轻工联、中国文房四宝协会授予的"中国毛笔画笔之都"称号，全区从事毛笔、画笔制造及配套的企业达400余家，从业人员近万人，已成为全球知名的制笔产业基地。文化创意与相关产业融合发展步伐加快，瘦西湖景区通过与台湾"神话言"等知名文创品牌合作，推出"瘦西湖游礼"系列文创商品，预计全年文创营收超2000万元；喜马拉雅FM、上海咪咕视讯、爬山虎科技等一批文化科技企业相继落户，全市13家企业入选省重点文化科技企业；以"文化名师工作室"为代表的"非遗"文创渐成潮流，扬州漆器厂推出的家居漆画、扬州博物馆推出的霁蓝釉白龙纹梅瓶魔方等商品广受好评。

3. 产业动能不断积聚

重大项目加快推进，蜀冈—瘦西湖景区总投资150亿元的华侨城文化旅游综合项目、江都总投资100亿元的光线传媒扬州影视产业基地项目相继落户，邗江总投资30亿元的天山海世界文旅特色小镇一期项目开工建设。产业载体扩容提质，通过 PPP 方式总投资 57.73 亿元的湾头玉器特色小镇启动一期项目建设；邗江依托五亭龙玩具城，启动建设玩具交易物流、创意设计、质量检测三大中心，将进一步打造链条完整、功能完备的毛绒玩具特色小镇；落子甘泉的扬州琴筝文化产业园已招引琴筝企业约 40 家，一期项目于 12 月 15 日开街；邗江壹點文创园定位"文创+生活"街区，已入驻项目及企业近 30 家，预计全年园区总营收达 3000 万元以上。企业主体培育壮大，骨干企业支撑明显，2017 年全市 388 家"三上"企业中 1 亿元以上企业 83 家，累计营收 321.5 亿元，占全部"三上"企业营收的 81.5%，其中 5 亿元以上企业 13 家，10 亿元以上企业 4 家；中小企业发展加速，2018 年 1~6 月，全市重点监测的 863 家"三下"企业实现总营收 25.71 亿元，同比增长 9%，实现增加值 8.96 亿元，同比上升 12.7%。

二 扬州市文化产业发展存在的现实问题

在肯定成绩的同时，我们也应清醒地看到，扬州市文化产业发展仍然比较薄弱，一些长期困扰扬州文化产业的问题尚未得到明显改善。

一是产业规模仍然偏小。从全省看，2017 年扬州市文化产业增加值占比 4.3%，虽列全省第 6 位，但前 5 名占比均已超过 5%（见表 2）；"三上"企业 388 家，仅列全省第 8 位。

表 2 2017 年江苏省及各市文化产业增加值情况

地区	文化产业增加值（亿元）	文化产业增加值占 GDP 比重（%）	占比变动（百分点）	位次	"三上"文化单位数（家）
全省	4302.68	5.01			7455
南京	703.07	6.00	0.00	1	1543
无锡	450.08	4.28	0.00	7	571
徐州	240.99	3.65	0.11	11	348
常州	383.79	5.80	-0.12	3	785
苏州	1007.76	5.82	-0.05	2	977
南通	391.89	5.07	0.16	4	879
连云港	95.77	3.63	0.12	12	238

续表

地区	文化产业增加值（亿元）	文化产业增加值占GDP比重（%）	占比变动（百分点）	位次	"三上"文化单位数（家）
淮安	144.16	4.26	0.00	8	410
盐城	193.79	3.81	0.22	9	518
扬州	217.74	4.30	0.04	6	388
镇江	207.41	5.05	-0.36	5	284
泰州	165.54	3.49	0.18	13	298
宿迁	98.99	3.79	-0.22	10	216

二是产业结构不合理。文化制造业在扬州市文化产业中占绝对大头，但多为传统的劳动密集型加工生产企业，近年来受到劳动力成本上升、国际贸易摩擦等不利影响，制造环节已开始向中西部等成本洼地转移，而受制于设计能力不足和品牌实力不强，短期又很难向"微笑曲线"两端转型。文化服务业主要依靠文化旅游支撑，创意设计、广告会展、动漫游戏等新业态未形成气候。

三是项目支撑不强。已落户和在建的项目建设周期较长，短期内难以形成支撑，且部分项目因统计口径问题未纳入文化产业；在手在谈的项目中缺乏文化含量高、上档次、有质量的新项目，使得产业发展的动能不足。

三 对扬州市文化产业发展的建议

省委要求"把人们心目中的扬州建设好，满足世界人民对扬州的向往"，市委七届六次全会提出了"三个名城"的建设目标。文化产业天然具有产业和文化双重属性，既可以满足人们的物质消费需求，为经济转型发展提供牵引力和支撑力，又能够满足人民的精神文化需求，为文化名城建设注入影响力和软实力。建议进一步提高站位，围绕市委、市政府工作部署，把文化放在心里、把工作抓在手中、把责任担在肩上，徐徐用力、久久为功，努力开创文化产业高质量发展新局面，推动文化产业在经济转型发展和文化名城建设中发挥更大作用。

1. 振兴文化经典产业

毛绒玩具、古琴古筝、毛笔画笔等产业是扬州市的历史经典产业，是就业容量大的富民产业，也是小微企业创业创新的特色产业，应突出关键环节，振兴文化经典产业，促进富民创业。一是规划建设毛绒玩具特色小镇，以五亭龙玩具城为中心，规划建设1平方公里核心区、总占地面积3平方公里的毛绒玩具特色小镇，重在打造玩具交易物流、创意设计、玩具质量检查三大中心，促进玩具产业的自主研发和科技创新，努力创成毛绒玩具行业的"地理标志"。二是增强设计创新能力，鼓励企业根据市场需求和潮流热点自主设计，从产品的材质、外形、工艺、功能等多角度创新，变代工制造（OEM）为设计制造（ODM），不断推陈出新、降本增效，用设计能力的提升为产业注入新的比较优势。三是变革生产营销方式，引导企业探索柔性生产，以小批量、快走量、低库存的"短平快"模式应对快速变化的市场需求，主动拥抱互联网电商、精品连锁店、自动售货机等新兴销售渠道和拼团、直播、众筹等新兴营销手段，努力打造爆款、打响品牌。

2. 提速文创融合发展

推动文旅融合，围绕扬州文化内涵，推动文化旅游产业供给侧改革，为消费者提供更为多元、时尚、便利的产品、服务和体验，促进"诗和远方在扬州牵手"。推动"文化＋科技"发展，依托开发区智谷、广陵创谷等现有载体和空间，围绕数字创意产业链着力布局一批辅助研发和配套企业，争取早日在创建国家级文化和科技融合示范基地上实现突破。推动"非遗"活化利用，以"文化名师工作室"为抓手，通过嫁接设计、生产资源，开发一批富有时代特色、地方特质、个性特点的"非遗"衍生产品和服务，加快建立一个面向市场、面向文化消费的产业化体系，促进扬州非遗的传承和振兴。

3. 大力开展招商引资

在项目招引上要像抓工业项目一样来抓文化产业项目，主动跟踪和研究当前国际贸易摩擦背景下的出口转内销趋势、"互联网＋"时代的消费新风向和长三角一体化蕴含的产业转移机会，借势谋划招引一批文化制造业转型升级项目、承接一批文化服务业转移外包项目，进一步厚植特色文化制造业优势、

补齐现代文化服务业短板，促进产业结构不断优化。在项目推进上重心下移、服务靠前，对在手在建重点项目紧盯不放、协调服务，力求未开工项目早开工、已开工项目早竣工、竣工项目早投产。做到年初有计划、季度有活动、月度有进展，加快形成文化产业新的增长点。

4. 打造文化产业平台

一是打造大运河文化旅游博览会平台。坚持举办大运河文化旅游博览会，力争将其纳入全省大运河文化带建设重点项目，以此为平台串联全省乃至国内大运河沿线城市的文旅资源，让人们一想到大运河文化旅游就想到扬州。二是打造文化创意服务平台，常态化举办专项创意设计大赛、创意产品产业化大赛、企业孵化大赛等活动，推动形成设计—生产—推广—销售的文化创意产业化链条。三是打造壹點文创街区，以"文创+生活"为定位，推动大王庙片区整体规划打造，丰富其文化休闲、创意设计、创业孵化等功能，力争将其打造成一个贴近本地市民、更好满足年轻人文化需求的载体平台。

5. 聚力抓好产业统计

当前扬州市正在开展第四次经济普查工作，本次经济普查结果将关系未来5年扬州市文化产业统计数据的认定。一是抓紧做好文化产业法人单位名录清查，督促各县（市、区）、功能区将名录清查作为近期最重要的一项工作来抓，对单位名录特别是面广量大的规模以下文化产业单位逐一过堂逐个核实，确保应统尽统、"颗粒归仓"。二是积极开展特色文化产业统计调查，参考南通、连云港等地利用特色产业调查制度，将总营收数十亿元的家纺、水晶等地方特色文化产业纳入文化产业统计的成功经验，推动毛绒玩具、毛笔画笔等区域性特色产业利用这一形式实现"聚沙成塔"，为文化产业统计数据提供有力补充。

6. 加强工作机制建设

一是推动县（市、区）、功能区建立文化产业工作机制。目前市级层面工作机制运行良好，有力促进了文化产业各项工作的有序开展，但区级层面的工作机制还未完全建立。当前要促动各地主要领导重视文化产业，以抓工业项目的魄力和作风来抓文化产业；要抓紧制定本地文化产业发展规划，做到因地制宜、有的放矢地开展工作；要在产业招商、项目落地、政策扶持等方面拿出实在举措和实际成效，动真碰硬地发展文化产业。二是加大督查考核力度。继续将文化产业发展指标列入县（市、区）、功能区党委和政府目标管理考核，突出高质量发展导向，推动各地狠抓贯彻落实，确保各项目标任务顺利完成。

B.18
2018年扬州教育事业发展报告

扬州市教育局课题组*

摘　要： 2018年，扬州市教育系统坚持人民立场，紧紧围绕公平和质量两大主题，以教育现代化建设为重点，着力办高品质教育，建高品质学校，育高品质学生，不断提高人民群众的教育满意度和获得感。在正视教育发展过程中的问题和困难的基础上，今后扬州教育系统将坚持"为学生终身发展奠基"的思路，努力办好每一所学校，努力让每一个学生享有公平而有质量的教育。

关键词： 教育　教育事业　教育质量　队伍建设

一　扬州教育事业发展的基本情况

全市现有各级各类学校717所，在校生数624607人，教职工数56310人，其中专任教师数45949人。

1.基础教育优质均衡发展

根据新型城镇化发展和适龄人口变化趋势，修编完成《扬州市区义务教育布局规划（2017～2030）》。新（改、扩）建9所公办幼儿园，在全市农村地区推行公办幼儿园和普惠性民办园服务区制度，65个乡镇和6个行

---

* 课题组负责人：周应华，扬州市教育局局长。课题组成员：姜师传，扬州市教育局主任；谈雷（执笔人），中学一级教师。

政村的181所幼儿园实行服务区招生制度。新创省优质幼儿园16所，全市82.5%以上的适龄幼儿在省优质园就读。有序推进学校建设工程，7所中小学新建工程全面启动，3所中小学完成校园公园化改造。进一步探索优质学校资源辐射路径，新组建扬州市梅岭中学教育集团，集团校运河中学顺利完成首批招生，实现了资源共享、优势互补。实施新时代智慧教育扬州路建设，大力推进教育信息化，创成智慧校园51所、智慧课堂示范校27所。适度扩大普通高中招生规模，让更多孩子接受普通高中教育。

2. 职教社教持续服务地方

加强校企合作、现代学徒制试点和订单培养，提高职教专业设置与本地产业发展的吻合度，促进职教专业和就业岗位零距离对接，全市普通中专订单培养专业达52.4%。推进产教融合，建成5个省级职业学校现代化实训基地和5个省级职业学校现代化专业群。推进职教八大专业中心和公共实训基地建设，先进制造西门子公共实训基地正式运行，焊接加工公共实训基地两条生产线布置到位。建立健全"德智、德技、德体"三并修机制，打造"一校一特"，逐步形成扬州职业教育德育特色。深入开展"双创教育"，职业学校双创教育课程开设率达100%。加强全市省级社区教育居民学校建设，基本建成社区终身教育学习体系。

3. 高等教育发展突出重点

有效落实全市高校思想政治工作联席会议制度，统筹协调社会各方资源，形成市校齐抓共管的工作合力，推进高校思想政治工作常态化、制度化。在全市开展"我是党课主讲人·思政好课我来秀"高校思想政治优秀微课征集评选活动，进一步促进了新媒体新技术在高校思想政治工作中的应用，充分发挥网络文化的育人功能。江苏旅游职业学院一期工程完工并交付使用，学院体育馆完成提升改造。动态调整高校学历继续教育校外教学点，规范高校学历继续教育办学行为。

4. 教育教学质量提升品质

围绕"高品质教育建设年"主题，确定并落实推进义务教育优质均衡发展、推进高品质普通高中建设的各项目标任务。促进科研特色建设，全市创成省小学特色文化建设工程项目2个、省薄弱初中质量提升工程项目3个、省品格提升工程项目4个、省高中课程基地3个。深入推进"青少年茁壮成长工程",相关经验在教育部召开的全国会议上作典型交流。严格控制义务教育阶段学生每天家庭书面作业量,保证中小学生充足的睡眠时间,推广实施"每天一节社团(阅读)课"。大力推进"五个一百"工程,引导全市所有接受12年基础教育的学生完成"阅读百本名著、背诵百篇名篇、了解百位名人、欣赏百首(幅)名曲(名画)、观看百部优秀影视剧"的目标。组织800多名农村学生与700多名城市少年开展"我眼中的扬州"城乡互动体验活动。2018年全市高考400分以上高分人数较上年翻了近一番,普通类本二以上达线人数持续增长,职教对口单招本科上线185人,比上年增加35人。

5. 队伍建设坚持德能并举

以"百名校长,千名骨干、万名青年教师"为活动主体,连续第13年开展师德师能建设双"百千万"工程。以重品行、重能力、重实绩为导向,修订市级骨干教师评审和考核办法。组织省、市特级教师到农村学校支教、送教121人次,培训农村教师近6000人次。完成市级以上培训项目119个,培训教师37600余人次。新增省特级教师18人。积极探索优化幼儿教师补充机制,首次委托苏州幼儿师范高等专科学校定向培养五年制幼儿教师20人。全市招录乡村定向师范生计划223人。扬州市师培中心入选全省首届领航名校长名师培养基地,广陵区率先建成省示范型教师发展中心。

6. 民生建设有效推进

全面落实各项助学政策,义务教育学生全面免除学杂费、教科书费、作业本费。为符合条件的家庭经济困难学生发放生活补助和国家助学金600.4万元,受益学生7076人。出台了《"助贫困学生完成学业"具体操作意见》加大对普通高中家庭经济困难学生的资助力度,在落实省定资助政策的基础上,将增加安排专项经费资助普通高中困难家庭学生8576人。全市新招收宏志班26个,发放宏志班生活补助33.65万元,受益学生329人。发放生源地信用助学贷款411.18万元,帮助493名家庭经济困难学生圆大学梦。

募集社会助学资金298.4万元，受益学生1437人。16个社区学习辅导站免费辅导学生13000余人次。规范招生行为，着力消除全市义务教育学校大班额现象。全市各热点高中学校继续将不少于70%的招生指标定向分配到区域内初中学校。建成首条亲子公交专线，实现了主城区中小学校门前500米半径公交站台全覆盖。开展高品质家庭教育"五项行动"，举办家庭教育大讲堂。

二 扬州教育事业发展面临的主要问题

1. 基础教育资源供给不足

受城镇化进程加速、二孩政策实施等因素的影响，根据测算分析，扬州学前教育、义务教育及普通高中教育资源均存在不同程度的短缺。

2. 学前教育师资队伍存在"短板"

学前教师待遇普遍偏低，导致难以吸引到高素质人才从事学前教育工作。目前，全市学前教育中具有本科以上学历的教师仅占51.4%，一定程度上制约了全市学前教育的发展。

3. 品牌特色学校较为缺乏

全市从学前教育到小学教育、初中教育、高中教育，在全国、全省有影响力、有地位的品牌特色学校数量不多，对区域基础教育的拉动力不足。

三 扬州教育事业发展的目标和建议

扬州教育系统将以党的十九大精神和习近平新时代中国特色社会主义思想为指引，贯彻落实全国教育大会精神，坚持解放思想，以人民为中心，坚持办高品质教育，全面提升学前教育、小学教育、初中教育、高中教育的办学品质；建高品质学校，把每一所学校都建成符合教育现代化要求的有一定质量、品质不断提升的学校，努力让每一个孩子都享有公平和有质量的教育。

一是加快推进学前教育公益普惠。强化幼儿园规范管理，明确各级政府

责任，落实市级统筹、以县为主、县乡共建的学前教育管理体制。加大幼儿园建设力度，多渠道增加学前教育资源供给，大力发展公办幼儿园，积极发展普惠性民办幼儿园，力争到2020年省优质园占比达90%以上，在公办和普惠性民办幼儿园就读的幼儿比例达90%以上。着力加强幼儿园师资队伍建设，加大财政投入，扩大学前教育专业五年制免费师范生培养力度，落实《江苏省公办幼儿园机构编制标准（试行）》，每年安排事业编制名额招考幼儿教师，力争各公办幼儿园事业编制教师比例稳步增长。

二是提升义务教育办学品质。以义务教育学校标准化建设和国家义务教育优质均衡县创建为抓手，全面改善义务教育学校办学条件，促进义务教育优质均衡发展。2018~2020年，全市新建义务教育学校21所，改扩建10所，实现办学条件和教育质量同步提升，争取到"十三五"末所有义务教育学校均达省定办学标准，全面建成义务教育优质均衡示范区。完善义务教育课程标准市级实施方案，把科学、劳技、书法等课程落到实处，促进各类科技创新活动开展。引导学生掌握适当的健身和生活技能，持之以恒推进"青少年茁壮成长工程"，让学生初中毕业前普遍学会游泳和做饭。强化阅读和创新能力培养，抓好"五个一百工程"，积极探索实施"STEM课程"。坚持信息化带动，将信息技术更好地融入教育教学之中，进一步发挥信息技术在转变方式、提升效能、实现共享、促进均衡中的作用，努力使之成为扬州义务教育发展的后发优势。

三是大力推进高中教育高质量发展。优化普职比例，稳步扩大普通高中优质资源供给。探索普职双向交流机制，办好综合高中。加快高中课堂教育教学改革，实施普通高中质量提升、特色建设和"攻尖"行动计划，精心打造一批在全国、全省有影响的高中名校。坚持科研兴教，科研兴校，全力打造从学前教育到高中教育的质量链，全面夯实教科研基础，全力打造高中学科课程基地，重点培育一批教科研项目，强化实践导向，边实践边研究，边研究边实践，力争提升层次，扩大应用，为学生终身发展奠定坚实基础。建设高品质的教育文化、学校文化，在确保教育质量稳中有进、稳中提质的基础上，力求将高中教育办出特色、办出品牌、办出影响。

四是稳步推进职业教育精品化发展。坚持专业为王，做精做强品牌特色专业，打造专业建设"一校一品一特"精品化发展格局。遴选一批有实力的职业学校参与省中职学校领航计划。推进产教深度融合，实施"一校一企一策"方案。大力促进职教学生高质量就业，加强骨干专业"订单培养"，订单式培养专业数保持在50%以上，订单式培养招生数1000人以上。大力提升就业质量，中职毕业生就业率保持在98%以上，其中在扬就业率达85%以上。组织"中小学生看职教"活动，进一步扩大职业教育的知晓度。

五是打造高品质教师队伍。坚持人才强教，积极争取市、县党政和社会各界的支持，将提升教师待遇作为办好教育的重中之重，努力引进人才、留住人才、培养和用好人才。着力形成更加注重师德表现、更加注重课堂教学能力、更加注重教学实绩的激励机制和分配导向。全面提升教师施教能力，大力推进各地教师发展中心建设，到2020年所有县（市、区）都要建成省级示范性县级教师发展中心。组织开展大规模教师培训，精准实施各类骨干教师培训，强化培训的实践导向。着力提升名师工作室发展质态，促进青年骨干教师更好更快地成长。推进免费师范生委托培养，探索建立幼儿教师培养体系。努力扩大乡村定向师范生培养规模。深入实施"职教名师"和优秀"双师型"教师培养。积极推进教师"县管校聘"管理体制改革和公办义务教育校长、教师交流，交流教师数和骨干教师数均达到符合交流条件人数的15%。

六是实施高品质德育。认真落实教育部《中小学德育工作指南》，制订和实施校本德育方案，不断创新德育载体，丰富学生的德育实践和德育体验。通过开展开学仪式、升国旗仪式、成长仪式、青春仪式、升级仪式、毕业仪式等系列仪式教育活动，着力打造扬州德育新品牌。让德育彰显地方特色，开展"三走进"活动，即结合社会实践活动，让学生走进爱国主义教育基地、科技馆、图书馆、"非遗"集聚区；结合体育与艺术"2+1"工程，让学生走进体育休闲公园、体育场馆；结合孝德、励志教育，让学生走进敬老院、养老院和福利院。

七是持续增强教育民生保障能力。推进"精准助学"工作，大力实施"政府主导、学校联动、社会参与"的扬州助学模式，深入推进宏志班"集群式帮扶"工程，逐步完善全员覆盖、全程助学、全面受益的助学体系，着力构建包括物质帮助、道德浸润、能力拓展、精神激励、规范管理等方面的学生资助长效机制。持续做好低收入农户子女免费就学工作，强化对各地低收入农户子女免费就学情况督查，促进各地将政策落到实处。更大力度资助贫困家庭高中学生上学。全力维护教育系统安全稳定，定期开展安全教育、安全演练和校园安全隐患排查整改工作。加强校园及周边治安综合治理，完善校园安全防控体系。加强教育系统应急管理工作，健全安全稳定风险评估机制，提高突发公共事件应急处置能力。审慎制定招生政策，切实维护招生和谐稳定。

B.19
2018年扬州卫生计生事业发展报告

黄为民　陈东升[*]

摘　要： 实现"人人享有基本医疗卫生服务"、打造"健康中国扬州样本"、深化医药卫生体制改革、建立现代医疗卫生体系是扬州卫生计生事业的发展目标。本文分析了扬州卫生计生事业的发展基础，正视发展面临的问题和形势，提出了切实有效可行的对策和建议：抓住重点领域和关键环节，更大力度深化公立医院综合改革；持续改善医疗服务，推动公立医院转型发展；坚持以强基层为重点，加快推进分级诊疗制度建设；大力实施科教强卫、人才强基工程，加快卫生计生人才队伍建设；加快信息化建设步伐，推进健康医疗大数据发展应用；构建大卫生、大健康服务体系，提升公共卫生计生管理和服务质量；创建全国基层中医药工作先进单位，进一步彰显中医药特色优势；积极稳妥实施"全面二孩"政策，优化生育全程服务。

关键词： 卫生计生事业　公共卫生　医政

一　扬州卫生计生事业发展现状

扬州全市卫生机构总数1756所，全市医疗机构床位22215张，其中医

---

[*] 黄为民，扬州市卫生和计划生育委员会主任、党委书记；陈东升，扬州市卫生和计划生育委员会财务处处长。

院床位16260张（占73.19%），社区卫生服务中心（站）床位1552张（占6.99%），卫生院床位3504张（占15.77%）。全市卫生人员总数33292人，其中，卫生技术人员28609人，执业（助理）医师10872人，注册护士11336人，每千人口卫生技术人员6.35人，为实现"人人享有基本医疗卫生服务"、打造"健康中国扬州样本"打下了坚实的基础。

1. 全面推进"健康中国的扬州样本"建设

积极履行牵头抓总、组织协调职能，印发了重点任务分工方案、分年度目标分解表和考核要求，组织对各地、各相关部门工作进展情况进行督查，建立了40项主要指标监测评价体系。深化医药卫生体制改革，深化完善年度绩效考核方案、公立医院大型设备采购方案等，完成城乡居民医保整合工作，城乡居民医保实施与职工医保、原城镇居民医保同一范围的药品目录。完善药品供应保障机制，市级招标价格谈判降价产品占比17.16%，平均降幅2.83%，最高降幅69.11%。

2. 加快卫生计生重大项目建设

市三院（市传染病医院）整体改扩建工程新建后勤楼、病房楼投入使用，改建工程完成各项审批。市妇女儿童医院、市公共卫生中心项目设计方案已经基本完成，市规委会审议完毕，进入后期施工设计阶段。

3. 以强基层为重点，加快推进分级诊疗制度

一是全面启动18家农村区域性医疗卫生中心二级医院创建工作。出台了《关于农村区域性医疗卫生中心发展的意见》，明确财政、医保、物价、资源配置等扶持政策。江都大桥、高邮三垛2家中心创成二级医院，宝应射阳湖、氾水、高邮送桥、仪征新集、江都小纪和广陵汤汪等6家中心列为二级医院创建单位，年内力争再创成6家。新华社、中央电视台、《人民日报》、《新华日报》、《中国人口报》等中央、省级媒体专题报道扬州市区域中心建设成效。二是加快推进紧密型医联体建设。苏北人民医院与广陵区汤汪农村区域中心建立紧密型骨科康复联合病房，分别对高邮送桥、广陵区李典2家区域性医疗卫生中心形成了人财物全面托管的紧密型合作方案。扬大附院在宝应射阳湖建设了眼科联合病房，在宝应氾水建设了耳鼻喉联合病

房，在江都真武建设了儿科联合门诊。2018年以来，全市医疗机构还积极探索柔性引进卫生高层次人才，通过设立名师工作室，开展多种类型的合作共建，目前全市已经设立各类名医工作室69个。三是提升家庭医生签约服务质量。在全市推广家庭医生签约服务网格化、信息化等创新做法。四是深入实施基层医疗卫生机构提档升级，2018年启动实施异地新建的社区卫生服务中心（乡镇卫生院）有：邗江汊河、蒋王、新盛、西湖，开发区施桥、朴席，广陵区红桥、头桥等，另有28家村卫生室（社区卫生服务站）实施改扩建。确保2018年底全市基层医疗卫生机构标准化建设率达95%以上。五是推进"云上扬州—居民健康服务"系统建设。完成了"云上扬州—居民健康服务"方案编制、专家评审、项目审批并开展招标工作。建成扬州预约挂号系统，扬州挂号网与江苏省、扬州市电子政务服务网实现了一站式链接（一次认证、全网通行），在全省唯一。建成了"健康扬州"App和微信公众号，建成扬州远程医疗项目。

4. 加快卫生人才队伍和服务能力建设

一是加快实施"双千人"定向培养计划。2018年已经全面完成面向村卫生室的农村医学定向培养招生工作，全市共录取应届初中毕业生170人，均已签订定向委培协议；完成面向乡镇卫生院的大专、本科层次人才招录；市直卫生计生系统招聘参加考试人数达793人，遴选第二批共180名省级骨干基层卫生人才。二是全面推进全市胸痛、卒中、创伤、孕产妇、新生儿等五大急诊急救中心建设。三是完善院前医疗急救体系。在全市18家农村区域医疗卫生中心全面配建医疗急救站点。

5. 构建大卫生、大健康服务体系

一是落实基本公共卫生服务项目。2018年全市基本公共卫生服务项目经费标准提高到人均65元。进一步加强考核，根据考核结果结算基本公共卫生服务项目资金。二是加强重大疾病防控。各类传染病发病率均低于省定控制指标。三是扎实推进健康扶贫工作，以县（市、区）为单位，实现建档立卡低收入人群家庭医生签约服务覆盖率100%。落实20种大病专项救治，建立定点医疗机构大病住院"先救治、后付费"诊疗机制，定点医院

设立综合服务窗口,一站式办理结算业务。四是积极推进医养融合。在6个县(市、区)全面建设护理院(或康复医院),6所护理院均已完成基础设施建设和改造工作,广陵达康护理院和宝应颐康医养结合机构已进入试运营。五是深化健康教育和健康促进工作,开展健康下基层"五进"活动、中医食疗进社区活动和心理健康讲座。六是深入开展爱国卫生运动。2018年共申报国家卫生镇6个、省级卫生镇2个、省级卫生村52个。全市完成卫生改厕9000座。七是加强妇幼健康服务。联合市财政局、人社局和妇儿工委办公室印发《扬州市出生缺陷综合防治工作方案》,在全市范围内免费实施孕产妇产前筛查和新生儿疾病筛查基本项目。

6.优化计划生育全程服务

在全市公共场所和用工单位共同推进母婴设施建设。在办理所有计划生育证件证明过程中,一律取消提供相关证明材料的复印件。认真做好计划生育奖励扶助。

7.全力抓好两项国家级创建和重点工作

通过了国家卫生城市复审,创成全国基层中医药工作先进单位,做好省运会医疗卫生应急保障工作。完成《扬州市城市总体规划(2018~2035年)——医疗卫生设施布局总体规划》,重点在医疗资源相对较少的城区部分部位预留医疗机构发展空间,鼓励社会资本投资紧缺型医疗资源。

二 扬州卫生计生事业发展面临的问题和形势

2018年,是学习贯彻党的十九大精神的开局之年,是实施"十三五"卫生与健康规划承上启下之年,也是打造"健康中国的扬州样本"关键之年。推动卫生计生事业高质量发展,必须正视扬州市卫生计生事业改革发展仍然面临不平衡、不充分的问题。一是医疗卫生资源总量仍然不足。截至2017年,与全省平均水平相比,扬州市每千人口床位数5.05张,全省平均为5.83张;每千人口执业(助理)医师2.37人、每千人口注册护士2.49人,全省平均为2.68和2.94人。此外,扬州市儿童、康复护理、精神卫生、传染病等医疗卫生资源还比较紧缺。二是优质资源分布还不平衡。扬州市100%的省级以上、75%的市级临床重点专科集中在主城区，部分基层医疗卫生机构的服务力量还比较薄弱。三是医改转机制建机制的力度需要进一步加大。如何把上级综合医改的有关要求与扬州实际有机结合，探索扬州市医疗卫生事业的改革发展路径，是我们面临的重要课题。四是现代医院管理制度建设有待进一步强化。公立医院在谋求生存和发展的同时，需要承担更多的公益性职能，需要进一步谋划"一院一策"发展规划，进一步创新改革措施，转型发展任重而道远。五是分级诊疗制度还未完全建立。群众看病就医矛盾尚未得到根本解决，合理规范的就医秩序尚未完全建立。六是人才短缺问题还很突出。和南京、苏南兄弟城市相比，扬州市临床医学重点学科、重点专科建设还比较薄弱，领军人才不多、后备人才储备不足。基层人才短缺的矛盾还很突出，人才招不进、留不住、用不好的问题仍然存在。七是公共卫生工作形势依然严峻。扬州市部分公共卫生机构建设滞后于全省平均水平，部分领先于全省的工作正在被迎头赶上。面对重大疾病防治和公共卫生安全工作要求，需要我们不断提升防治、应急、服务和保障水平。八是群众对卫生计生服务还有不满意的地方。

坚持问题导向，必须把握好总体要求。一是坚持以贯彻落实党的十九大精神为主线。把学习贯彻党的十九大精神作为首要政治任务，坚持把习近平新时代中国特色社会主义思想作为当前和今后一个时期一切工作的根本遵循。在学懂、弄通、做实上下功夫，理论联系实际，推动各项工作。习近平总书记指出，"没有全民健康，就没有全面小康""把人民健康放在优先发展的战略地位"，这就需要我们始终坚持党对卫生与健康工作的领导，推动各级党委政府把医疗卫生健康工作作为重大民心工程摆上重要日程，强化责任担当，建立健全党委统一领导、党政齐抓共管、部门协同配合的工作格局。"坚持以人民为中心的发展思想"，要求我们始终把维护人民群众的健康权益放在第一位，把增进群众健康福祉作为事业发展的根本目的，让群众在共建共享中有更多获得感。坚持"大卫生、大健康"发展理念，要求我们把健康工作不仅局限在医疗卫生领域的范畴，还要把健康政策融入经济社会发展的各个方面。"以治病为中心转变为以人民健康为中心，全方位、全周期保障人民健康"，要求我们坚持预防为主的工作方针，告别"得病后再去治病"观念，采取全方位的干预行动，引导群众养成健康的生活习惯。需要我们进一步转变公立医院发展方式，更加重视基层医疗卫生服务体系和公共卫生服务体系建设，为人民群众提供从出生到终老全生命周期的健康管理，推动健康服务业的更大发展。二是把握卫生计生事业改革发展的重大机遇。当前，健康中国已经上升为国家战略。省委省政府召开全省卫生与健康大会，出台《"健康江苏2030"规划纲要》，明确了今后一个时期健康江苏建设的目标。市委市政府把打造"健康中国的扬州样本"列为全市重点抓好的十件大事之一。人民群众对优质医疗卫生资源的需求日趋旺盛，不仅要解决"有"与"无"的问题，更要解决"有"与"好"的问题，不仅要"看得上病"，还要"看得起病、看得好病"。近两年，市委市政府对卫生计生工作的政策扶持、财政投入力度前所未有，一定要抓住机遇、乘势而上、积极作为，推动事业加快发展、高质量发展。三是全面领会省卫生计生委和市委市政府的总体要求。从省级层面看，要求稳中求进，走高质量发展之路。一方面，坚守底线、突出重点、完善制度、引导预期，着力把各项工作做实做细做好，扎扎实实组织实施一批实事工程，让群众感受到新变化；另一方面，要把提高医疗卫生事业发展质量作为重点，加快构建覆盖城乡、优质高效的医疗卫生服务体系，促进工作水平的整体提升，加快实现从"有没有"到"好不好"的转变。从市级层面看，2018年有24项卫生计生工作被列入市委七届五次全会报告、政府工作报告和民生"1号"文件，涵盖了卫生计生重大项目建设、18家农村区域性医疗卫生中心服务能力提升、院前医疗急救体系建设、基层卫生人才培养、家庭医生签约服务、健康教育促进等与民生健康密切相关的工作。市委市政府《打造"健康中国的扬州样本"行动计划》要求，到2020年，要形成一批可复制、有影响、可推广的健康扬州建设成功案例，确保扬州市城乡居民主要健康指标继续保持全省领先水平。同时，在农村扶贫、富民增收、医养结合、基层基本公共服务资源配置等全市重点工作方面，市委市政府要求卫生计生部门发挥更加重要的作用。一定要聚焦聚力省、市各项重点任务,确保不折不扣地落实完成,提升质量,取得实效。

三 加快扬州卫生计生事业发展的建议

1. 抓住重点领域和关键环节,更大力度深化公立医院综合改革

一是加快建立现代医院管理制度。在外部治理方面,明确政府办医主体责任,充分发挥各级医管委的作用,推动医管委实质性运作,切实提高公立医院治理体系和治理能力的现代化。全面落实对符合区域卫生规划的公立医院投入政策。建立以公益性为导向的绩效考核评价机制。在内部运行方面,落实公立医院经营管理自主权,建立和完善公立医院理事会、董事会、管委会等多种形式的法人治理结构,健全决策、执行和监督机制,建立资产管理、审计、信息公开机制。二是建立医疗服务价格动态调整机制。在2017年底已经全面启动部分中医和基层医疗服务价格动态调整的基础上,2018年持续深化医疗服务价格改革,通过长期动态调整,建立以合理成本和收入结构变化为基础、有利于费用控制的价格动态调整机制。三是建立符合行业特点的人事薪酬制度。按照全省统一部署,研究制定公立医院备案制人员养老保险政策,开展备案制人员年金试点,加快实现"同岗同酬同待遇"。按照"两个允许"要求,稳步推进公立医院薪酬制度改革,适当提高公立医院绩效工资总量调控水平,合理体现医务人员技术劳务价值。四是完善药品供应保障机制。全面完成新一轮药品集中采购市级价格谈判,实现医疗卫生机构网上采购。完善购销监管政策,规范购销行为,确保临床供应。全面实施公立医疗机构药品购销"两票制"。调整完善基本药物配备使用政策,确保基层机构与二、三级医院用药衔接。健全完善短缺药品供应保障机制。

2. 持续改善医疗服务,推动公立医院转型发展

围绕公立医院改革发展中的问题,正确处理公益性和效益性的关系、改革和生存发展的关系,推动公立医院转型发展。一是合理引导公立医院建设

发展。进一步优化资源配置，严格控制城市公立医院规模，重点提升危急重症救治能力和核心竞争力。加快推进县级医院创建，大力发展儿童、妇产、精神、传染病等紧缺的专科医疗机构和康复、护理、临终关怀等慢性病长期照护机构。二是进一步优化医疗服务。围绕方便、高效、安全、规范、控费的原则，落实改善医疗服务八项制度，推进12个方面创新医疗服务。全面推进预约诊疗，落实大医院20%的专家号源向提供首诊和签约服务的城乡基层医疗卫生机构优先开放的规定。逐步扩大日间手术实施范围，提升服务效率，积极推行多学科联合诊疗模式（MDT）。推动二级以上医疗机构全面实施临床路径管理，增加临床路径管理病种数、入径率和完成率，提高住院患者临床路径比例。落实原发性肺癌等恶性肿瘤诊疗规范、"三合理"规范、医学检验检查结果互认等措施，有效控制公立医院医疗费用增长。三是加强医疗服务监管。开展医疗机构电子化注册。继续组织16个质控中心开展医疗核心制度、抗菌药物、精神麻醉药品、高值耗材、抗肿瘤药物及辅助药物、院感防控、血透、临床采供血等检查，开展限制类医疗技术事中评估。继续开展平安医院建设，推行医疗责任险100%投保，注重推广形式多样的医疗意外险，开展医患纠纷矛盾排查化解工作和医疗事故（损害）、计划免疫异常反应技术鉴定。四是加快发展社会办医。按照"非禁即入"的原则，制定社会办医投资指引，引导鼓励社会资本优先投向医疗资源稀缺领域以及特需医疗服务领域。落实非公立医疗机构与公立医疗机构同等待遇。非公立医疗机构床位数占医疗机构总床位数比例保持在20%以上，医疗服务量占比进一步提高。

3. 坚持以强基层为重点，加快推进分级诊疗制度建设

继续坚定不移地"强基层"，推动资源下沉、重心下移。一是以创建二级医院为目标，全面提升18家农村区域性医疗卫生中心服务能力。18家中心全面建成投用后，确保务实有效地发挥作用，通过医联体帮扶，加强以"人才队伍、特色科室、质量管理、远程医疗"等为重点的内涵能力建设，做到扬其优势、补齐短板、精准施策，逐步将区域中心打造成覆盖2~3个乡镇的医疗中心、急救中心、产儿科中心、中医诊疗中心和儿童保健中心。

二是以利益共享为纽带，推动紧密型医联体建设。在市域，以三级医院为龙头，鼓励医联体内部人财物、技术、信息、服务、管理一体化，苏北医院、扬大附院率先通过实行全面托管或建设联合病房、联合科室，实现利益关联的紧密型联合，构建服务、责任、利益、管理四个共同体。三是以服务质量和效果为重点，全面务实开展家庭医生签约服务。更加注重保证质量，把签约服务工作重心及考核重点放在提升签约服务质量和服务效果上，推广运用家庭医生签约服务项目库，统一制定基本公共卫生服务项目包和首诊签约服务包，实现城乡居民自主"点单式"签约。坚持优先服务好重点人群，提升签约服务的针对性和有效性。四是以扬优势、补短板为原则，深入实施基层医疗卫生机构提档升级。

4. 大力实施科教强卫、人才强基工程，加快卫生计生人才队伍建设

一是高度重视建设临床重点学科、重点专科。大力实施"科教强卫"工程，加强重点学科、重点专科建设，在政策、人才、资金等方面给予大力支持。二是实现全市五大急诊急救中心和五大检验检查中心"两个五大中心"建设全覆盖。三是打造基层特色科室。从基层业务需求出发，着力加强"医院对医院""科室对科室"的医联体精准帮扶。四是继续加快"双千人"定向培养。抓住省扩大农村订单定向医学生免费培养规模、调整本科和专科培养比例、试点全科医生弹性培养等政策机遇，进一步加快"双千"人才定向培养工作。鼓励将定向培养医学生通过一定的培训考核程序，优先纳入县乡村一体化管理。加强定向培养生的继续学习、交流、培训，为定向培养生扎根基层、发挥作用、筑牢网底搭建平台、创造条件。五是优化基层卫生人才招录政策。适当降低卫生人才招录门槛，对研究生参加县及县以下医疗卫生机构招录的，可直接考核录用；对本科生参加县以下基层医疗卫生机构招录的，按照1∶1招录比例开考。实施更方便考生的招录程序。六是加强全科医生队伍建设。落实扬州市《关于全科医生队伍建设的意见》，探索试点全科医生弹性培养机制，做实全科医师规范化培训和转岗培训，新进基层工作的医务人员全部参加全科医生培训。七是提高基层医务人员待遇。扩大基层卫生骨干医生人才规模，提高基层中高级职称岗位设置比例。完善

改革配套措施，合理调整基层医疗服务价格，调增基层机构绩效工资总量，推动建立长效留人机制。

5. 加快信息化建设步伐，推进健康医疗大数据发展应用

智慧健康信息化工程已经被市委市政府列入"云上扬州"建设的重点工程，也是优化医疗卫生服务、推进分级诊疗的重要支撑。一是进一步夯实信息化发展的基础。完善市县两级平台功能、业务应用和基础功能。强化业务系统整合和健康医疗数据的归集，有效提升上传数据质量。加强信息标准建设，加强部门之间信息交互，强化政务信息公开。二是推进平台多系统建设。建成全市预约挂号诊疗服务系统。积极推进"智慧健康云"建设，提供集中存储共享服务。全面推进远程医疗系统建设，促进优质医疗资源下沉，逐步实现远程会诊、影像（B超）、心电、远程病理等临床医疗服务在基层医疗卫生机构的全覆盖。推进居民健康卡、社保卡"通用就医"，完善医疗机构居民健康卡用卡环境，实现居民健康卡"记录一生、管理一生、服务一生"的目标。启动卫生应急紧急医疗救援、传染病趋势预测预报分析、血液保障分析预警项目建设。三是开展"互联网+"医疗健康服务。健全相关管理制度，推进互联网医院和名医联盟建设，促进医疗机构线上线下服务的交互。打造互联网健康服务全市"一站式"平台（健康扬州App），将预约诊疗、检验检查结果查询、儿童预防接种、健康档案管理等服务功能集成，为群众提供"一站式"服务窗口。开展健康医疗大数据应用研究和决策分析，充分发挥大数据的作用。

6. 构建大卫生、大健康服务体系，提升公共卫生计生管理和服务质量

全系统牢固树立坚持"大卫生、大健康"发展理念，从"以治病为中心"向"以人民健康为中心"转变，全方位、全周期维护人民健康。一是推动妇幼健康服务能力提升。二是深化健康教育和健康促进工作。进一步丰富健康教育和健康促进内涵，把健康教育、健康促进与公园体系建设、学校疾病防控、健康单位建设等有机结合，提高实际水平和效果。三是深入开展爱国卫生运动。通过各类创建和爱国卫生活动，努力补齐影响群众生活品质的短板，着力解决与人民群众身体健康密切相关的公共卫生问题。四是提高

基本公共卫生服务工作水平。确保全市基本公共卫生服务项目补助经费提高到人均不低于 65 元，新增部分主要用于"一小一老和两病"等重点人群家庭医生签约服务。五是抓好重大疾病防控。全面落实重大疾病防治规划，制定出台相关重大疾病防治专项规划。六是强化卫生应急核心能力建设。进一步完善院前医疗急救体系，新建成的 18 家农村区域性医疗卫生中心全面新增医疗急救站点。全力做好省运会卫生保障工作。持续推进全面自救互救素养提升工程。七是加强无偿献血和血液管理工作。提升临床合理用血水平，切实提高血液质量安全。全面落实无偿献血特殊贡献者"三免"政策，保障无偿献血者及相关人员合法权益。八是健全卫生计生综合监督制度。九是加强食品安全支撑能力建设。加强食品安全风险监测研判，提升食品安全未知风险识别防控能力。

7. 创建全国基层中医药工作先进单位，进一步彰显中医药特色优势

全市卫生计生系统继续以创建为抓手，进一步彰显中医药特色。完善了中医药发展保障措施，持续提升基层中医药服务能力，强化中医医疗机构能力建设，加强中医药人才科技建设，推进中医药健康服务。

8. 积极稳妥实施"全面二孩"政策，优化生育全程服务

继续完善鼓励按政策生育的相关配套政策，稳妥实施"全面二孩"政策，确保扬州市人口计生工作各项指标全面高于省定标准。优化生育服务管理，加强流动人口计生工作，提升家庭发展能力。

B.20
2018年扬州文化事业发展研究报告

季培均*

摘　要： 2018年，扬州文化事业以满足人民文化需求为根本，以建设文化强市为要求，紧扣"三强两高"总目标，稳步实施文化精品创作工程，着力构建现代公共文化服务体系、优秀传统文化传承体系、现代文化市场体系、对外文化交流体系，实现了全市文化事业的新发展，人民群众文化获得感明显提升。正视存在的问题和难点，今后一个时期，以习近平新时代中国特色社会主义思想为引领，围绕"把人们心目中的扬州建设好，满足世界人民对扬州的向往，争创扬州发展的第四次辉煌"和"建设独具魅力的国际文化旅游名城"目标定位，紧扣高质量发展要求，着力在完善公共文化服务、推动文化艺术创作、传承弘扬传统文化、培育壮大文化人才队伍、扩大对外文化交流、维护文化市场意识形态安全等方面，提出切实可行的思路和措施。

关键词： 文化事业　文化需求　高质量发展

一　2018年扬州文化事业发展的基本情况

目前，全市"市、县、乡、村"四级公共文化设施网络已经建成，有

---

* 季培均，扬州市文广新局党委书记、局长。

县级以上图书馆、文化馆各 7 个，乡镇（街道）文化站 83 个、村文化室（农家书屋）1115 个、社区文化室 403 个、农村文化广场 1030 个、数字影院 45 家、农村电影固定放映点 84 个。2018 年 10 月，"四位一体"公共图书馆服务体系项目创建成功文化和旅游部第三批国家公共文化服务体系建设示范项目。建成市、县、乡、村四级文化共享工程服务网络，全市广播和电视综合人口覆盖率均达到 95%以上。拥有雕版印刷技艺、广陵派古琴艺术和扬州剪纸 3 项联合国人类非物质文化遗产，扬州漆器等 19 项国家级非物质文化遗产，61 项省级非物质文化遗产和 202 项市级非物质文化遗产。

1. 公共文化服务更加完善

按照市委、市政府《关于推进现代公共文化服务体系建设的实施意见》要求，持续构建完善扬州市现代公共文化服务体系。2018 年，全市 7 个县级以上公共图书馆全部达到国家一级图书馆标准。已经建成开放 27 家城市书房、特色书店 20 余家，主城区公共图书服务网络覆盖率达到 90%以上。新建成农村（社区）综合文化服务中心 337 家，到 2019 年底所有村（社区）将实现全覆盖。广陵图书馆建设装修中，江都新文化中心即将开工，邗江公共文化中心即将立项。开展形式多样的公共文化活动，举办免费书场演出 898 场、公益文化活动 470 场，开展"非遗进公园"活动 14 场，放映公益电影 10940 场，策划开展"春朗清明音乐诗会"等各类演出 109 场、木偶演出 26 场。举办扬州市第三届"绿杨人家"社区艺术节开幕式，开展"幸福和声"合唱展演、"舞动扬城"广场舞展演和"缤纷家园"摄影图片展览三大系列活动，举办"五星工程奖"惠民演出等大型文化活动。促进全民阅读，举办第四届"朱自清读书节"，推出 10 个篇章 430 多项阅读活动，各地各部门开展阅读活动近千场。《扬州市非物质文化遗产保护条例》经扬州市第八届人大常委会第十四次会议通过，江苏省第十三届人大常委会第六次会议批准，将于 2019 年 1 月 1 日起正式施行。组织第二批国家级代表性传承人抢救性记录工作、第五批省级"非遗"代表人申报工作、第四批市级"非遗"代表性项目和第四批代表性传承人申报工作有序开展。开展 2018 年"文化和自然遗产日"系列活动，丁伙龙舞传习所建成揭牌，举办高邮"非遗"老行当展演、扬州首届龙舟赛、仪征特色民俗民艺文化走进扬州东关街、宝应淮剧进行校园等活动。

2. 文艺精品创作持续繁荣

近年来，扬州艺术创作在国家、省级艺术基金资助方面不断取得突破，全市有15个项目获得国家艺术基金资助，50个项目获省艺术基金资助，入选数在全省地级市中排在前列。有200个剧（节）目获省"五个一工程奖"、文华奖等奖项。2018年，扬州艺术精品创作延续了强劲发展势头，木偶剧《神奇的宝盒》《我们都是好朋友》以及歌曲《我的情歌》等4个项目入选国家艺术基金创作资助项目，木偶剧《再见了，熊爸》、中篇扬州弹词《瓜洲余韵》等14个项目入选江苏艺术基金资助，6个项目入选省政府创作资助项目，5幅书画作品入选省政府美术资助项目。歌舞《水印扬州》、中篇扬州弹词《瓜洲余韵》、木偶剧《再见吧·熊爸》《神奇的宝盒》、中篇扬州弹词《玉山子传奇》、新编扬剧《七巧环》先后举行了公演或首演，制作上映了扬剧数字电影《衣冠风流》，策划创作国画长卷《千里运河图》，扬剧《鉴真》剧本正进一步修改打磨。

3. 文化人才队伍不断壮大

稳步推进文化人才引进、培养工程，通过科班教学和"名师工作室"等形式"传帮带"，确保国家级"非遗"、地方戏曲人才后继有人。在扬州文化艺术学校开办扬剧班、曲艺班、木偶班、淮剧班，成绩优秀的毕业生考核后优先进入事业单位。首批扬剧本科生于5月30日和6月13日分别在中国评剧大剧院和江苏大剧院汇报演出经典剧目《百岁挂帅》。跟踪管理首批12个文化名师工作室，保证有场地、有经费、有项目、有活动。举办扬州市基层文化干部培训班，组织各县（市、区）文广新局、乡镇文化站、综合文化服务中心文化工作者参加培训。截至2018年9月底，扬州市共有1人获文华奖、5人获曲艺牡丹奖、11人获木偶金狮奖、1人获戏剧梅花奖、4人获白玉兰奖，一批优秀文艺人才获省级文艺奖项，12人入选享受国务院特殊津贴专家和省市级有突出贡献中青年专家，9人入选省级"乡土人才"培育工程，拥有27名国家级"非遗"传承人、82名省级"非遗"传承人和369名市级"非遗"传承人。

4. 文化活动和交流日益广泛

推动重大活动艺术展演，组织江苏省戏剧奖·红梅奖颁奖晚会，赴京参加央视元宵节"2018星光璀璨演唱会演出"。承办新金陵画派运河沿岸艺术交流展、2018年江苏省职业学校技能大赛。举办"2018江苏省国画院中国画书法作品展""大运河第一城扬州书画作品展扬州巡展""纪念李亚茹诞辰100周年作品展""2018扬州美术双年展暨扬州市庆祝改革开放40周年主题美术作品展"。开展"江南曲美"国家级"非遗"文化交流活动，先后赴沧州、宿迁等地。扬剧、木偶、曲艺赴宁夏银川参加宁夏回族自治区成立60周年暨"一带一路·宁夏情文化系列活动·扬州文化艺术周"活动。举办江苏省第十九届运动会开幕倒计时100天主题活动暨第十三届"长江经济带"全民健身大联动江苏省主会场活动、江苏省第十九届运动会开闭幕式、省园博会开园演出及非遗展示活动，协助举办"广陵牡丹曲"第一届中国曲艺牡丹奖颁奖仪式暨"讴歌新时代，共筑中国梦"成果汇报演出，举办首届中国·扬州全国曲艺大书发展论坛暨全国曲艺大书"扬州书会"。加强文化艺术交流，扬州木偶、曲艺、美术走进泰国、菲律宾、斯里兰卡、捷克、荷兰、新西兰、斐济、澳大利亚、韩国等国家展演交流。扬州文化代表团赴台湾参加朱自清诞辰120周年文化省亲活动。承办文化部2018年中东欧国家作曲家来华采风扬州行活动。扬剧《史可法——不破之城》参加省委宣传部"五个一工程"进校园活动。《衣冠风流》参加江苏省文联《名家名作工程》展演。与榆林、上海、甘肃共同举办"南腔北韵""海风扬韵"曲艺交流演出。

5. 文化市场监管规范有力

深化行政审批改革，对行政审批事项实行"不见面审批"，实施"证照分离"改革试点、"多证合一"改革，通过一系列优化审批服务、简政放权措施，进一步方便了广大办事对象。规范媒体舆论宣传，围绕"党代会""两会""4·18""扬马"等对主题报道展开评议，编发《扬州收听收看》《报刊审读情况》，刊登评议文章，撰写审读报告、新闻评析，规范广播电视、报纸新闻舆论宣传。加强行业行政监管，加大全市广播电视节目和广

告、卫星电视接收设施及境外卫星电视节目的落地与接收、网络视听节目的监管力度，指导和协调农村电影放映及城市影院合法经营，制订了《扬州市农村电影放映固定点标准（试行）》。开展安全播出工作，推进全市应急广播体系建设，成立了扬州市应急广播体系建设协调小组，统筹协调推进。扶持、引导印刷发行市场、文化娱乐市场健康发展。推进著作权登记管理和软件正版化工作，建成版权工作站13家，在五亭龙国际玩具城成立扬州市首家版权投诉站。大力整治市场秩序，举办网络文化违规案件集中打击行动、全市境外电视传播秩序整治工作业务培训、扬州市印刷企业法律法规培训，开展打击"四假""新闻敲诈"以及治理报刊摊派等专项整治活动，开展"扫黄打非"工作，实施"清源""净网""护苗""秋风"系列专项行动。

二 扬州文化事业发展存在的问题

1.公共文化服务体系建设任重而道远

一是公共文化设施区域发展不平衡。从各县（市、区）横向看，根据《2017年江苏省文化年报》统计分析，扬州市各县（市、区）万人拥有公共文化设施面积存在较大差距，邗江区最高，为1372平方米，其他地区均不足1200平方米。从城乡纵向看，优质的公共文化设施均集中在市县两级城区，服务范围以城区为中心向周边递减，越是边远的乡村享受的公共文化设施资源越少。二是公共文化设施建设更新落后。在新一轮综合文化服务中心建设过程中，部分农村因资金、政策等，只能通过压缩村委会办公用房、搭建活动板房等方式勉强达到省定标准。部分文化站、综合文化服务中心虽建有体育健身室、文化活动室、图书阅览室、多功能室等，但配套的健身器材、儿童玩具、共享工程电脑、多媒体设备等设备尚不健全，导致公共文化服务存在"打折扣"问题。许多剧场展馆年久失修，扬州大剧院投入使用已近20年，舞台设备老化严重，全市所有美术馆库房和精品展览达不到收藏保存作品要求的恒温恒氧条件。三是公共文化活动供给不充分。基层文化活动创造力不足，乡村层面缺乏专业的文化管理人才队伍，全市 84 个乡镇（街道）文化站中有 38 个达不到省定编制要求，群众文化活动难以"自产"，大多依赖上级"送文化"。文化活动种类相对单一，群众文化活动多以展览、广场舞、大合唱、送戏曲等活动为主，活动缺乏新意，对年轻人的吸引力不足。供给与需求错位，需求反馈机制尚未健全完善，文化活动供给与市民群众的实际需求不能准确匹配。

2. 文艺创作和文化交流仍有短板

一是现实作品欠缺。扬州市艺术创作在题材开掘、观念拓展上较为乏力，表现在现实题材作品不多，作品内容未能有效利用丰富的社会文化资源，未能展现现代变革中扬州这座城市的发展变化、普通百姓的喜怒哀乐等。二是作品影响有待提高。扬州市扬剧、木偶、曲艺等皆是国家级非物质文化遗产，这些主要艺术门类在江苏乃至全国均具有较大影响，不过其代表性艺术作品的影响力则体现不够，大型艺术作品在全国的知名度、影响力有限，缺乏系统的宣传推广和市场拓展。三是文化交流成效需强化。在多部门联合发力系统化推进文化"走出去"上力度不足，目前主要停留在"单兵作战"，"走出去"方式较单一。传统文化剧目与国际需求结合不够紧，缺乏国际化视角。文化"请进来"欠缺，优秀中外文化作品引进的力度与国家文化旅游名城应具备的城市文化品位要求、与人民群众文化需求仍存在较大差距。

3. 文化人才队伍建设亟待加强

当前，扬州文化人才发展规划较为滞后，在重点培养高层次人才、筛选优秀中青年人才、建立各艺术门类的优秀人才档案、给优秀演员创造更多的展示机会等方面存在不足。高端人才缺乏，人才引进方式单一，编剧、导演、作曲等主创人员紧缺，业务精、懂经营、善管理的高层次复合型人才稀缺。文化人才存在"有高原缺高峰"现象，如扬剧、木偶、曲艺、美术等方面，已有一批屡获大奖的优秀人才，但各艺术门类有广泛影响的文化领军人物，特别是在全省乃至在全国有影响的名人名家仍然稀少。文化人才年龄结构严重失衡，扬州市非物质文化遗产传承人方面，市级传承人平均年龄已达57岁，国家级传承人平均年龄已达71岁，目前尚缺乏有效的政策措施激励和支持传承主体培养后继人才；扬州文化艺术学校戏曲人才培养卓有成效，但戏曲教师队伍严重老化，很多70、80岁的老教师还坚持在教育一线，新生师资力量跟上的后劲不足。基层文化队伍还不健全，基层文化演艺人员、管理人员配备不足，业务能力有待进一步培训提升。

4. 文化市场意识形态领域风险度高

在新时代、新经济、新需求的大背景下，文化市场已经进入了转型发展的快车道，无论是新的发展领域还是传统领域，意识形态风险均进入了易发高发期。公众社交平台、网络直播平台等监管相对滞后，互联网视听节目内容、网站和手机App客户端推送内容、网民特别是青少年的互动言论观点受到网络环境多元价值观念冲击，存在价值观歪曲、政治自主性缺失、低俗和泛政治化倾向等问题。当前，受到监管手段传统单一、联合执法机制不健全等多方面制约，设置非法的无线广播、卫星电视接收设施、境外电视网络共享设备等问题仍有可能发生。个别媒体存在对敏感社会事件价值观念引导不准、力度不够，偏重经济效益，对社会主义核心价值观宣传重视程度不够等问题。印刷复制发行市场无证、超范围和无授权印刷经营、非法出版物销售等问题仍然存在。民间文艺团体演出活动缺乏有效的联合监管举措，可能出现节目内容低俗、迷信等问题。

三 扬州文化事业高质量发展的对策建议

1. 加快建设完善现代公共文化服务体系

公共文化服务的特点在于"均衡精准"，坚持以均等化为目标，以标准化为基础，以精准化为路径，在源头建设好公共文化服务的"起始一公里"，在终端打通公共文化服务的"最后一公里"。一是完善公共文化设施。编制《扬州市公共文化设施布局规划（2018~2035）》，建成覆盖城乡、布局合理的公共文化设施网络，提升全市人均拥有公共文化设施面积。提升市级文化设施，推进县级新文化中心建设，完善基层公共文化设施。推动公共文化资源和服务向基层延伸。推进公共图书馆、文化馆总分馆建设，实现共建共享。提升"四位一体"公共图书馆服务体系建设水平，在全市层面推广城市书房模式，布局建设特色书店，在城市最热闹的地方开辟最安静的阅读空间。加强广播电视传播能力和应急能力建设，推进广电机构转型发展。二是丰富公共文化产品。实施"文化精准扶贫"，以农村等公共文化薄弱地区和老人、学生、外来务工人员等特殊群体为重点，加大文艺演出、书报阅读、展览展示、影视放映、学习培训等公益性文化服务的供给力度，常态化开展送戏、送书、送电影"三下乡"等活动。推进社区文化、校园文化、企业文化、军营文化、村落文化、家庭文化建设。加大精品公共文化项目投入力度，以精神文明建设"五个一工程"为龙头，深入实施群众文艺精品创作工程，创作生产一批群众文艺精品。打造"绿杨"系列文化活动品牌体系。打造"扬图讲堂""扬州讲坛""文联讲堂"等公益文化讲座品牌。大力推动全民阅读，打造一批以"朱自清读书节"为龙头的阅读活动品牌，力争扬州市居民综合阅读率位居全省前列。三是创新服务运行机制。开展"结对子""种文化"活动，推动建立图书馆联盟、文化馆联盟，推动文化从城市"高地"流向农村"洼地"，加快区域文化共建共享。建立健全政府购买公共文化服务机制。出台市县两级《向社会力量购买公共文化产品和服务管理办法》和《政府购买公共文化服务指导性目录》，鼓励支持社会力量参与公共文化服务。完善文化志愿者注册招募、服务记录、管理评价、激励保障机制和志愿服务下基层制度。完善群众反馈和评价机制，进一步提高公共文化活动的针对性和实效性。

2. 大力繁荣文化艺术创作

文艺创作的根本导向在于以人民为中心，把握好为人民服务、为社会主义服务这个根本创作方向，解决好"为了谁、依靠谁、我是谁"这个根本问题，自觉在深入生活、扎根人民中进行无愧于时代的文艺创造。一是坚持价值引领。围绕"中国梦"主题，以扬州道德模范、先进人物事迹、法治宣传、反腐倡廉等为内容，策划推进现实题材创作。围绕扬州历史文化，突出地方文化特色，推进地域题材创作。围绕重要时点，聚焦重大历史事件和

重点历史人物，推进重大题材创作。围绕百姓生活，突出传统美德、凡人善举、人间真情，推进民生题材创作。常态化长效开展"深入生活、扎根人民"主题实践活动，创作一批反映百姓生活、时代新风，为群众喜闻乐见的文艺节目。二是打造精品力作。坚持思想精深、艺术精湛、制作精良、人民喜爱相统一，加强现实题材创作，不断推出讴歌党、讴歌祖国、讴歌人民、讴歌英雄的精品力作。发挥文化艺术政府奖的导向作用，推出一批高艺术水准、高市场认可的精品力作，力争跻身全省文艺精品创作"第一方阵"，在全国"五个一工程"奖、牡丹奖、金狮奖、梅花奖、文华奖、全国美展等重要奖项上取得新突破。精心策划、认真选题，围绕"以剧养团"要求，打磨一批扬剧、木偶、曲艺精品，创作一批能反映时代精神，风格鲜明、影响力大的美术书法新作、文学作品，生产一批新闻出版广播电视影视精品。积极扶持和振兴地方戏曲，支持扬剧、淮剧等传承发展。三是加强文艺研究。系统整理扬州历史文献资料、扬州传统文化艺术，加快出版历史文献丛书、地方文艺传统书目。加强扬州艺术理论研究，加强地方文化艺术传承的基础研究，加强文化名人和艺术家个案研究，加强文艺创作作品和文化特殊现象研究。

3. **传承弘扬优秀传统文化**

推进优秀传统文化创造性转化和创新性发展、促进"非遗""活态化"传承保护是传承城市历史文脉的必然之路。一是加强非遗传承保护。完成《扬州市非物质文化遗产保护条例》立法工作。编制省级以上"非遗"项目中长期规划。对扬州历史文化和代表性作品进行全面梳理、抢救性保护，充分运用现代手段进行整理、展示，加强优秀传统文化研究。加大扬州历史文化传承人才的保护力度，按照扬州文化学术、艺术、技术分类，为有代表性的人物立传，留下资料，传诸后世。加强扬州非物质文化遗产项目传统技艺传习，促进"非遗"推广传承。二是促进文化遗产活化。推动文化遗产开发，深刻解读其中的文化内涵，采取合作、授权、独立开发等方式，通过现代化、产业化、可体验式等形式，深度发掘内在资源和文化效应。组织开展博物馆日、文化和自然遗产日和岁时节令展示展演等活动，推动更多"非遗"项目进校园、进街区、进景区，促进文化遗产保护向社会化方向发展。

4. 培育壮大文化人才队伍

构建管理规范、梯次合理、艺术精专的文化人才队伍是推动文化事业高质量发展的强大动力源。必须从源头上建立"搭台架梯、浇水施肥"的人才培养机制。一是造就领军型文艺名家。制定文化人才"510"培育计划，用三年时间培育扶持10名作家、10名舞台表演艺术家、10名优秀书画家、10名国家级非物质文化遗产传承人、10名编导人才。围绕造就一批名家大师和领军人物，为名家定制作品，以人才打造项目、推出项目，组织专场、专展、巡演、巡展、代表作品研讨会等，命名成立一批大师工作室，在院校成立名师传习班，促进名家"成家立派"。以签约、兼职、延聘等方式引进培养一批高端文艺人才、文化经营管理人才、文化领军人才和创新团队。聘请一批国内外文艺名家为扬州各文艺团队、馆、院的顾问。引进培养创意设计型人才和市场管理人才。二是培养多层次艺术人才。立足扬州戏曲园，积极打造艺术人才教学培养、展演展示、传承创新基地。拓展与中字头、国字号专业院校等共同培养文化人才合作方式，全力建好中国音乐学院民族乐器研发基地、中国戏曲学院扬州生源培训和实践基地等。支持艺校邀请国内外名家来扬州任教，在办学层次和办学水平上取得突破。打造全国木偶艺术人才培训基地。常态化举办戏剧曲艺创作人员讲习班。三是配强管理型文化干部。以事业化高素质为目标，选优配强文艺单位领导班子。以"工作方式上密切依靠文艺工作者，工作路线上遵循文艺规律"为要求，建立能上能下的考核机制。以"想干事、能干事、干成事"为标准，建立文化机关干部队伍鼓励激励机制，营造干事创业的浓厚氛围。加强基层文化队伍建设，加大教育培训力度，开展基层文化干部、体制外文化能人、基层文化志愿者等专项培训。

5. 扩大对外文化交流

开展多渠道多形式多层次的文化交流传播，创新对外传播、文化交流、文化贸易方式，提升文化开放水平，展示精致精彩精美的扬州文化艺术。一是对接国家对外交流平台。主动参与丝绸之路国际艺术节、"丝绸之路文化

之旅"系列活动,充分挖掘扬州"一带一路"历史文化遗产,开展丰富多彩的文化交流活动。继续打造"一带一路一河"国家级"非遗"展演展示交流品牌。用好中国大运河世界文化遗产资源,放大鉴真、崔致远、马可·波罗、普哈丁等历史文化名人效应,举办世界运河城市文化交流、中外丝路城市美食文化交流、江苏大运河旅游节等重要活动,不断拓展对外文化交流。二是推动文化"故事"传出去。城市、景点背后的文化"故事"是最能吸引游客、读者的核心要素。依托书香扬州建设,以书本形式对扬州文化"故事"进行通俗化、国际化解读。依托对外曲艺交流,以演出、研讨等形式对扬州文化"故事"进行人物化、情境化、典型化表现。依托国际文化旅游名城建设,站在旅游旅行者的视角,用世界主流语言、载体化展示、体验式开发、衍生化发展模式来讲述、演绎扬州文化"故事",强化扬州文化"故事"的国际化表达与传播。三是促进对外文化贸易交流。鼓励创作和推动一批制作精良、经过市场检验的演出、展览项目,进入海外重要艺术节、主流场馆及商业渠道,大力支持扬州曲艺、木偶、美术、歌舞、扬剧以及扬州玉雕、漆器、剪纸、雕版印刷、园艺等"走出去""卖出去"。组织文化企业参加境内外演艺交易会、艺术博览会、图书展、影视展、动漫游戏节等国际大型展会和文化活动,推动文化企业和文化产品"走出去"。

6. 维护文化市场意识形态安全

在明责任、强武装、把方向、管阵地、抓评论、用媒体、建机制、带队伍等方面下功夫,严守主阵地安全。一是建立联动监管机制。建立完善全市层面多框架的多部门协同联动监管机制,对网络文化意识形态出现的苗头性言论、观点、行为问题,非法的无线广播、卫星电视接收设施、境外电视网络共享设备,低俗、迷信、暴力等演出活动,非法出版物市场等突出的极易威胁意识形态领域安全的问题,实施联合监督执法。二是加强正面宣传引导。运用网络"发声",加强网络上游监管,严格端口网络内容、言论的预警监控和价值观引导;更多发出网络正面声音,政府部门主导,联合社会协会组织、网络运营方、优秀网民,通过形式多样、网民接受的宣传手段、互动方式,将正面的、主流的价值观念传送到网民中去。联合媒体"发声",

发挥主流媒体舆论引导作用，弘扬主旋律，讲好中国故事、扬州故事，宣传好社会主义核心价值观和扬州文化。三是加大制度技术保障。建立完善意识形态责任制长效落实机制和监督考核机制。建设包括广播电视节目、网络视听节目在内的文化市场综合检测监管平台，运用技术手段加强网络、广电媒体平台实时监控预警。加大新时代文化领域意识形态重点行业监管、执法人才队伍建设，建立常态化的培训制度，优化监督执法装备更新机制，加大对网媒、电媒、纸媒和讲坛、讲座、讲堂等的监督检查力度。

B.21
2018年扬州民政事业发展报告

王振祥*

摘　要： 2018年，扬州市民政工作在市委市政府的正确领导和省民政厅的悉心指导下，围绕大局，切实履行改善民生、落实民权、维护民利的基本职责，解放思想，深化改革，民政事业稳步发展，民政惠民实效显著提升、服务能力切实增强、改革创新持续推进、基础支撑不断强化。具体推动了颐养社区建设工作、社会救助体系构建工作、基层政权和社区建设工作、优抚安置工作、社会福利工作、社会组织的发展与规范管理工作、专项社会事务管理工作、构建社会养老服务体系工作和项目建设等。目前，民政工作理论研究有待进一步深化，民政工作标准化建设有待进一步加强，民政业务档案管理工作有待进一步提升。

关键词： 民政事业　标准化建设　档案管理

一　扬州民政事业的发展现状

2018年是贯彻落实党的十九大精神的开局之年。全市各级民政部门以习近平新时代中国特色社会主义思想为指导，按照年初既定目标，紧扣"兜底线、保基本、补短板、抓重点、重创新、树形象"的要求，重点任务序时推进，常规工作平稳有序。

---

* 王振祥，扬州市民政局局长。

持续完善兜底民生保障。推进了全市城乡低保一体化进程。从2018年7月1日起，市区城乡居民最低生活保障标准由月人均630元统一提高到月人均660元，宝应县、高邮市、仪征市不低于月人均630元，市区与县（市）之间标准差距缩小到30元。截至2018年三季度末，全市共保障城乡低保对象1.92万户、3.61万人，投入资金1.22亿元，低保对象占总人口比例为0.78%。开展农村低保专项治理行动，组织了市内异地互查和第三方核查。市民政数据中心平台实现省、市金融信息在线查询全覆盖，已对4.62万低保存量及新增对象进行核对。提请市政府下发了《关于进一步健全特困人员救助供养制度的实施意见》《关于加强低保内尿毒症患者救助工作的通知》，召开新闻发布会对政策进行了专题解读。继续开展困境儿童专项助学，上半年专项资助894名困境儿童178.8万元助学金。全市各地已完成自然灾害人身意外伤害险、家庭财产综合保险、养老机构综合责任保险和散居特困人员意外伤害保险的续保投保工作。2015年9月起实施市区自然灾害民生保险项目，理赔案件342起，赔付保险费596.25万元，赔付率97.16%，资金使用率98.85%。持续开展"合力监护、相伴成长"农村留守儿童关爱保护专项行动，将无人监护的484人全部纳入监护范围，建立了有900多名基层督导员的队伍，建成了5个农村留守儿童关爱之家。

长效推进养老服务发展。"颐养示范社区建设"被列入省高质量发展6个个性考核指标之一。市政府先后召开政府常务会、专题督查推进会，下发了《颐养社区建设总体方案（2018~2021年）》《颐养社区建设2018年度实施计划》，市人大、市政府组织了专项督查组开展常态督查。对照2018年度实施计划，目前，22个颐养示范社区已全部建成。经过两年的颐养社区建设探索，取得初步成效：服务设施更完善，两年来政府通过购置、租赁、闲置资产回收等方式新增了5.46万平方米养老服务用房，并通过网点化布局，新建成护理院14家、街道日间照料中心6家、标准化居家养老服务中心212个、中央厨房10个、助餐点276个。加快推进医养结合发展，推进老年护理院、康复医院等护理型机构建设，吸引海阳、"369"、慧享福、九如城等知名养老服务品牌企业入驻扬州，护理院增长数超过历年总和。服务

项目更全，覆盖老人完整生命周期，将部省文件规定的助餐、助医等"五助"（助餐、助浴、助洁、助急、助医），扩展到助行、助购等"十四助"。服务覆盖人群更广，颐养示范社区中80%多的老年人享受居家和社区养老服务，同比增加31%。服务主体更多元，全市78%的社区居家养老服务中心采取公办公营运营模式、25%的养老机构采取公建民营模式，14家养老护理院、康复医院采用民办公助模式，多元参与扬州市养老服务的态势已经形成。组织架构更优，市级有"12349"养老服务平台，区级有虚拟养老院，街道有日间照料中心，社区有居家养老服务中心，平均每个社区有1.1个居家养老服务机构。联合市规划局、发展改革委、国土局等部门修编《扬州市社会福利设施专项规划（2018~2035年）》，扬州市中心城区的养老服务设施规划已经基本完成。市八届人大常委会第十五次会议对颐养社区建设工作进行了满意度测评，测评结果为"满意"。

深化创新基层社会治理。推进实施《扬州市社区建设行动计划（2017~2020年）》，下发了《社区建设行动计划2018~2020年度工作目标任务分解表》。制定了社区邻里服务中心建设试行标准，各地均规划或启动建设1个社区邻里服务中心。开展社区治理和服务创新，实施30个街道、社区创新项目，委托第三方专家团队对社区治理和创新项目进行全程跟踪、督导和评估，努力打造一批有创新、有影响、有特色的社区治理项目。9月11日，市委办、市政府办下发了《扬州市统筹城乡融合发展创新农村基层社会治理与服务试点工作方案》，对部分试点单位进行了实地调研，指导各地开展农村基层社会治理创新工作。着力加强社会组织培育和监管，举办首届社会组织公益项目洽谈会。目前，扬州市共有各级各类社会组织5536个，年均增长率超过15%，万人社会组织拥有数超过12个。组织开展了打击整治非法社会组织专项行动，大力发展社会工作和志愿服务。成功举办了第一届扬州志愿服务展示交流会。开发设置社会工作岗位4000余个，扶持发展民办社工服务机构近600家。初步建立"综合受理、后台办理、一门服务"的全科社工服务机制，覆盖率52.7%，完成年度目标。

优化规范专项民政服务。开展婚姻管理规范化检查，完成婚姻登记管理系统和婚姻登记信用信息系统的升级改造。成立了由分管副市长为总召集人的全市殡葬改革工作联席会议，开展殡葬领域突出问题专项整治行动。所有县（市、区）实施了节地生态安葬政策。联合团市委、广电总台常态化运营"12355"未成年人保护平台。持续做好流浪乞讨人员救助工作。扬州市各救助站强化传统查找寻亲力度，同时推进"互联网+救助寻亲"模式，历年滞留人数第一次实现了负增长，救助寻亲工作取得突破性进展。首批99名滞留人员成为扬州新市民，享受同城特困居民保障待遇。大力推进地名文化建设，启动开展了《标准地名词典》《标准地名志》编写工作，选送制作的《柳堡》等地名文化视频获得全国表彰。推进"互联网+政务服务""政务服务一张网"，行政权力事项"三级四同"，实现"应上尽上、全程在线"。窗口"不见面"审批（服务）事项全部实现"网上办理+EMS"寄送，不见面率、及时办结率、服务对象满意率都达到100%。

扎实落实优抚安置政策。落实省59号、市79号文件要求，为符合条件的下岗、失业转业志愿兵（士官）发放生活困难补助。开展退役军人信息采集工作，全面完成2017年度符合政府安排工作条件退役士兵的岗位安置工作。组织开展退役士兵免费教育培训，2018年全市共报名参训1600人，参训率达88%，知晓率达100%。全面完成了上级下达的优抚对象数据核查任务。重点优抚对象短期疗养和医疗巡诊工作全面展开。大力推进优抚驿站建设。先后制定《关于实施优抚驿站建设推进优抚工作社会化的意见》《优抚驿站建设管理暂行办法》，在乡镇（街道）建立优抚驿站，通过向社会购买服务引入专业社会组织运营，建立基层优抚服务阵地。该做法得到民政部领导的肯定，《解放军报》《国防报》《中国社会报》等媒体进行了推广报道。

二　扬州民政事业发展面临的问题

（一）民政工作理论研究有待进一步深化

我国改革开放取得举世瞩目成就的同时，多年积淀的"旧民生问题"

逐步有效地加以解决，但同时更为复杂、层次趋高、面广量大且呈现多元化的"新民生问题"日益凸显。因此，对各方面民政工作的理论研究显得尤为重要。1978年2月全国五届人大通过新宪法，成立民政部，确立民政部门的主要业务是优抚、复退安置、生产救灾、社会救济、社会福利、行政区划、婚姻登记、殡葬改革等；党的十一届三中全会为新时期民政的发展带来了新的机遇，民政部门的任务增加了基层政权建设；在21世纪新起点上的民政已成为社会建设的重要力量，其内容拓展为社会组织管理、优抚安置、救灾救济、城乡最低生活保障、基层政权和社区建设、行政区划与地名管理、社会福利、社会事务管理等。改革开放40年来，民政事业发展迅猛，就目前理论研究成果来看，对扬州市民政业务专题研究不多，民政工作理论研究有待进一步深化。

（二）民政工作标准化建设有待进一步加强

民政标准化是指民政部门为行使管理职能，在民政公共服务和社会管理领域根据标准化的理念和方法，对在民政公共服务和社会管理实践中重复出现、需要协调统一的活动，进行科学总结和提炼，形成正式的标准文件并加以宣传贯彻、推广实施和持续改进的过程。在当前中央严格控制评比达标表彰活动和建设现代民政、建设服务型政府的关键时期，推进民政标准化建设与实施，对更新民政工作观念、创新民政工作形式、改进民政工作手段、推进民政标准化建设与实施，适应现代民政事业发展需要，提升扬州人民幸福感与获得感具有重要意义。目前，扬州市社会福利中心、各地颐养社区正在按照《江苏省养老机构建设标准》进行改造建设；但是其他业务，如福利彩票、基层政权和社区建设、社会救助、婚姻登记管理、救灾减灾、殡葬服务、社会工作等方面标准化建设有所不足。

（三）民政业务档案管理工作有待进一步提升

大数据背景下，信息数据越来越多，有效保存信息是极其重要的。妥善保存民政档案是必须担起的社会责任，切实提高档案管理水平是日常工作的重点之一。一是档案管理意识不够强。不少地区民政部门和机关业务处室认为档案的建立和管理不会产生实际效益，对于档案的管理不够重视，没有充分意识到档案对民政工作的价值。二是档案管理制度不健全。现代科技突飞猛进，先进的民政部门工作方法逐渐建立，但是与之相配套的档案管理方法却没有形成，一些重要资料均未纳入民政档案管理。三是管理部门不清晰。随着时代的进步，每个民政机构的具体情况也在发生变化，每个处室（科室）的分工越来越具体，规章制度也越来越健全，人员和过去相比有了明显的变化，民政部门不同时期的档案都是由相关部门进行管理，这就导致民政方案可能缺失，很难推动民政部门发展。

三 扬州民政事业发展的建议

（一）完善现代民政工作理论研究体系建设

截至2018年11月，宝应县、仪征市、江都区、广陵区、邗江区已创成省现代民政示范县（市、区）。现代民政是在当代中国持续推进改革开放、科学发展的政治背景下提出的。要求真务实，深入开展调查研究，提升调研成效。进一步务实工作作风，坚持深入实际开展调研分析，对一些热点、难点问题做到勤关注、勤思考，关注民政工作特别是纳入省委高质量发展指标体系和市委市政府"1号"文件的重点工作。各级民政部门要加强对调研工作的指导督促，主要负责人对一些重点课题主动带头深入开展调查研究，丰富调研成果，提升调研成效。

（二）加强民政工作标准化建设

突出特色、创新机制，完善民政标准化工作平台。积极努力探索构建"统一管理、层层监督、联合推进"的运行机制和"分工合作、职责明确、协调推进"的组织机制，结合扬州工作实际，制定具有特色、协调发展的配套机制，探索建设以标准化手段为支撑的民政事务平台。立足实际、试点先行，建立健全民政标准化体系。围绕社会福利、福利彩票、救灾减灾、社会救助、基层政权和社区建设、婚姻登记管理、殡葬服务、社会工作等，选择试点地区和单位先行创建民政公共服务提供标准、保障标准和基础标准，经验推广后延伸铺开，进而建立健全民政标准化体系。优化设计、规范运作，提升民政公共服务质量。结合第十三次民政工作会议提出"要发挥民政在社会建设中的骨干作用"的要求，大力推进已建标准化项目的宣传贯彻，同时提高公共服务的透明度，将各项有关民政事务标准的实施流程公开或者制作成示范文本供公众参阅，加强民政标准化建设的实施与监督。

（三）提升民政业务档案管理工作

民政系统专业档案数据庞大、种类繁多，近几年来，民政部档案馆积极推进民政专业档案资源建设。对于地级市和县级市民政部门来说，一是要加强民政档案信息化管理。引入计算机技术，大大改善储存不便、档案易损等问题。目前，市民政系统文书档案已全部实现信息化。二是要广泛推广民政档案利用。在基层档案室，加强专题数据库建设，将利用率高的民政档案种类列为优先数字化对象，如婚姻登记档案、伤残抚恤人员档案等，加强各级民政部门的相互关联；同时，开发多途径检索工具，最终利用民政档案收藏的数字化手段实现民政档案资源共享。三是完善管理制度，提升档案管理人员水平。加强相关政策法律法规的宣传，制定管理制度，完善档案的保管、使用、储存要求；定期对档案管理人员进行系统、规范的培训，帮助提高其工作能力、开阔眼界，提高专业修养，加强职业道德与职业素质，适应民政档案业务的发展，推动档案管理水平的提高。

参考文献

《关于"民政"问题的理论探微》，《上海行政学院学报》2012年第3期。

丁朋：《新常态　新征程　2015 年以民政法治建设规范引领民政事业健康发展》，《中国民政》2015 年第 1 期。

高贵华：《现代民政背景下的民政信息化及"互联网　民政"研究》，《中国管理信息化》2016 年第 9 期。

侯非、万福军、杨朔：《我国民政事业标准化问题分析与政策建议》，《中国标准化》2014 年第 6 期。

侯非、万福军、杨朔：《我国民政事业标准化问题分析与政策建议》，《学术研讨》2014 年第 6 期。

孙静：《浅论民政事业单位人力资源管理方法》，《管理督查》2013 年第 10 期。

孙玉琴：《旗帜鲜明讲政治　坚定不移抓法治　奋力开创民政事业改革发展新局面》，《中国民政》2017 年第 8 期。

唐钧：《民政工作的开放性及社会福利服务的整合》，《北京工业大学学报》2015 年第 6 期。

肖雅芸：《大数据背景下民政档案管理与文化建设初探》，《城建档案》2014 年第 7 期。

郑碧强、黄序和：《民政标准化实践的"福建模式"探索》，《东南学术》2015 年第 1 期。

钟万春、封铁英：《民政事业创新发展的多维探讨》，《中国民政》2016 年第 23 期。

周思颖、彭友谊、刘向达：《重庆市民政标准化现状调查及工作建议》，《中国民政》2016 年第 3 期。

邹鹰：《现代民政学理论体系构建研究》，《社会工作》2015 年第 5 期。

B.22
扬州旅游业实现"四季旺游"路径研究

扬州市旅游局、扬州市职业大学课题组*

摘　要： 扬州近两年推出了"扬州的夏日"和"冬季养生节"等特色旅游活动，取得了一定效果，但距"四季旺游"目标甚远。扬州推进"四季旺游"工作，应遵循产品适配、特色创新、品牌吸引、与时俱进、持之以恒等原则。扬州应通过彰显现有旅游产品的四季魅力、打造四季适配的旅游产品、增强旅游要素的四季吸引力、举办具有四季特色的旅游活动、开展四季主题创意营销、强化四季旅游公共服务、加大淡季旅游的激励力度、加强组织保障等路径推进"四季旺游"目标的实现。

关键词： 旅游业　四季旺游　旅游产品

2018年1月江苏省委书记参加省十三届人大一次会议扬州代表团审议时说，扬州是美丽的、宜居的、有文化底蕴的，过去是"烟花三月下扬州"，现在要通过我们的努力，让大家在春夏秋冬都想去看看，满足世界人民对扬州的向往。如何唱好"四季歌"、实现四季旺游、推动旅游业高质量发展，已成为扬州发展的重要研究课题。

由于物候等因素的季节变化，很多旅游目的地都有淡旺季之分，许多地方也在想办法如何使得旅游淡季不淡，但取得巨大成效的并不多。而且每个

---

* 课题组负责人：张贵联，扬州市旅游局局长、党组书记；许金如，扬州职业大学党委副书记、副校长、教授。课题组成员：王明宏、李芸、董广智、段七零、谭兴文。

旅游目的地的情况不一样,所以推进"四季旺游"工作并不能大量借鉴外地的具体做法,必须根据本地的旅游资源特点和淡旺季的旅游现状,提出切合实际的壮大四季旅游的路径。

一 扬州旅游业"四季旺游"工作的现状

李白的诗句"烟花三月下扬州"是为扬州"订制"的最为脍炙人口的广告词,在一定程度上影响了扬州旅游业淡旺季的格局。扬州旅游一直存在春季爆棚、秋季较旺、冬夏冷清的问题,旅游主管部门也意识到这点,并积极努力,从2017年开始在夏季开展了以"扬州的夏日"(朱自清著名散文)为主题的营销活动和旅游节,对"扬州的夏日"特色旅游活动进行了奖励,在冬季推出"扬州冬季养生节",主打温泉和冬令养生美食元素,取得了一定的效果,但与春秋两季的旅游相比仍存在很大差距。2017年和2018年,扬州市委、市政府连续两年发布"3号"文件《关于更好服务游客建设宜游城市的意见》,提出为游客提供更好服务的十大举措,旨在全面提升游客满意度,建设宜游城市,其中包括了扬州主要景点门票实行阶段性优惠,除4月、5月、10月三个月的其他月份,门票大幅度降价,使得扬州传统旅游淡季的夏季游客数量明显增加。统计数据显示,2017年6~8月,扬州全市接待国内过夜游客172.8万人次,同比增长23.6%;2018年6~8月,扬州全市接待国内过夜游客196.03万人次,同比增长17.86%。

然而,扬州推进"四季旺游"工作仍然存在适合夏冬季的核心旅游项目缺乏、现有旅游产品的四季魅力不足、淡季创意营销宣传有待加强、淡季对旅游企业激励力度不够、组织协调机制不够健全等问题,影响了推进"四季旺游"的工作实效,制约着扬州旅游业高质量发展。

二 扬州旅游业实现"四季旺游"的原则

1. 产品适配原则

产品适配原则是指在进行四季旅游开发时,应在全面了解和准确把握每个季节市场需求的基础上，寻找并预测游客的旅游偏好，打造既符合游客需求又适配扬州四季环境的旅游产品和项目。

2. 特色创新原则

特色创新原则是指在设计四季旅游产品和项目时，要深层次发掘扬州旅游资源的独特性，并通过设计对其进行优化与突出，形成独特的风格、具备新异性，实现"以特引人""以新服人"。

3. 品牌吸引原则

品牌吸引原则是指在进行四季旅游开发时，要迎合旅游产品的发展趋势，凸显扬州旅游资源优势，塑造知名的扬州旅游品牌，使扬州旅游在同类旅游中脱颖而出，以品牌的影响力吸引更多的旅游者。

4. 与时俱进原则

与时俱进原则是指在进行四季旅游开发时，要随着开发阶段的不同、市场和顾客需求的变化趋势，及时开发前沿旅游产品，做到"人无我有、人有我优、人优我新"，实现扬州旅游的引领发展。

5. 持之以恒原则

扬州推进"四季旺游"工作是一个复杂的长期工程，涉及旅游产品、旅游活动、旅游营销、旅游管理、旅游环境等方面，政府部门、旅游企业、相关行业、全体市民需要持之以恒、全力推进，才能凸显成效。

三 扬州旅游业实现"四季旺游"的路径

（一）彰显现有旅游产品的四季魅力

作为"美丽宜居的公园城市"，扬州现有的主打旅游产品，如瘦西湖、个园、何园、大明寺等，在春暖花开、秋色斑斓的季节游人如织，但在炎夏、寒冬则游客明显减少。这些景点如果要实现全时旅游，必须尽快实现旅游功能转型，从风景名胜升级为休闲度假胜地。扬州蜀冈瘦西湖风景区正在努力建设国家旅游度假区，这个决策非常英明、及时，有望在不久的将来突破观光旅游的瓶颈。扬州的县域旅游相对薄弱，我们要在提升县域旅游产品的功能方面下功夫，利用其乡村、湖荡、温泉等优势，做旺夏冬两季旅游市场。

为了彰显现有旅游产品的四季魅力，各旅游单位要统一思想，创新发展，采取针对性措施。

1. 集聚度假要素

现有旅游产品要以加强休闲度假功能为发展方向，在提升美景吸引力的同时，系统规划并引进住宿、餐饮、游乐、旅游体验、会议、展览、研学、养生等旅游要素，打造度假旅游综合体。

2. 彰显度假特色

现有旅游产品向休闲度假方向转变，不能"千景一面"，要充分发挥自身旅游资源的优势，做出特色，形成文化度假、生态度假、养生度假、农业度假、体育度假等多种产品形态。例如，可将正在创建的瘦西湖度假区定位为文化旅游度假区，宝应湖国家湿地公园定位为生态旅游度假区，高邮清水潭度假区定位为温泉养生旅游度假区，仪征枣林湾定位为园艺旅游度假区、邵伯古镇定位为美食旅游度假区等。

3. 强化旅游体验

旅游的最高境界是"天人合一"，也就是游客主体和旅游客体合二为一、融为一体。开发旅游体验项目可以达到这个效果。各景区在这方面要多动脑筋，创意设计，开发旅游体验项目。例如，瘦西湖可以开发"虹桥修禊"演出活动，何园可以举办"何氏家训"互动性短剧演出（扬州职业大学师生已经创作并演出），广陵王墓博物馆可上演互动短剧《最后的晚餐》，等等。

4. 巧妙利用时空

针对夏天炎热、冬天寒冷导致旅游淡季的客观因素，旅游产品要在时间、空间的利用上下功夫，注重培育月光旅游经济，营造室内旅游和水体旅游空间。

夏日夜晚温度下降，做足夜游文章，可成为扬州夏季旅游的增长点，游

客来扬可以夜游、夜娱、夜宴、夜浴……领略"夜市千灯照碧云，犹自笙歌彻晓闻"之盛况。可以打出"夏天去扬州过夜"的旅游宣传口号，让扬州夜、扬州月植根于人们心中。例如，扬州古典园林在夜晚更具魅力，许多景物原本就是为夜晚赏景设计的，如何园"纳凉拍曲"之水心方亭、个园"透风漏月"之馆、小金山"春江花月夜"之月观，扬州园林能否借鉴苏州网师园的做法，开放夜花园，在亭台楼阁和融融月色中，消暑纳凉，欣赏表演，品尝美食，饮酒品茗。同时认真抓好安全工作，营造消受"扬州夜"的良好环境。

空间利用方面，可在景区里建造封闭式观景长廊、博物馆、展览馆、休闲吧等建筑，供游客在酷热或寒冷时进入适宜温度的空间场所，增加景区的空间利用率；拥有水体旅游资源的旅游产品，开发湖滨浴场、水上乐园、温泉养生等项目，从空间上拓宽水体旅游产品的利用领域。

（二）打造四季适配的旅游产品

要实现"四季旺游"，就得打造四季适配的旅游产品。扬州的旅游淡季是夏冬两季，主要原因之一是缺乏满足夏季、冬季旅游需求的产品。通过调研夏季、冬季热门旅游城市可以发现：夏季旅游的主题词是避暑、戏水、游乐、研学、夜游、室内，冬季旅游的主题词是避寒、冰雪、养生、温泉、会展、节日、民俗、美食、赏梅。扬州要借鉴这些旅游主题词，结合本地优势，打造体现季节特点的旅游产品，形成"春有烟花三月、夏有研学戏水、秋有二分明月、冬有美食养生"的四季旅游格局。加快推进总投资120亿元的江都邵伯运河风情小镇、总投资150亿元的华侨城等重大项目建设，这些重大旅游产品的开发与运营，将大大增加扬州四季的旅游消费。

在夏季，扬州并非避暑胜地，但可以在戏水、游乐、研学、室内等方面做足文章，打造出相应产品。在戏水方面，扬州境内水网纵横，有长江、运河、瘦西湖、邵伯湖、高邮湖、宝应湖等水体，发展水上旅游项目具有得天独厚的条件。例如，可以打造水上乐园、内河"邮轮"、赛艇基地等旅游产品。夏季是学校师生暑假出游旺季，扬州要对准这方面的客源，打造科技、文化博览类的旅游产品，充分利用扬州的历史文化优势，将扬州建设成为"文博之城"或"博物馆之城"，打造100个博物馆，对外宣传"去扬州百家博物馆避暑"；建立琴筝培训基地（整合培训资源，打造集琴筝培训、演出、住宿、餐饮、乐器销售为一体的旅游综合体）、民间工艺培训作坊（打造集制作、培训、体验、展示为一体的场馆）、名师大讲堂（邀请著名的科学家、文化人、中学特级教师等开展系列讲座）等研学旅游产品。这些产品大多数是让旅游者在室内活动，可以有效避免扬州夏季炎热的缺陷。

要点亮扬州旅游"冬天里的一把火"，扬州应着重培育度假休闲和会展旅游，补齐冬季观光旅游的短板，打造温泉旅游、养生旅游、美食旅游等主题景点，使之成为综合性、亲民性强的旅游产品，让游客在扬州"待得住"，真正实现扬州"城市度假"的目标。例如，温泉主题景点应具有泡汤、养生、美体、娱乐、会议、餐饮、住宿等服务功能；养生主题景点应具有养生治疗、培训（足疗技艺、推拿技艺、药膳制作等培训）、会议、展示、餐饮、住宿等服务功能；美食主题景点应具有品尝美食（淮扬名宴、风味小吃等）、美食制作体验与培训、养生、会议、展示、住宿等服务功能。

（三）增强旅游要素的四季吸引力

旅游要素是旅游业发展的主要内容，扬州要实现"四季旺游"，必须着力推进旅游要素的供给侧改革，增强旅游要素的四季吸引力。

1. 餐饮业的季节性创新

扬州餐饮业在打造品质化、品牌化的基础上，丰富与创新季节性的餐饮品种类型，实现四季特色化，刺激淡季的游客消费。一是高擎中国"四大菜系"之一的旗帜，对淮扬菜进行四季改良，如夏季增加江鲜、湖鲜、荷藕等元素，冬季增加养生菜肴。二是鼓励富春、冶春、锦春、共和春等老字号名店带头进行季节性创新，推出季节性的食疗、体验、时尚的餐饮产品。三是进行"扬州炒饭""扬州早茶"的四季创新，根据季节融入不同的文化元素，提升"炒饭文化""早茶文化"的四季活力，推出春意早茶、夏凉早茶、秋爽早茶、冬补早茶等四季特色早茶。四是充分挖掘扬州不同季节的特色小吃，丰富四季小吃品种。五是增加淮海路、四望亭路、1912街区、东关街街区、望月路、兴城东路、京华城中城等餐饮休闲集聚区的产品种类，提升餐饮集聚区的四季适应性，缓解淡季不旺的现象。

2. 彰显住宿业的四季特色

一是通过大力发展精品酒店、特色民宿、主题度假酒店、房车营地、露营营地、乡村客栈等多种类型的住宿设施，增强住宿设施的四季适应性。二是挖掘扬州不同季节的文化特质，融入住宿业，进行精致化提升、主题化打造。例如，夏季的长江文化、河渔文化主题的休闲住宿设施，冬季的木偶文化、养生文化主题的休闲住宿设施。三是推出定制式住宿服务，突破四季一面的定势格局。例如，推进全市酒店内配备小书房（书柜），并随季节更换书籍，配备心脏除颤器，卫生间设置一键式呼救系统，形成扬州住宿业的特色服务。四是推进旅游标准化建设，确保各类酒店宾馆常年提供优质服务，做到标准化与特色化服务相结合。

3. 提升旅游交通的四季运转

一是优化旺淡季的列车与航班配置，尤其是扬州与重要客源地的班次，加快国际旅游航线开辟。二是进一步优化换乘中心、旅游巴士的站点和线路设计，完善换乘中心的设施与服务，推出城区豪华漫游观光巴士。三是加快乡村旅游点与省道、国道之间的连接贯通，分流旺季市区的游客人数，增强淡季的休闲旅游吸引力。四是融入扬州不同季节的文化元素，打造旅游道路沿途的四季景观。五是全市景区、度假区、体育公园内增加慢行交通，增设骑行绿道、游步道，打造环邵伯湖、环高邮湖、滨江及城区滨水的慢行交通系统，强化旅游淡季的慢生活。

4. 加强旅游中间商的四季运营力

一是实现"互联网+"战略，积极培育O2O（Online To Offline，即线上到线下）旅游中间商新模式。二是加强与携程网、去哪儿网、途牛网、同程网、驴妈妈等品牌旅游电商的合作，整合景区营销、餐饮住宿、特色旅游商品等要素，开辟扬州不同季节的旅游专题栏目，借品牌电商的营销与推广，扩大扬州旅游的四季影响力。三是鼓励传统旅行社发展智能门店，打造"智能、互动、高效"的新型旅行社，推出具备四季特色的旅游线路产品和服务，形成智能体验门店——网上虚拟门店——全程服务监控的服务闭环。建设扬州研学旅行集散中心，推出亲子游、研学游、公益文博游和文化体育休闲游等系列线路产品。

5. 增强旅游购物的四季特色

一是加强旅游商品的研发与生产，培育一批龙头企业，举办旅游商品设计大赛，实施品牌提升工程，做大做强漆器、玉器、剪纸、"三把刀"、雕刻、乱针绣、绒花、玩具等扬州传统旅游商品，积极打造一批具有四季特色和具有文化性、艺术性、符合现代消费潮流和价值取向的旅游商品。二是合理规划建设销售网点，在旅游集散中心、景区、车站、机场、城市综合体、大型超市、古街巷、民宿服务中心、星级酒店、高速公路服务区等地设置扬州旅游商品销售专柜，通过价格等促销手段，加强旅游商品的四季销售。三是推广销售以"扬州好礼"为代表的旅游纪念品，将"扬州好礼"分为四个季节进行设计包装。

6. 凸显休闲娱乐的四季魅力

一是进一步开发淡季的夜游休闲娱乐项目，鼓励有条件的景区创新发展夜间旅游，建设观光夜市，完善夜间休闲设施，打造包括夜宴、夜购、夜娱、夜浴等在内的夜游产品体系，让游客四季都"夜有所乐"。二是建设系列扬州休闲娱乐主题街区，营造良好的四季娱乐氛围。例如，以清吧、氧吧、书吧、茶吧、酒吧等为主的吧系列休闲，以"三把刀"之修脚刀为代表的修脚足疗休闲，以淮扬美食为主题的美食品鉴与体验休闲。三是充分挖掘扬州"水包皮"这一适合冬季的休闲生活方式，打造特色鲜明的中国沐浴文化。四是丰富古城剧院建设，充分利用戏曲园，设计夜间大型演出及趣味活动，挖掘四季的休闲娱乐元素，展现不同季节的扬州文化魅力。

（四）举办具有四季特色的旅游活动

举办旅游活动应成为扬州实现"四季旺游"目标的主抓手。扬州在开展四季旅游活动方面取得一定成效，尤以"烟花三月"国际经贸旅游节的品牌最知名、成效最显著。"烟花三月"旅游节的活动主要有经贸招商、节庆旅游、市民文化、特色扬州等，大力推介工业、旅游项目，实现经贸、旅游、文化相得益彰，政府、客商、市民三方齐乐。"烟花三月"期间，旅游活动主要以游园、看花、赏景、踏青、品茗为特色。2017年开始，扬州正式推出"扬州的夏日"主题旅游节以及扬州冬季养生旅游节。两年来，扬州传统旅游淡季的旅游人数和收入有了一定提高。

"扬州的夏日"主题旅游节针对暑假旅游市场，面向青少年，以亲子、亲水为主题，主打研学、娱乐等旅游活动。《扬州的夏日》是朱自清的著名散文，如今不再入选中学语文课本，知名度有所降低，所以在"扬州的夏日"旅游节中要凸显朱自清以及扬州历史名人的元素，举办"寻找朱自清的踪迹"研学旅行营、"歌吹是扬州"（出自杜牧《题扬州禅智寺》）世界音乐节、扬州亲水游、淮扬夏令美食节、国际艺术灯光节、魔方文化节、童乐汇、青麦坊旅游自制剧《厨神传奇》等旅游活动。

扬州冬季养生旅游节的名称辨识度不高，建议冠以"骑鹤上扬州"的名称，以增强游客对养生旅游节的认知。在中国文化中，鹤为长寿的象征，有松鹤长春、龟鹤延年等成语，人们常以"鹤寿""鹤龄"作为祝寿辞。冬季养生旅游节针对中老年旅游者，主打扬州足艺、沐浴温泉、养生运动、冬季进补美食、冰雪嘉年华等主题活动，融入药膳、过节、祈福、会展、体育赛事、养生培训、冰雪等元素。在春节，举办"扬州年味"系列活动，将扬州的风俗民情通过各种活动予以展示、活化，为中外游客营造一个传统、喜庆、祥和、多彩、年味浓郁的扬州春节。

现有的三大旅游节，尚未覆盖全年所有时段。为凸显扬州四季特色，除了进一步完善三大旅游节，扬州还应策划一个秋季旅游节。"天下三分明月夜，二分无赖是扬州。""二十四桥明月夜，玉人何处教吹箫。""春风又绿江南岸，明月何时照我还。"这些都是古人描写扬州月亮的著名诗句，故扬州具有"月亮城"的城市特质。据此扬州可策划一个"二分明月"秋季旅游节，举办中秋赏月、月光游、集体婚礼、蜜月之旅、深秋赏叶、各种会议会展等系列活动。

在四大季节旅游节中的每个月，还需策划月主题旅游活动，要形成"季季有节庆，月月有主题，时时有精彩"覆盖全年的热烈旅游氛围。

（五）开展四季主题创意营销

开展主题创意营销的目的是树立扬州"四季旺游"的品牌形象，提高相关旅游产品、旅游节庆活动的知名度。

扬州实现"四季旺游"，首先要重视品牌塑造，形成品牌效应。品牌的形成，需要精心策划、大力宣传，更需要持久开展、倍加呵护、不断创新，逐步形成特色内涵和鲜明形象，千万要避免草草上马、抄袭搬弄、人走茶凉的局面。扬州"四季旺游"的品牌定位，一要形成特色，二要切合市场。扬州"四季旺游"品牌形象的内涵可概括为"春花、秋月、夏学、冬养"，同时，向世界推出旅游形象宣传口号"四季度假，多彩扬州"。

扬州四季旅游主要面向度假人群，加上扬州地处长江三角洲的腹心位置，可以将国内客源目标的一级市场定位为长三角地区，尤其是上海、南京、苏州、杭州等大都市；而将国际客源目标市场定位为日韩、欧美发达国家。

从营销策略来说，一是采用立体化营销，线上线下结合，多种媒体组合，节庆、赛事、会展等活动相配合；二是采用差异化营销，要创意策划，出奇制胜，凸显扬州旅游文化资源特色，重视主题营销、事件营销、文艺作品营销等形式；三是采用真情营销，做好做精服务，强化网络评价管理、客户关系管理、游客满意度调查等口碑营销手段，形成扬州与游客的感情互动；四是采用针对性营销，在不同的季节，针对特定人群，推出不同的形象诉求。可策划合适的旅游事件，增加营销的传播力。

（六）强化四季旅游公共服务

推进"四季旺游"工作，满足世界人民对扬州的向往，就必须加强旅游服务国际化，做到个性化、人性化、标准化、特色化的有机统一，不断强化四季旅游公共服务。

1. 重视旅游信息化的四季服务

加快"云上扬州"中的"旅游云"建设，构建游客游前、游中、游后全过程的服务平台，确保游客全年都能及时获取信息。旅游呼叫中心（旅游热线、投诉电话）全年做到24小时及时热情接听，形成高效便捷畅通的旅游投诉受理、处理、反馈机制。开通扬州旅游微信服务号，旅游网站、微信、微博等平台四季及时更新信息，推出季节性的旅游信息。完善景区解说系统，建立导游解说、标示标记、手册解说、景区自助服务终端等构成的立体式、交互式解说系统，并随季节景致变化更新解说内容。建立扬州3A级以上景区舒适度指数发布体系，并与手机平台对接，让游客实时掌握一年四季的景区舒适度。及时发布灾害性天气、传染病疫情、社会安全等四季不同的旅游安全风险信息。

2. 加强四季的旅游交通便捷服务

从外来旅行者的视角和需求出发，建立好行、好停、好寻的现代化交通体系。加强主要交通道路和慢行游道沿线的交通标志牌、停车场、休憩设施、观光平台等的四季巡查，及时完善与修补。推动高速公路服务区向集交通、旅游、生态等服务于一体的复合型服务场所转型升级。加大景区和乡村旅游点停车位建设力度，推进智能停车管理系统建设，加强停车场的四季管理服务。例如，梅雨季节重视雨天安全引导服务，酷热天气提醒游客车辆遮阳服务，冬季做好车辆防滑提示服务。以高星级酒店为试点，为来扬住宿游客提供四季免费乘坐公交和旅游巴士的服务。完善扬泰机场、西部客运枢纽、汽车东站的落地自驾租车和共享汽车服务，确保游客四季有车可租、有车可享。利用旅游警察大数据平台，进一步发挥旅游警察作用，一年四季树立好"扬州旅游第一形象"。

3. 提升旅游便民惠民的四季服务

推广A级旅游厕所标准，做到全年24小时干净无味，数量充足，确保如厕方便，厕所内的软装潢可随季节而稍作改变，以提高四季舒适性。免费开放更多公共运动场所、博物馆、景点等旅游休闲场所，增加开放时间，做好夏季降温、冬季保暖的服务工作。淡季实施更大力度的景区和演出门票优惠，精准调整瘦西湖价格，扩大门票降价的景区数量。进一步完善城市休憩设施，景区增设母婴区、老龄区、吸烟区、避雨区等，增加茶座、报亭、棋牌等配套设施，做到冬夏季休憩设施的舒适性。进一步扩大"yangzhou-free"免费 Wi-Fi 的覆盖范围，全年实现信号强大、稳定、快捷。旅游服务中心、景区等提供轮椅等设备，加强无障碍设施的完善与巡查，确保残疾人四季无障碍旅游。一年四季做好旅游志愿服务，打造"微笑扬州"旅游志愿服务品牌，引导市民践行对游客文明有礼的承诺。

（七）加大淡季旅游的激励力度

一是填补扬州旅游空白，建设对淡季有较大拉动作用的大型旅游项目，要加强用地、资金等支持。对符合旅游开发总体规划的项目优先给予供地，用地价格执行省、扬州市鼓励发展现代服务业的政策，对投资体量达 1 亿元以上的旅游项目，实行一事一议。利用现有房屋和土地，发展文化旅游、健康养老、工业旅游、"互联网+"等旅游新业态的，实行土地过渡期政策，过渡期满后按新用途办理用地手续，符合划拨用地的，进行划拨供地。在资金方面，市级各部门优先帮助争取上级补助；对市级部门牵头管理的各类专项资金，可按最高标准优先使用；积极引导私募股权、创业投资基金等投资各类旅游项目，采取"互联网+"、PPP、众筹等形式吸收社会资本。

二是对于在游客招徕、创建旅游品牌、旅游活动、主题文化酒店、会议展览、旅游知名企业引进、旅游商品开发等方面为"四季旺游"做出贡献的企业和个人进行更大力度的奖励。在"扬州的夏日特色主题活动奖励"及优惠政策的基础上，进一步完善并制定《扬州市"四季旺游"工作专题奖励办法》，尤其要加大对淡季特色旅游活动和游客招徕的奖励。建议对新评为国家 5A、4A、3A 景区，分别给予 100 万元、40 万元、20 万元奖励；新评为国家、省、市旅游度假区，分别奖励 200 万元、120 万元、50 万元。对新评为全国、省特色景观旅游名镇，分别奖励 50 万元、30 万元；新评为全国、省特色景观旅游名村，分别奖励 30 万元、15 万元。对新评为省五星、四星、三星乡村旅游区，分别奖励 80 万元、40 万元、10 万元。对新评

定的五星、四星、三星级旅游饭店，分别奖励80万元、40万元、20万元；新评为金叶级和银叶级绿色旅游饭店，分别奖励50万元和20万元；新获评精品旅游饭店和文化主题旅游饭店，分别奖励10万和8万元。对新获评五星、四星、三星级旅行社，分别奖励30万元、15万元、8万元。在旅游主管部门主办的旅游商品评比中，获得国家一、二、三等奖，分别奖励20万元、10万元、5万元；获省一、二、三等奖，分别奖励10万元、5万元、2万元；获市一、二、三等奖，分别奖励5万元、3万元、1万元。

（八）加强"四季旺游"工作的组织保障

开展与推进"四季旺游"工作，牵涉很多部门，单靠一个部门是远远不够的。扬州市需成立市推进"四季旺游"工作领导小组，由分管副市长任组长，市政府副秘书长任副组长，市发展改革委、旅游、国土、财政、规划、园林、经信、商务、体育、农业、交通、建设、科技、水利、文物、环保、文广新等部门为成员单位。领导小组下设办公室，设在市旅游局。成立较高层次的组织领导机构，统筹协调各部门间工作，加强联动，形成合力，提升效率。

市推进"四季旺游"工作领导小组，负责定期或不定期研究和协调解决工作中的重大事项和主要问题。领导小组办公室承担领导小组的日常工作，牵头做好全市"四季旺游"工作的布局规划、组织实施、协调推进、考评督查等各项事务性工作，并及时向领导小组报告工作动态和主要困难。县区和功能区、乡镇各级政府要成立相应的组织机构，形成市、县、镇三级联动的工作机制。市政府将"四季旺游"工作纳入县（区）、功能区政府和各部门的综合目标考核，实现问责机制。

参考文献

《娄勤俭参加扬州团审议：以创造性探索推动高质量发展》，http://cpc.people.

com. cn/n1/2018/0128/c64102-29791161. html。

董广智、段七零、许金如、李芸：《基于经济转型升级的旅游风情小镇建设策略——以扬州市为例》，《旅游纵览》（下半月）2018年2月。

段七零、许金如、李芸：《政府层面的扬州市旅游风情小镇创建研究》，《扬州职业大学学报》2017年第4期。

国务院办公厅：《关于促进全域旅游发展的指导意见》（国办发〔2018〕15号），http://www.gov.cn/zhengce/content/2018-03/22/content_ 5276447. htm。

海峰、王道：《高邮设1000万旅游发展资金》，《扬州日报》2014年7月11日。

庄社明：《昆山市国土局积极创新措施　全力保障特色田园乡村建设用地》，《上海农村经济》2018年第1期。

B.23
扬州市产业工人队伍建设调查报告

扬州市总工会课题组*

摘　要： 随着经济社会的发展，扬州市产业工人队伍也发生了变化，推进产业工人队伍建设改革、充分发挥产业工人主力军作用是当前的一项重要任务。本文通过分析全市产业工人队伍建设的现状与问题，提出推进产业工人队伍建设的对策建议，力求为扬州市产业工人队伍建设改革提供参考。

关键词： 产业工人　队伍建设　技能人才

产业工人是工人阶级中发挥支撑作用的主体力量，是推动扬州市高质量发展的重要力量。习近平总书记高度重视工人阶级的地位和作用，多次就全心全意依靠工人阶级、推进产业工人队伍建设发表重要讲话、作出重要指示，指出要加强产业工人队伍建设，加快建设一支宏大的知识型、技能型、创新型产业工人大军。2017年，中共中央、国务院印发的《新时期产业工人队伍建设改革方案》进一步为推进产业工人队伍建设提供了方向标和指南针。市总工会成立专题调研组，通过走访座谈、调查问卷等形式，全面掌握扬州市产业工人队伍的基本情况，努力为扬州市产业工人队伍建设改革提供建议和意见。

---

* 课题组负责人：陈维权，扬州市总工会副主席。课题组成员：石兴军，扬州市总工会办公室主任；夏圣坤，扬州市总工会办公室主任科员；郝明然（执笔），扬州市总工会办公室科员。

一 当前扬州市产业工人队伍的基本情况和发展变化

近年来，在市委、市政府的正确领导和全市上下的共同努力下，全市经济、政治、文化和社会建设事业持续稳定发展。在这一进程中，扬州市职工在队伍总量、就业结构、综合素质、收入待遇、权益保障、民主参与等方面都发生了变化。

1. 产业工人队伍不断壮大

随着扬州市经济社会快速发展，工业化、城镇化进程加快，产业工人队伍不断发展壮大。2018年上半年，扬州市城镇新增就业41133人，其中第一产业新增506人，第二产业城镇新增23919人，第三产业新增16708人，就业结构进一步优化。私营企业新增就业38381人，占新增就业人数的93.3%。

2. 产业工人综合素质情况

（1）职工主流思想健康向上。对党和国家政策的认同感和满意度明显增强，对国家、城市的发展有较高的关切度。调查显示，73%的职工对2021年建成惠及全体人民的小康社会有信心；67.02%的职工认为未来的生活会变得越来越好；85%的职工认为城市发展与自身发展相关，关心工作所在的城市。

（2）学习培训意愿普遍强烈。随着科技在社会发展中作用的增大，知识资源的重要性超过了劳动力资源，分配机制向知识、技术的拥有者倾斜越来越明显，产业工人掌握新知识、增强新技能的意愿不断增强。调查显示，计算机技术类课程（40.3%）、人力资源/文秘类课程（36.53%）、外语类课程（34.8%）、金融财会类课程（26.6%）、生产管理课程（26.2%）较受广大职工欢迎。

（3）职工职业技能逐步提升。近年来，市总工会不断拓展劳动竞赛、技能竞赛覆盖面，每年约有1.5万名技术工人通过练兵、培训等活动晋升了技术等级。截至2017年底，扬州市高技能人才（高级工、技师、高级技师）总量约21万人，其中技师约2.6万人，高级技师约0.1万人。尽管技术工人的总量在增加，但技术工人的比例仍然偏低，结构不合理，技术工人以初级和中级为主，技师、高级技师增长较慢。高技能人才不超过技能人才总数的1/4。

3. 产业工人收入及生活情况整体向好

随着扬州市经济持续健康发展，职工收入平稳增长，生活质量和水平不断提高。2017年，扬州市城镇常住居民人均工资性收入23413元，占居民可支配收入的比重达60.3%，比2015年增长16%；农村常住居民人均工资性收入11481元，比2015年增长18.5%。受访职工中，职工从单位获得的全部货币收入为5001～10000元的占17.8%，3001～5000元的占45.9%，低于3000元的占33.7%，高于10000元的不到3%。

大多数受访职工对目前的收入和生活情况表示满意。其中，七成职工对工资收入水平比较满意，三成职工表示不太满意。与三年前相比，62.8%的职工认为家庭生活水平有了提高，29.4%的职工表示"有所下降"。在问及家庭总体收支时，32.1%的职工表示能攒下些钱，49.1%的职工表示收入刚刚够用，19.3%的职工表示收不抵支。受访职工中，70%以上的扬州户籍职工拥有自住房屋，近一半非扬州户籍职工有自住房屋。

4. 职工劳动经济权益保障情况

（1）社会保险人数逐年增加。近年来，参加社会基本保险的职工人数有增加趋势，社保基金规模持续增大。2017年末，全市企业职工参加基本养老保险145.67万人，城镇职工参加基本医疗保险人数98.09万人，参加失业保险66.57万人，参加工伤保险80.5万人，参加生育保险70.38万人。调查表明，29.61%的职工认为享受到比较充分的社会保障；49.11%的职工认为享受到了一定程度的社会保障。

（2）企业工资集体协商有序推进。2013年起，扬州普遍实施"企业工资集体协商工作标准"，劳资双方平等对话沟通平台进一步规范和完善。截至2017年底，全市集体合同建制企业总数16155家，建制率达97.69%。签订单个集体合同6690份，签订单个工资专项合同5303份，签订区域（行业）性集体合同603份，覆盖小企业11347家。

（3）企业劳动保护不断加强。2018年，全市未发生重特大生产安全事故，安全生产形势持续稳定向好。全市90%以上的规模以上工业企业参加"安康杯"竞赛。企业安全生产主体责任进一步加强，大多数企业建立了较为完备的劳动保护管理制度。调查显示，在存在职业病危害的单位中，绝大多数企业都提供了有效的防护措施，约7%的受访职工表示"防护措施不够"。劳动保护用品发放方面，69.5%的职工表示企业按时足量发放，13.5%的职工表示"不够用"或"不及时"，仅3.4%的职工表示"有需要，但未发放过"。此外，超过八成职工2018年以来参加过单位组织的安全生产培训。

5. 职工民主政治权利实现情况

（1）企业民主议事制度覆盖面广。2015年以来，全市企业基层工会数从12422家增加到14376家，增长15.7%。会员数从154.7万人增加到179.2万人，增长15.8%；其中农民工会员人数从81.9万人增加到104万人，增长27%。68%的职工所在单位建立了职工（代表）大会制度，88%的单位实行了厂务公开。全市223家国有及其控股企业中，建立职工董事制度的153家，建立职工监事制度的14家。非公有股份制企业中有301家建立了职工董事制度，262家建立了职工监事制度。

（2）职工参与渠道广泛多元。产业工人的民主意识不断增强，参与企业和社会事务管理愿望和能力日益提高。关于在单位发表意见或反映愿望的渠道，职工们认可的渠道主要有职工代表大会（议事会、恳谈会），占64.01%；向单位工会组织或职工代表反映意见，占52.13%；直接向班组长或单位领导提出，占46.1%；在单位的集体协商会议上反映意见，占27.13%；等等。关于解决劳动争议最有用的方式，46.28%的职工表示会依靠工会组织解决，24%会通过政府或司法、行政手段解决，19.15%直接去找单位领导，也有少数职工表示会联合工友或老乡去争取。

二 当前扬州市产业工人队伍建设中存在的问题

1. 产业工人社会地位有待提升

社会上重学历轻技能的观念并未得到根本扭转，"技术工人也是人才"的观念还不够普及，凭技术吃饭、靠技术致富的理念还没有成为社会的普遍共识和价值追求。近40%的受访职工认为近年来工人社会地位"没有变化"或"有所下降"。职业教育相较于学历教育不受家长和学生青睐，这种社会观念一定程度上制约了产业工人队伍的壮大。

2. 产业工人经济生活待遇有待改善

虽然产业工人待遇近年来有了一定提高，但总体水平不高，特别是制造业等传统产业工人收入相对较低。受物价上涨、劳动贬值等因素影响，工资上涨的意义也被削弱，影响到一线工人的积极性。不少职工还表示，与其他行业相比，获得公共服务资源的难度较大。调查发现，超过四成的职工认为社会上总体"不太公平"或"很不公平"。职工认为社会不公平的主要表现前三项依次为：收入分配不公平（占66.13%），教育资源分配不公平（占61.35%），少数人占有更多的资源（占49.7%）。职工认为当前最突出的社会问题前三项依次为：房价越来越高（71.63%），收入分配差距大（65.60%），子女教育费用高（64.72%）。由此可以看出，收入、住房、教育是广大职工最关心、最直接、最迫切的实际问题。此外，超过九成职工认为物价上涨太快，对自己的生活产生了影响。

3. 技能人才结构不合理

高技能人才是高质量发展的重要支撑。省把每万劳动力中高技能人才数纳入《全省和设区市高质量发展监测评价指标体系》。市委、市政府十分重视高技能人才的培养，但扬州市技能人才仍存在总量偏少特别是高技能人才比较缺乏的问题，主要表现在：短训速成的技工多，系统培养的技工少；初级技工多，高级技工少；单一技能型技工多，复合技能型技工少，与高质量发展的要求不相适应。究其原因，一方面，技能人才与科技人才在待遇方面差距较大，且技术工人很难凭借技能跻身工程师或管理层行列，削弱了产业工人提升技能的积极性；另一方面，一些企业片面担心职工提升技能后"跳槽"，造成企业人才流失，因此不重视职工培训和技能等级鉴定。

4. 劳动关系矛盾仍然存在

2017年，扬州市总工会共接待处理职工信访314件，其中保险保障类占信访总数的17%；工资类信访占16%；劳动合同类信访占15%。社保类信访主要集中在企业拒交社保、少缴社保或职工自己缴纳社保，单位额外补贴部分费用等问题；工伤类信访主要集中在了解共商赔偿标准，或单位不承认工伤的情况下如何维权等情况。工资类信访主要集中在用人单位拖欠工人工资，建筑工地、餐饮酒店、物业管理等行业投诉较多；或单位拒付或拖欠工人加班费，劳动力密集型工厂、酒店服务行业等投诉较多。此外，在扬州市"企业劳动用工风险评估监督行动"三年行动（2015～2017）中，共排查出劳动用工风险点2661个，下发"工会劳动法律监督意见书""工会劳动法律监督建议书"128份。

三 对推进扬州市产业工人队伍建设的建议和意见

产业工人队伍建设改革是一项系统工程，需要政府、企业、社会共同参与，形成推进合力。根据《新时期产业工人队伍改革方案》精神，针对扬州市产业工人队伍建设中存在的问题和不足，现提出如下意见建议。

1. 推进产业工人队伍建设改革

以深入贯彻落实《新时期产业工人队伍改革方案》为契机，积极构建合力推进产业工人队伍建设改革的工作格局。建议在市委统一领导下，成立产业工人队伍建设改革领导小组，按照统一部署，认真履行指导、推动、督查的职责，搞好协调配合，主动开展工作，特别是在产业工人集聚的国有企业、支柱产业和骨干企业中先行推进改革，通过试点总结经验，努力推动改革各项举措落地见效。

2. 健全产业工人技能提升体系

健全技能人才培养、晋级、使用、管理等政策体系，为推进技能人才队伍建设提供制度保证。完善现代职业教育制度，创新职业教育模式，推动产教融合、校企合作、工学结合。改革职业技能培训制度，推动职业教育培训市场化、多元化、规范化，鼓励社会力量参与，促进学历与非学历教育互通互认。改进职工技能评价方式，指导不同行业和企业科学制订职工技能、岗位贡献、岗位创新价值评价体系，调动职工创新干事的积极性。引导企业创新职工成长模式，通过设置技能、级别、职务发展等多个通道，为一线工人成长成才提供广阔空间。

3. 提升产业工人工资福利待遇

2018年3月，中办、国办联合下发了《关于提高技术工人待遇的意见》，要求鼓励企业对高技能人才在学习进修、岗位聘任、职务职级晋升方面，比照相应层级工程技术人员享受同等待遇。建议扬州市根据该意见要求，指导企业在制订职工工资分配方案时，把职工的技能级别、业绩贡献与工资挂钩，对关键技术岗位、关键工序和紧缺急需的技术工人实行协议工资、项目工资、年薪制等分配形式，提升技能工人特别是高技能人才的收入水平。引导企业规范化开展工资集体协商，科学确定产业工人工资水平。鼓励企业建立相应激励机制，对职工开展创新型劳动所创造的超额收益，合理奖励给有贡献的职工。

4. 优化产业工人工作生活环境

推动完善外来产业工人纳入城市管理和服务的范围，在子女就学、社会保障等方面切实让他们享有与本地居民相同的待遇，营造公平的就业环境、生活环境，增强扬州市对他们的吸引力和归属感。推进职工文体阵地建设，在一些职工集中特别是外来产业工人集中的综合体、工业园区、重点工程建设工地，大力建设职工文体活动阵地，在全市范围逐步形成集学习阅读、教育培训、文体娱乐、素质提升等功能于一体的职工公共文化服务平台。相关部门、单位要经常性送文化、送活动进企业、进基层，动员和鼓励乡镇、街道及基层工会开展群众性文体活动，努力丰富职工业余文化生活，促进职工身心健康。

5. 发挥社会正确舆论导向作用

充分发挥各类新闻媒体的宣传教育阵地作用，大力宣传产业工人的地位作用和产业工人队伍建设改革的重大意义，广泛宣传先进产业工人、劳模工匠的生动事迹，不断提高产业工人的美誉度，营造劳动光荣的社会风尚和精益求精的敬业风气。健全以政府奖励为导向、以企业奖励为主体、以社会奖励为补充的高技能人才奖励机制，在人大代表、政协委员中增加一线职工代表比例，劳动模范、"五一劳动奖章"等评选向优秀工人代表倾斜，通过示范引领，不断提升产业工人的荣誉感、自豪感，激发他们干事创业的积极性、创造性。

6. 突出强化工会地位资源优势

工会作为职工利益的代表者维护者，在推进产业工人队伍建设中肩负着义不容辞的重要职责。调查发现，超过六成职工认为工会应当把维护职工合法权益放在首位。要突出维权服务职能，切实维护职工合法权益，加强职工人文关怀和心理疏导，让产业工人更好地享受改革发展带来的成果。要以新发展理念为引领，组织动员广大职工围绕扬州高质量发展大局，广泛开展劳动竞赛、技能比武、科技创新、科学普及等群众性立功竞赛活动，为产业工人提升技能、晋升等级搭建平台。大力弘扬劳模精神、劳动精神、工匠精神，集中宣传职工先进模范事迹，引导职工听党话、跟党走，进一步统一思想，团结奋斗，争做辛勤劳动、诚实劳动、创造性劳动的表率。

生态文明发展报告

Ecological Civilization Reports

B.24
2018年扬州市环境保护发展报告

扬州市环保局课题组*

摘　要： 2018年，扬州市环境保护工作认真落实党的十九大关于打好污染防治攻坚战的战略部署，以改善环境质量为核心，全面打响治水、治气、治土三大攻坚战役，扎实推进江淮生态大走廊建设和"两减六治三提升"专项行动，积极迎接中央环保督察"回头看"，持续强化执法监管，不断深化环保能力建设，全市环境质量持续改善，环保事业持续健康发展。面临新时代生态环境保护工作的新形势、新体制、新机遇，2019年，扬州市将着力从打赢蓝天保卫战、打好碧水保卫战、推进治土保卫战、推进绿色转型升级、加快生态保护与修复等方面持续发力，为打造美丽中国的扬州样板提供坚强

---

* 课题组负责人：金春林，扬州市环境保护局局长、党组书记。课题组成员：李新林，扬州市环境保护局办公室主任；樊盛健（执笔人），扬州市环境保护局办公室办事员。

有力的环境支撑。

关键词： 环境保护　生态文明　环境质量

一　2018年扬州环保工作整体情况

2018年是全面贯彻落实党的十九大精神、打好污染防治攻坚战的开局之年。扬州市围绕改善生态环境质量总目标，全面打响污染防治攻坚战，进一步推动绿色发展、积累生态财富和生态文明体制机制改革创新，全市环保工作保持强劲发展态势。

（一）环境质量

2018年1~9月，扬州市空气质量优良天数比例为61.5%，同比上年上升1.8个百分点，较基准年2015年下降6.3个百分点；PM2.5均值为47.9微克/立方米，同比上年下降8.2%，较基准年2015年下降7.9%。2015年以来历年的空气质量变化情况和2018年每月的空气质量变化情况分别见图1、图2。

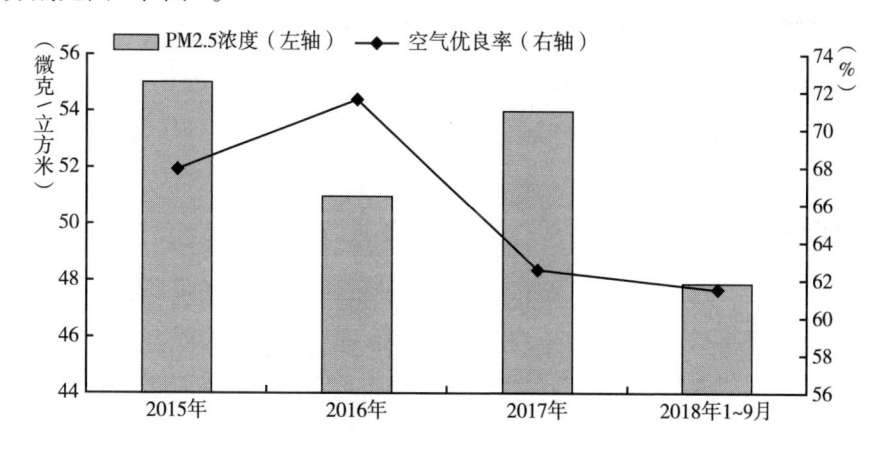

图1　2015年至2018年1~9月空气质量状况

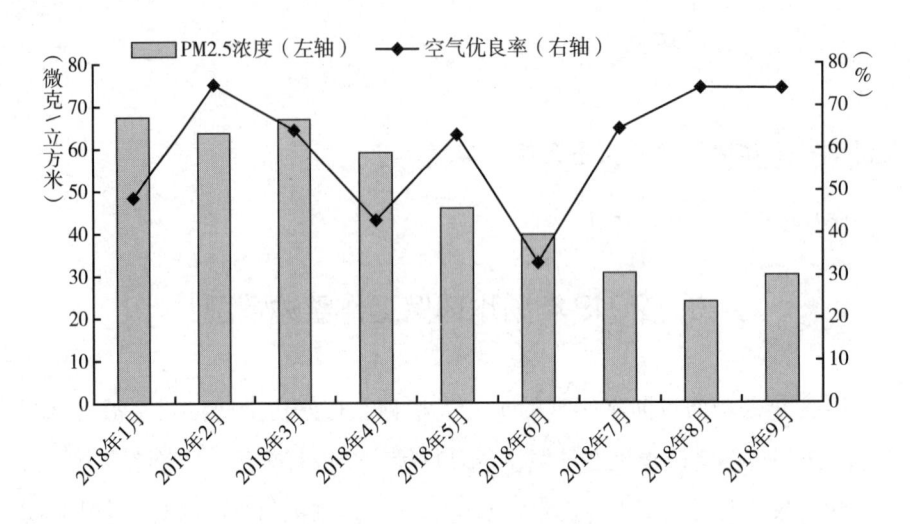

图2 2018年1~9月空气质量状况

2018年1~9月，全市9个国考断面水质达标率为77.8%，水质优良率（优于地表水Ⅲ类的断面比例）为66.7%，无劣Ⅴ类水体；32个省考断面水质达标率为90.6%，水质优良率为68.8%，无劣Ⅴ类水体；62个市控以上断面水质优良率58.1%，劣Ⅴ类比例4.8%。全市13个县级以上集中式饮用水源地水质达标率保持100%。2013年以来市控以上断面水质优良率变化情况见图3。

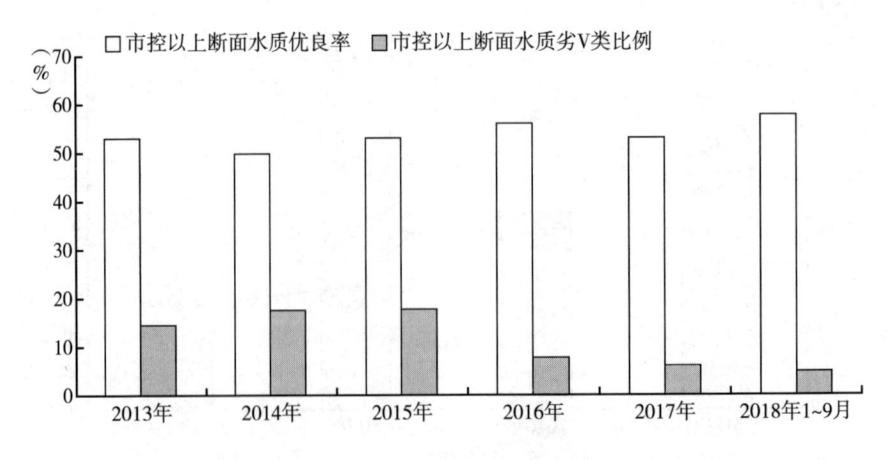

图3 2013年至2018年1~9月市控以上断面水质优良率和劣Ⅴ类比例

（二）重点工作

1. 扎实推进江淮生态大走廊建设

2018年度推进实施江淮生态大走廊建设"八大工程"58个项目，总投资44.4亿元。落实《扬州市高宝邵伯湖水环境治理专项行动实施方案》，按照"一湖一策"要求，加快实施《高宝邵伯湖生态环境保护规划》，签约退出围网养殖面积1.39万亩。关停搬迁大走廊区域内大运河、三阳河、廖家沟等河道沿岸的砂石码头、小船厂19个，取缔、关闭"散小乱污"企业26家，关停转移8家化工企业。推进大走廊及市域范围内的槐泗河、七里河等骨干河道整治工程，基本消除城区河道重度黑臭现象。全面实施大走廊沿线乡镇污水处理厂提标改造工程及整合新建工程，整合新建宝应夏集镇污水处理厂、柳堡镇污水处理厂等乡镇污水处理厂，全市新增建设150个行政村污水处理设施，建设管网75公里，进一步提升城镇污水收集处理能力。重点实施"一带一廊"沿线和611、125、333省道等高等级公路的绿化美化，推进已拆除砂石场、码头全面实施复绿或生态修复。沿河、沿路分别成片造林3000亩和4500亩。大走廊区域新造成片林共2.8万亩，植树509万株。恢复湿地4135亩，大走廊区域内自然湿地保护率达到49.2%。

2. 深入推进"263"专项行动

加大减煤减化工作力度，1~8月份，全市规模以上工业煤炭消费量654.6万吨，比2017年同期减少34.3万吨，同比下降5.0%；累计关停105家化工企业。加快推进城区重污染企业搬迁，扬农集团宝塔湾厂区52个项目已有38个项目完成搬迁，联环药业新厂区一期、二期主体工程基本建成。加大"六治"力度，1~9月份，完成黑臭水体整治项目41个；关停重要水体沿线小船厂和砂石码头35个；创建垃圾分类示范单位109个，建设垃圾投放亭2492个；治理非禁养区规模畜禽养殖场123家。着力提升生态环保工作水平，完成成片造林3.45万亩，植树665万株；新建（提升）65个公园中，已建成开放58个。加大公众参与力度，组织开展全市"263"专项行动网络知识竞赛，活动专题点击率达近万人次。在《扬州晚报》等媒体

上公示"263"重点工作完成情况，接受公众监督，提高群众对"263"专项行动的知晓度和参与度。1~9月份，编印"263"《工作动态简报》26期，在省污染防治攻坚战（"263"）《工作动态简报》上刊出报道18篇，在污染防治攻坚战（"263"）微信公众号等新媒体互动平台刊出报道114篇。

3.顺利接受中央环保督察"回头看"

2018年6月5日~7月5日，中央第四环境保护督察组督察进驻江苏，开展了为期1个月的中央环保督察"回头看"。扬州市成立"回头看"市协调联络组和7个工作小组，建立每日一报、每日例会、信访分析、领导包案等制度和各级联动的"大信访"办理机制，认真做好组织协调、信访查处、资料调阅、宣传报道等迎检各项工作。全市向江苏省提供13批471类文档资料；接收督察组交办的32批次242件环境信访，责令整改违法企业218家，立案处罚120家，罚款933万元，移送公安机关立案侦查2件，约谈31人，问责11人。"回头看"督察组未在扬州市发现重大负面环境问题。严肃监督执纪问责，2018年以来，对中央环保督察、省环保督察整改工作缺位、落实不力的74人作出党纪政纪处分。此外，2018年以来高频次、高标准接受了国家"清废行动2018"、黑臭水体整治现场检查、饮用水源地整治检查、中央环保督察省级专项督查等一系列国、省级专项检查。

（三）污染防治

一是水污染防治方面。认真贯彻落实国家、省"水十条"，编制印发《扬州市2018年度水污染防治工作计划》，实施重点水污染治理工程94项。继续落实"断面长"制，加强湖泊断面达标治理。实施水污染物总量控制，按照倒排目标、留有余量原则，实施减排项目195个，其中重点工程项目38个。严格执行排污总量平衡审核管理有关规定，实行"两个挂钩"，把新建项目总量审核与所在地区减排目标完成情况挂钩，实施"等量置换"和"减量置换"；将污染物总量控制落实情况与排污许可挂钩，对超总量排污项目严格查处。探索建立全市水环境区域补偿制度，将水环境补偿断面从5个增加到21个，制定《扬州市水环境区域补偿监测管理办法》和《扬州市水环境区域补偿资金使用管理办法》，收缴补偿资金1586.94万元，以经济手段倒逼各地加强水环境长效管理。开展工业集聚区水污染治理，完成全市9个县级以上工业集聚区水环境管理档案信息填报，搜集园区197家涉水企业基本情况，建立起"一园一档"。持续加强饮用水源地保护，开展2018年扬州市集中式饮用水源地环境状况评估和基础信息调查，完成《2017年度扬州市地级以上城市集中式饮用水源地环境状况评估报告》《2017年度扬州市县级集中式饮用水源地环境状况评估报告》。

二是大气污染防治方面。坚持从早从严、精准治污，系统实施空气质量强化管控，全市大气污染防治工程项目完成380项。认真落实市区高污染燃料禁燃和烟花爆竹禁放制度，实施严格管控。强化建筑工地和渣土车辆管理，开展建筑工地防尘设施标准化建设，落实"三重一管一评比"制度，有效控制扬尘污染。加强秸秆禁烧和综合利用，实现夏季秸秆禁烧"零火点、零通报"。关闭高邮市方玉化工等15家企业，完成恒润重工、秦邮特钢、中信泰富等钢铁冶炼企业无组织排放废气专项整治。淘汰12台燃煤工业炉窑、粮食烘干炉，完成4台10蒸吨以上35蒸吨以下燃煤锅炉清洁能源替代，以及144家汽修企业、142家餐饮单位挥发性有机物治理。建成投运13套码头岸电系统。

三是土壤污染防治方面。启动实施重点行业企业用地土壤污染状况调查，建立污染地块环境管理联动方案实施细则，出台《扬州市重点行业企业用地土壤污染状况详查实施方案》等，指导各地开展重点工业企业用地调查。启动广陵区土壤污染综合防治先行区建设。各地排查土壤污染重点监管企业，地方政府与其签订土壤污染防治责任书。加强危废规范化管理和危废处置能力建设，建成邗江首拓3万吨/年焚烧项目，目前扬州市已经形成6万吨/年的危废焚烧处置能力和4万吨/年的填埋处置能力，满足当前和今后一段时间全市危险废物的集中处置需求。落实城乡建筑垃圾和生活垃圾分类收集处理，通过国家餐厨废弃物处理试点城市验收。

（四）执法监管

从严环境执法监管，认真开展环境执法利剑斩污、沿江八市环保联合执

法、大气污染防治交叉互查等一系列环保专项行动，1~9月，全市立案调查环境违法行为1065件，下达行政处罚决定768件，处罚金额3885.24万元，其中依据新环保法查处违法案件170件，依据"两高"司法解释向公安机关移送涉嫌环境污染犯罪案件20件，全市环境违法行为立案数量、处罚决定数量、处罚金额分别比2017年同期增长57%、50%和66%。强化环保与公安执法联动，成立市公安局驻市环境监察支队环保警务室，公安人员提前介入环境案件调查、案情讨论、跟踪督办等各个环节，对环境违法行为形成有力震慑。开展及时就地解决环境信访突出问题销号行动，重点环境信访问题实行"市领导包片、县领导包件"，及时化解、稳控一批重点疑难信访，2018年以来未发生一起因环境问题引发的进京"非访"和大规模群体性事件，未发生重大环境安全事故。

（五）能力建设

认真落实环境保护"党政同责、一岗双责"，市、县两级印发实施《生态环境保护工作责任规定》，明确各职能部门环境保护职责分工，形成"管发展同时管环保""行业谁主管，污染谁治理"的污染防治格局。充分发挥考核指挥棒作用，将《县（市、区）、功能区经济社会发展综合考核办法》中生态文明建设比重从2%提高到4%以上，进一步加大生态文明考核力度。围绕生态环保中心工作，认真开展重点流域水质、国省控断面水质、酸雨、涉铅涉重等监测，向上传输监测分析数据10万多个。加快推进科研能力建设，列入云上扬州项目的"江淮生态大走廊天空地立体化环境大数据监测监管体系（一期）"实施方案已通过专家论证，正在履行招标程序。组织对扬州市大气颗粒物源解析课题进行专家评审，开展挥发性有机物源清单建设和源解析研究，为精准治污提供决策基础。进一步加强和规范重点企业清洁生产审核管理，开展清洁生产企业40家。举办"6·5"环境日系列宣传活动，围绕江淮生态大走廊、"263"专项行动、中央环保督察"回头看"等主题，高频次、高质量进行新闻报道和案件公开，努力营造社会协同、公众参与的环保工作良好氛围。

二 扬州环境保护工作存在的主要问题

一是环境负荷仍然偏大。沿江地区化工、电镀、钢铁、造船、码头等产业比重偏高，许多污染企业长期挤占生态岸线、突破生态红线，生态空间遭受持续挤压；不少企业沿江环湖、近水靠城，存在区域性、布局性、结构性隐患。以燃煤消耗为主的能源结构未得到根本扭转，纳污坑塘等历史遗留环境问题尚未得到有效解决，还存在不少历史欠账。

二是生态环境形势依然严峻。空气优良天数比例离80%的小康空气质量标准相距甚远；水环境质量虽总体较好，但尚有一些断面达标还不够稳定；高邮湖、邵伯湖、宝应湖水环境质量在改善中出现波动，总磷、总氮等因子超标问题不容忽视。各地黑臭水体整治不均衡，城乡污水收集处理能力存在短板。耕地重金属污染问题凸显，污染地块再利用环境风险较大。

三是环境矛盾纠纷仍然多发。全市信访总量持续处于高位运行，部分地区环境信访呈高发态势，一些环境信访与其他社会矛盾交织在一起，成为影响社会稳定的重要诱因。

四是部分环保重点任务推进不快。"减化"工作降低标准、要求，低端落后化工企业关停淘汰力度与周边城市相比有所不足；部分饮用水源地违法违规项目清理不到位，市区及各县（市）主城区重污染企业"退城进园"进度缓慢。

五是环境治理的基础还显薄弱。企业环保守法意识不强，违法违规问题仍然时有发生。公众对优美生态环境的需要日益增长，但主动参与环保公益行动的意愿不够。

三 下阶段环境保护工作总体思路

2019年和今后一个时期，全市环保工作将认真落实党中央、国务院和省委省政府打好污染防治攻坚战的决策部署，坚持保护优先、坚持问题导向、

坚持系统治理、坚持改革创新、坚持依法监管、坚持全民共治，着力解决突出的生态环境问题，有效改善环境质量，环境风险得到有效管控，推动扬州生态环境高质量发展走在前列。

（一）坚决打赢蓝天保卫战

以重点行业为管控对象，秋冬季、采暖期为重点时段，PM2.5为主要因子，以产业结构、能源结构、运输结构和用地结构调整为突破口，进一步改善大气环境质量。打好柴油货车和船舶污染治理攻坚战。坚持"车油路企"统筹，全面开展清洁柴油车行动、清洁油品行动、清洁运输行动、清洁柴油机行动四大攻坚行动，开展船舶、城镇非道路移动机械废气污染防治。深度治理工业大气污染。全面实施特别排放限值，推进非电行业氮氧化物深度减排和超低排放改造，强化工业污染全过程控制。严格管控各类扬尘。完成重点行业以及其他行业中无组织排放较为严重的重点企业颗粒物深度整治。推行停车场硬化，加强建筑堆场覆盖，到2020年建成区道路机扫率达到90%。全力削减VOCs。加强重点VOCs行业治理，2019年完成列入"两减六治三提升"专项行动的VOCs治理项目。鼓励引导企业和消费者实施清洁涂料、溶剂、原料替代。加强油气管理，全面完成所有加油站、储油库、油罐车的油气回收治理，开展原油和成品油码头、船舶油气回收治理，新建的原油、汽油、石油类等装船作业码头全部安装油气回收设施，储油库和年销售汽油量大于5000吨的加油站安装自动监控设备。加强重污染天气防范应对。明确重污染天气预警启动门槛，实现"省级预警，市县响应"，科学实施污染"削峰"管理。建立重污染天气生产调度令制度。

（二）着力打好碧水保卫战

深入实施水污染防治行动计划，坚持"减排、扩容"两手发力，扎实推进水资源合理利用、水生态修复保护、水环境治理改善"三水并重"，加快长江、淮河和农村水污染防治，切实改善全市水环境质量。打好水源地保护攻坚战。2018年完成集中式饮用水水源地保护区内违法违规问题的全面排查与整治。县级以上城市全部建成应急水源。完成县级以上集中式饮用水水源地达标建设以及突发环境事件应急预案编制、修订和备案。打好城市黑臭水体治理攻坚战。实施城镇污水处理"提质增效"三年行动，加快补齐城镇污水收集和处理设施短板，尽快实现污水管网全覆盖、全收集、全处理。打好农业农村污染治理攻坚战。持续开展农村人居环境整治行动。以规划发展村为重点，加快推进污水收集管网配套，提高污水收集率和污水集中处理设施运行效率。全面治理生活污水和垃圾。加快推进户用卫生厕所改建，推进公厕建设，完善公厕布局，提升公厕标准，丰富公厕功能。科学防治农业面源污染。开展化肥农药减量增效行动，到2020年，化肥使用总量较2015年下降5%，农药使用总量确保零增长。

（三）扎实推进净土保卫战

全面实施土壤污染防治行动计划，围绕"摸清底数，预防污染，严控风险，扩大修复"的总体思路，以固体废物控增量、减存量为重点，着力推进土壤污染防治，推行清单管理，建立销号机制，确保农产品土壤环境质量和人居环境安全。打好固体废物污染防治攻坚战。加强固体废物污染防治。全面禁止洋垃圾入境，大幅减少固体废物进口量。落实危险废物经营许可、转移等管理制度。生活垃圾推行"户分类、村收集、镇运转、县处置"模式，原则上做到垃圾不出县。着力提升集中处置能力。将垃圾、污泥、一般工业固废、危险废物等集中处置设施纳入当地公共基础设施范畴，通过政府主导、资金扶持、多元投入等方式加快推进处置设施建设，并保障其正常运行。推进土壤污染防治。完成农用地土壤污染状况详查；2020年完成重点行业企业用地调查。实施建设用地土壤污染调查评估制度，逐步建立污染地块名录及开发利用的负面清单，督促重点监管企业建立土壤和地下水污染隐患排查治理制度，并定期开展自行监测，加强污染地块多部门联动监管。建立污染地块清单和销号机制。排查土壤环境问题突出区域，"发现一块，管控一块，修复一块，消除一块"，建立污染地块和优先管控清单。

（四）着力推进绿色发展转型升级

以空间结构、产业结构、运输结构和能源资源结构调整为着力点，推动全市绿色发展，全面提高绿色发展水平，推动扬州高质量发展。优化调整空间结构。对沿江、重点行业和产业布局开展规划环评，调整不符合生态环境功能定位的产业布局、规模和结构。严格控制环境风险项目。整合和提升现有工业集聚区，加快城市建成区内钢铁、石化、化工、有色金属冶炼、水泥、平板玻璃等重污染企业和危险化学品企业搬迁改造。优化调整产业结构。制定实施全市钢铁、焦化、化工、电力等重点行业结构调整方案。加大钢铁等重点行业落后产能淘汰力度，做到断水、断电，清原料、清设备、清场地。实施电力、钢铁、水泥、平板玻璃、修造船等产能过剩行业产能减量置换，防范过剩和落后产能跨地区转移。强化化工污染治本工程，实施最严格环境管理标准，落实"263"减化和化工企业"四个一批"专项行动要求，坚决关闭规模小、污染重、治理无望的化工企业，大幅减少落后化工企业。推动工业园区（聚集区）以外的化工企业向化工园区搬迁，从严管理园外化工企业。优化调整能源资源结构。严格控制能源和煤炭消费总量，提高电煤使用比重，削减非电工业行业用煤总量，减少直接燃烧、炼焦用煤及化工原料用煤。

（五）加快生态保护与修复

以改善生态系统质量为核心，以保障和维护生态功能为主线，按照"山水林田湖草"系统保护的要求，加强自然保护区和生态系统保护，构建生物多样性网络，严守生态保护红线，着力解决生态保护管理中的突出问题，牢固构筑生态安全屏障。实施生态保护修复工程。开展生态环境状况评估，建立生态环境保护综合监控平台。扎实推进山水林田湖草生态保护和修复重大工程，强化自然岸线和重点湿地生态系统的保护与恢复，实施生物多样性保护工程，推进江淮生态大走廊等生态廊道建设，增加优质生态产品供给能力。严守生态保护红线。落实国家和省级生态保护红线规划和管控要求，完善生态保护红线长效监管机制。调整生态补偿转移支付政策，对生态保护红线给予补助补偿，对保护成效突出的地方加大奖励力度。健全自然保护区管护体系。持续开展"绿盾"自然保护区监督检查专项行动，严肃查处各类违法违规行为。筑牢生物多样性网络。开展生物多样性试点调查，以长江、重点湖泊等为重点，加强动植物种质资源保护，对列入国家、省级重点保护名录的野生动植物全面开展本底资源调查与编目。

B.25
土地生态空间管控红线划定研究
——以扬州市为例

扬州市国土资源局课题组[*]

摘　要： 随着工业化、城镇化的快速推进，我国资源约束趋紧、环境污染严重、生态系统退化，可持续发展面临严峻挑战。划定土地生态空间管控红线，对维护国家生态安全、保障人民生产生活条件、增强国家可持续发展能力具有重大现实意义和深远历史影响。本文以扬州市为研究区域，开展快速城市化地区土地生态管控红线划定的关键技术研究与试验示范，集成和试验完善生态用地划定与土地生态功能价值评估、土地利用生态功能分区、土地生态空间管控红线划定以及土地生态空间管控红线、基本农田保护红线和城市扩展边界线"三线"协同耦合方法与模拟等，总结提炼相关成果，形成扬州市土地生态空间管控红线划定技术体系，为全面开展区域土地生态管控红线划定提供技术参考。

关键词： 土地生态空间　生态管控红线　基本农田　生态保护

---

[*] 课题组负责人：周正权，扬州市国土资源局局长、党组书记。课题组成员：严寒，扬州市国土资源局副局长、党组成员；王满松（执笔人），扬州市国土资源局规划科技处处长；施杰，扬州市国土资源局规划科技处副处长；高扬（执笔人），扬州市国土资源局规划科技处副主任科员。

随着工业化、城镇化的快速推进，我国资源约束趋紧、环境污染严重、生态系统退化，可持续发展面临严峻挑战。划定土地生态空间管控红线，对维护国家生态安全、保障人民生产生活条件、增强国家可持续发展能力具有重大现实意义和深远历史影响。党的十九大报告（2017年）提出，加快生态文明体制改革，要求设立国有自然资源资产管理和自然生态监管机构，统一行使所有国土空间用途管制和生态保护修复职责，构建国土空间开发保护制度。同时，中共中央办公厅、国务院办公厅印发了《关于划定并严守生态保护红线的若干意见》（厅字〔2017〕2号），进一步细化了生态保护红线划定的相关要求。

同年，《江苏省长江经济带生态环境保护实施规划》（2017年）出台，明确了江苏省生态环境建设的主要目标：到2020年，全省生态环境明显改善，生态系统稳定性全面提升，河湖、湿地生态功能基本恢复，生态环境保护体制机制进一步完善；到2030年，水环境质量、空气质量和水生态质量全面改善，生态系统服务功能显著增强，生态环境更加优美。

扬州作为《长江三角洲城市群发展规划》（2016年）中13座大城市之一，社会经济发展与生态环境保护间的相互关系受到各级政府的高度重视与人民群众的广泛关注。2017年，《江淮生态大走廊（扬州）规划》出台，扬州江淮生态大走廊建设正式纳入国家、省有关规划。规划力求突出长江、淮河两大流域生态区位优势，将南水北调东线输水廊道和淮河入江水道建成清水走廊、绿色走廊和安全走廊，建成扬州生态安全屏障，打造全省乃至全国的环境保护高地和绿色发展中心。为进一步改善生态环境、提升城市发展质量，以地块为基本单元，科学划定扬州市土地生态空间管控红线，对红线区域实施差别化管控政策，有助于促进土地资源的高效利用，保障区域生态安全，实现"生态—生产—生活"空间的协调耦合。

一 生态保护红线划定

（一）重要生态功能区识别

将水源涵养、水土保持、大气净化、生物量生产服务功能图层进行叠

合，根据自然断带法将标准化结果分为5级，分值由高到低分别代表各斑块综合服务功能的高低。由于NPP与NDVI揭示水域生产力、生物量的能力相对局限，故水域的综合得分较低。此外，扬州市市域范围内水网密集，参考环保部门相关规划，水源涵养服务功能是极重要且需保护维持的生态功能之一，而综合叠加的方法可能会有所遗漏，因此，以水源涵养功能为依据将重要水源地纳入生态功能区。扬州市重要生态功能区主要分布于市域中部及西南部，以高邮湖、邵伯湖、长江等大型水域，各自然保护区、森林公园及水源涵养地等为主。经统计，重要生态功能区面积占全域面积的17.97%。

（二）重要生态敏感区识别

将水体污染、土壤污染、大气污染、生境破碎化敏感性评价图层叠合，根据自然断带法将标准化结果分为5级，分值由高到低分别代表了各斑块在人为活动干扰下综合敏感性的高低，将分值区间为0.50~0.79的高度敏感区域作为生态敏感区纳入保护，以中部高邮湖及邵伯湖核心区、东南部水网密集区、南部扬州段长江为主要敏感地。经统计，重要生态敏感区面积占全域面积的7.10%。

（三）土地生态评价保护区识别

将重要生态功能区与生态敏感区叠置，可识别重要生态保护区，由于仅根据指标评选结果识别划定保护区，可能会遗漏重要生境斑块，故参考相关保护性规划对评价保护区进行补充完善，并剔除面积小于100公顷的破碎化生境斑块，最终形成具有重要生态保护意义、生境完整连片易于管理的生态保护区。经统计，保护区面积共计1999.28公顷，占全域面积的30.14%。

（四）基于多规叠合的生态保护红线划定

通过叠合《扬州市生态红线区域保护规划》（简称"红线规划区"）、《扬州市江淮生态大走廊规划》（简称"生态大走廊"），识别评价的土地生态保护区，进一步探究生态保护区划定结果与环保生态红线规划、生态大走廊之间的数量关系。

经叠合发现，评价保护区与两规划共有的部分占三者总面积的25.36%。其中，生态红线规划中97.03%的区域均位于评价保护区范围内，生态大走廊规划中59.86%的区域位于评价保护区范围内；生态廊道的所有景观组分与上述生态保护区叠置的部分占比49.23%。经评价补充选入的地类占全域面积的8.37%，其中耕地、水域、非生态用地（出于规划完整性考虑划入的城市用地等）为主要地类，面积占比分别为52.57%、34.67%、10.07%，林草地与未利用地占比较少，合计2.68%。

以环保部门生态红线规划保护区、评价生态保护区与生态大走廊规划保护区的重叠部分作为Ⅰ类保护区；将生态保护区与生态大走廊规划保护区各自独有的剩余部分作为Ⅱ类保护区，将生态廊道规划结果作为Ⅲ类保护区，最终Ⅰ～Ⅲ类保护区面积占全域面积比例分别为23.16%、15.00%、1.68%。

二 基本农田保护线划定

（一）自然等别评价

根据表土层质地、耕作层厚度、土壤障碍层深度、土壤有机质含量、土壤pH值、灌溉保证率、排水条件、土壤盐渍化程度、土壤侵蚀程度共9个因素测算，全域耕地自然质量可分为3个等别：5等、6等、7等，分别占耕地总面积的3.34%、93.87%、2.79%。其中，自然等别为5的耕地主要分布于仪征市东部与江都区南部，属于沿江平原地区；等别为6的耕地在全域分布面积最广，分属于沿江平原区、宁镇扬平原区、里下河平原区共3个片区；自然等别为7的耕地主要分布于里下河平原区，少量与等别5、6的耕地镶嵌分布于沿江平原区。由评价结果可知，从地貌、水文、土壤、农田基本建设条件看，研究区内耕地自然属性趋于均质，无较大空间分异。

（二）连片性评价

研究区内耕地连片性在整体上自北向南呈现由分散向集中过渡。经统计发现，连片性分级中，前2级耕地斑块面积557.32公顷，占耕地总面积的15.35%，最后1级耕地面积为1367.52公顷，占比37.66%，表明研究区耕地连片性分异水平较大。其中，宝应县耕地连片性水平为中等偏下，面积规模主要位于0.93~3.93公顷，高邮市由于水网密布，耕地受水体阻隔，平均间距超过10米，未形成大规模连片区；以高邮湖、邵伯湖为界，仪征市耕地连片性较好，形成了面积达134.34公顷的最大连片区，东侧江都区耕地连片性为中等偏上，面积大小主要处于3.93~13.32公顷。

（三）侵占风险评价

以道路密度指标为依据，反映耕地被侵占风险。道路高密度区主要集中分布于广陵区、邗江区，尤其是市域中心，这与其较高的城市化水平相关，但便捷的交通与优越的空间区位同时也为耕地变更为其他土地利用类型提供了机会，加剧了周边地区的农业生产活动被取代的风险。

经测算发现，耕地侵占风险平均水平为0.98，整体处于较低水平，耕地侵占风险的高低分布特征与道路密度空间分布特征相一致。根据自然断带法分级，数值处于3.10~7.10的耕地面临侵占的风险等级最高，主要位于邗江、广陵等地区，面积占耕地总面积的2.13%；风险值处于1.91~3.10的耕地主要位于仪征市、宝应县等地区，面积占耕地总面积的8.33%，被侵占的可能性较高。

（四）基本农田保护线划定

经耕地自然等别与立地条件评价，将自然禀赋与农业基础设施条件较好、连片性较高、耕地侵占风险较低的耕地纳入保护区，并参考扬州市基本农田规划保护成果补充部分可调整地类，主要包括可调整林地、坑塘水域、园地，最终基本农田保护区面积为2571.76公顷，占全域面积的38.77%，主要分布于高邮湖和邵伯湖、中心城区两侧，保护区外侧边界即为基本农田保护线。

三 基于"三线"耦合的生态管控红线优化划定

经生态保护区、城市扩展区、基本农田保护区图层叠置，斑块叠合类型分为2类。a. 功能叠置类：基本农田保护区—生态保护区，该区域表现为土地利用类型与生态保护功能协调一致，基本农田建设将有利于生态环境的改善；b. 功能冲突类：基本农田保护区—生态保护区—城市扩张区域，该区域表现为土地利用类型与生态保护功能存在矛盾，城市扩展不利于基本农田的建设和生态用地的保护。经统计发现，a、b类型斑块面积共计770.96公顷，分别占全域面积的10.65%、0.01%。

1. "三线"功能叠置斑块的土地利用类型为水田、水浇地、旱地

三种地类面积比的平均值为：86.97∶12.73∶0.3，水田是三类生态保护地中最主要的组成地类，需以水田的自然属性与社会经济属性为基础制定功能叠置斑块管制措施。

2. "三线"功能冲突图斑面积合计6467.49公顷

根据生态保护和建设发展的协调性程度设定为生态优先、发展优先和融合发展三种情境，不同情境下土地生态保护区划定规则有所差异。在3种情境中，生态优先情境最终划入土地生态保护区的面积比例最高，达48.61%，其次是融合发展情境，划入保护区的面积比例为37.81%，发展优先情境下划入保护地的面积占比最低，仅为27.67%。最终选用融合情境下的模拟结果作为最终生态管控红线结果。

3. 土地生态管控红线划定

根据融合发展情境的冲突图斑协调方案，将冲突图斑中优先划入、应当划入和可以划入的图斑划入土地生态红线，将这三种类型之外的冲突图斑从构建的土地生态网络中予以擦除，同时将土地生态网络与基本农田保护线的重合区域作为生态农田区，划入土地生态红线范围，从而形成"生态保护

区—生态廊道—生态节点",协同组成扬州市土地生态管控红线。

经生态服务价值、生态敏感性评价、评价保护区划定、与环保部门红线及生态大走廊规划叠合、"三线"叠合与耦合分析,最终完成扬州市土地生态管控红线划定,根据生态保护的重要性、景观连通性、景观地类属性等因素形成3类保护区,最终Ⅰ~Ⅲ类保护区面积共计2603.31公顷,占全域面积的39.24%,各类面积占比分别为23.11%、14.72%、1.41%。其中,Ⅰ类红线区为生态保护底线,主要组分为大型水源地、自然保护区、森林公园等生境斑块,对维持区域生态安全格局发挥着重要作用;Ⅱ类红线区为生态保护补充用地,主要组分为耕地与水域,为区域的生态建设活动提供支持;Ⅲ类红线区为生态辅助用地,以水域、耕地为主要的景观,辅助各大型保护区与生境斑块间的生态连通,保障物种流、信息流等生态过程。

四 结论与政策建议

(一)结论

1. 城市扩展边界线模拟划定

根据CA模型预测结果,2015~2030年城市扩张进程中,转化地类以水域和耕地为主要的转化类型,广陵区城市扩张压力较大。按照当前城市扩张的惯性规律,2030年区域景观生态格局中,城市用地的总面积将逼近水域面积,草地面积将减少至原先面积的2/3,耕地斑块数量减少19.57%,景观多样性与连通性将遭受严重威胁。

2. 生态保护线划定

经生态服务价值及生态敏感性评价、评价保护区划定与生态廊道模拟、与环保部门红线及生态大走廊规划叠合,最终完成扬州市土地生态管控红线划定,根据生态保护的重要性、景观连通性、景观地类属性等因素形成3类保护区,最终保护区面积共计264340公顷,占全域面积的39.84%,其中Ⅰ~Ⅲ类保护区面积分别占全域面积的23.16%、15.00%、1.68%。

3. 基本农田保护线划定

经耕地自然质量等别与立地条件评价，全域耕地自然质量可分为3个等别：5等、6等、7等；耕地连片性在整体上自北向南呈现由分散向集中过渡，而邗江、广陵等南部地区的耕地侵占风险等级也最高。经测算，耕地保护区面积为257176公顷，占全域面积的38.77%。

4. "三线"耦合与土地生态管控红线的优化确定

斑块叠合类型分为2类：基本农田保护区—生态保护区（功能叠置类）、基本农田保护区—生态保护区—城市扩张区域（功能冲突类）。经统计，a、b类型斑块面积共计77096公顷，分别占全域面积的10.65%、0.01%。"三线"功能叠置斑块的土地利用类型为水田、水浇地、旱地，水田是三类生态保护地中最主要的组成地类，需以水田的自然属性与社会经济属性为基础制定功能叠置斑块管制措施。"三线"功能冲突图斑面积合计6467.49公顷。最终选用融合情境下的模拟结果作为最终生态管控红线结果，将37.81%的冲突斑块划入保护区。

经"三线"耦合，最终I~III类保护区面积共计260331公顷，占全域面积的39.24%，各类面积占比分别为23.11%、14.72%、1.41%。其中，I类红线区为生态保护底线，II类红线区为生态保护补充用地，III类红线区为生态辅助用地。

（二）政策建议

加快建立体现资源环境生态红线管控要求的政策机制，形成源头严防、过程严管、责任追究的红线管控制度体系。

1. 建立生态管控红线分区管理制度

在系统梳理已有分类分区管理制度与针对性延伸和细化的基础上，通过对人类活动的"疏堵"结合，发挥不同管理制度的协同效应，有效保护区域生态安全。在国家森林公园、自然风景名胜区、生态功能区等质量较好的自然区域，分类型建立法律保护性公园，基于生态优先和宣传教育的理念，建立生态旅游示范区或生态教育基地；在水源涵养、生物多样性保护、水土保持、防风固沙等生态系统服务极重要区域和国家级自然保护区，以及生态脆弱区和敏感区，划定红线保护区，实施严格管控，重点开展自然恢复和保护，提升生态系统服务；在基本农田保护区等生态服务功能与生产功能叠置的功能区，应在保障生产服务的同时强化功能高低与敏感程度的研究，制定管制措施，优化农业生产方式，形成具有地域特色的生态生产制度。

2. 完善与红线管控相适应的准入制度

有关部门和各地区要把生态红线管控要求纳入经济社会发展规划及相关专项规划，鼓励地方出台严于国家要求的红线管控办法。在环境影响评价、排污许可、节能评估审查、用地预审、水土保持方案、入河（湖、海）排污口设置、水资源论证和取水许可等制度完善和实施过程中，强化细化红线管控要求。

3. 加强生态管控红线实施监管

加强环评、排污许可、能评、用地许可、水土保持方案审批、入河（湖、海）排污口设置、水资源论证和取水许可等后评估和监督检查，加大违法违规行为的查处力度。强化规划实施期中、期末评估和环境影响跟踪评价，严格落实红线管控要求和规划环境影响评价结论及审查意见。建立生态红线管控落实情况日常巡查、现场核查等制度，强化红线管控落实情况的执法监督。在节能减排目标责任考核、土地和环保督察、最严格水资源管理制度考核、水资源督察等考核监督中，强化红线管控要求。

4. 加强统计监测能力建设

加快推进资源消耗、环境质量、生态保护红线管控的统计监测核算制度建设，确保国家与地方核算方法、标准、点位等衔接统一，提高数据的准确性、科学性、一致性，加强部门间数据共享。利用信息化、大数据、卫星遥感与无人机等技术手段，建立红线监测网络体系，覆盖管控重点领域。研究建立红线管控第三方评估机制。

5. 建立资源环境承载能力监测预警机制

在资源环境承载能力监测预警机制中充分考虑资源环境生态红线因素，对水土资源、环境容量等超载区域，研究提出具有针对性的限制性措施。完善能源消耗晴雨表发布等制度。涉及高邮湖、邵伯湖等跨行政单元的红线管控保护对象，相关地区要建立区域、流域红线管控预警和联动机制。

6.建立红线管控责任制

参考河长制等责任制度，将生态红线管控纳入地方政府和领导干部政绩考核体系，并作为党政领导干部生态环境损害责任追究的重要内容，对任期内突破红线管控要求并造成资源浪费和生态环境破坏的，按照情节轻重，从决策、实施、监管等环节追究有关人员的责任。

区域发展报告

Regional Development Reports

B.26
扬州市江都区规模以上工业企业运行质态研究报告

国家税务总局扬州市江都区税务局课题组*

摘　要： 园区是工业经济发展的"主战场"，项目是工业经济发展的"牛鼻子"。本文通过对扬州市江都区规模以上工业企业的运行质态进行分析研究，从高质量建设园区、抓好项目、优化营商环境这三个角度提出一些建议，力求为新时代江都工业经济的长足发展提供参考。

关键词： 规模以上工业企业　运行质态　工业经济　高质量发展

---

* 课题组负责人：刘正群，国家税务总局扬州市江都区税务局党组书记、局长。课题组成员：张少华，国家税务总局扬州市江都区税务局办公室主任；王加付（执笔人），国家税务总局扬州市江都区税务局办公室科员。

作为工业经济的"主引擎",规模以上工业企业在工业经济发展中扮演着重要角色,对促进地区经济社会发展有重要影响。党的十九大提出,建设现代化经济体系,必须把发展经济的着力点放在实体经济上,把提高供给体系质量作为主攻方向,显著增强我国经济质量优势。工业经济是实体经济的重要组成部分,扬州市江都区税务部门深入财政局、发展改革委、经信委、国土局、统计局等相关经济部门和亚威、长青、诚德钢管等重点规模以上工业企业进行实地调研,摸排企业生产发展现状和形势,了解企业存在的困难和瓶颈,并提出了新常态下促进企业健康快速持续发展的意见和建议,现将调研情况报告如下。

一 规模以上工业企业的概念

规模以上工业企业是一个统计术语,专指年主营业务收入在2000万元以上的工业企业。对全国的绝大部分地区而言,规模以上工业企业都是当地经济社会发展的重要支柱,其发展与壮大对加快地区优化经济结构、增强经济实力、保持经济持续稳定健康发展具有重要意义。

在江都区规模以上企业中,工业企业占了大半,达到55.4%。总体而言,规模以上工业企业是江都区工业经济的中坚力量,其发展程度如何基本决定了江都经济的发展趋势和方向。

二 江都区工业企业发展沿革

从历史看,江都工业战线走过了一个辉煌—式微—高质量发展的过程。改革开放后,江都一批镇办企业、村办企业如雨后春笋般相继诞生,逐步形成"东车西绸、南船北油、钢管车把、机床电话"八大主导产品,工业在三次产业占比中首次超过农业,在苏中率先阔步迈进工业化时代;从20世纪90年代到21世纪初,一大批江都籍在外乡贤"人回乡、钱回流、企回迁",形成了享誉全省的"还巢凤""乡土凤""外来凤"群凤齐舞、百鸟朝凤的生动局面；进入21世纪，江都举全区之力实施沿江大开发，诚德钢管、长青农化、华伦化工等一批本土企业率先响应、移师沿江，中信泰富、中海造船、中远太平洋、海螺水泥等一批中字头、国字号企业落户沿江，美国PCC、日本日清纺、法国阿海珐等一批世界500强企业投资江都，形成了"民资、国资、外资"三资联动、互动并进的喜人局面。

然而，区域竞争、企业发展犹如逆水行舟，不进则退、慢进则衰，江都工业经济在苏中的既有规模优势日渐衰微，主要质态性指标增速放缓甚至下滑，龙头型企业规模不大、科技型企业层次不高。近两年，江都区工业经济总体保持高速增长势头，2017年位列中国工业百强区第44位，全年实现工业开票销售841.3亿元，工业入库税收37.56亿元，"三外"指标位居全市前列，全年完成工业投资512.5亿元。2018年，江都区委区政府提出，要推动工业经济高质量发展，把"工业过千亿"作为必保目标；大力发展新产业、新技术、新业态、新模式等"四新"经济；不"铺摊子""摊大饼"，精打细算、集约使用，充分释放每一寸土地的价值。2018年9月，江都召开了全区工业企业资源集约利用综合评价工作动员会，全面启动、扎实推进综合评价分类、差别化政策制订等工作，促进资源要素向优质企业流动，倒逼低效落后企业退出，从而在全区树立"亩均论英雄"和高质量发展的鲜明导向。

从现状看，截至2018年9月底，全区经市场监管局登记在册的企业30457家，其中规模以上工业企业647家，1~9月累计实现开票销售725亿元，同比增长18.54%；工业增加值同比增长1.1%；总产值下降7.9%；开票销售亿元以上企业76家，5亿元以上18家，10亿元以上10家，纳税千万元以上的企业48家，有15家企业入围扬州市工业百强。规模以上工业企业户数在扬州排名第一，百强企业数在扬州各县（市、区）居第2位（见图1）。

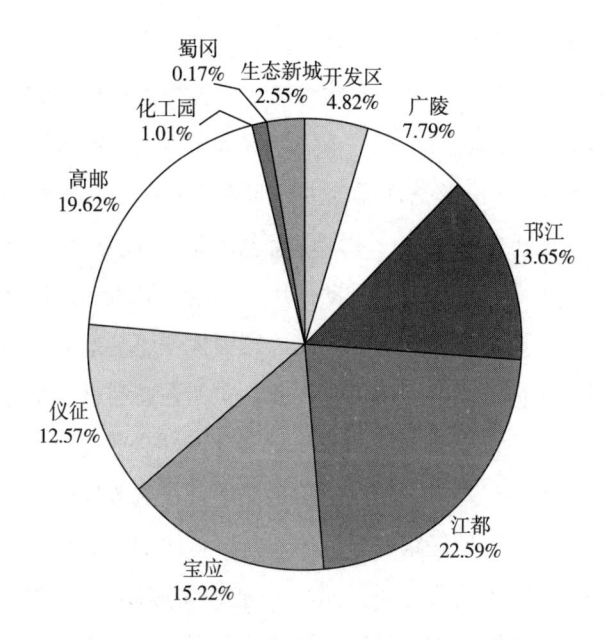

图1 扬州市各地区规模以上工业企业数占比情况

三 江都区规模以上工业企业运行质态分析

(一)江都区工业经济发展特点

在2018年全区工业高质量发展大会上,区委书记强调,园区是工业发展的"主战场",项目是工业经济发展的"牛鼻子"。近年来,江都区重点打造高质量的园区载体、序时推进"四新"工业重大项目建设,大力实施"腾笼换凤"和规模以下化工企业关停两大行动,使得全区工业经济结构调整取得了新成效,转型升级迈开了新步伐,其主要运行特点如下。

一是产业集聚不断提高。开发区重点发展船舶、特钢、新型建材、港口物流等产业,科技产业园、港口物流园、建材产业园、中小企业园等园中园、专业园项目成为转型升级的重要载体;仙城工业园重点发展汽车及零部件产业、智能电网等产业,先后获得省汽车零部件产业基地、省中小企业汽车及零部件产业集聚示范区、省江都汽车及零部件科技产业园和省智能电网产业基地称号，是全区工业经济规模最大、产业质态最优、综合实力最强的园区；高装园重点发展机械电子、节能环保等产业，核心区现有入驻企业约200家，其中机械电子、节能环保等主导产业约110家，占比55%左右；小纪产业园重点发展机电、文体、木业等特色产业，逐步成为里下河经济板块的主阵区，对周边乡镇起到辐射带动作用；空港新城重点发展空港物流、通用航空等产业，总投资100亿元的光线传媒影视产业基地成功落户；商贸物流园重点发展现代物流、电子商务等产业，实实在在引进了毅德城、五洲国际机电城等一批好项目、强项目；滨江新城全力打造现代服务业集聚区，坚持把重大项目作为江广融合区建设的第一抓手，在对金奥中心、佳源商务中心、碧桂园等在建项目做好跟踪服务的同时，持续加大招商引资力度，吸引中集、奥特莱斯、红星美凯龙等一批大企业；文旅园重点发展文化旅游产业，以与深圳铁汉集团合作建设运河风情小镇为契机，在融资方式方法上多探路子、多出经验，努力打造PPP模式合作的邵伯样板。

二是转型步伐不断加快。深入推进供给侧结构性改革，引导船舶特钢、汽车及零部件、机械电子、医药化工等主导产业以市场需求为导向，不断抢占行业制高点、提高产品竞争力。以船舶产业为例，开发区通过加大研发投入、优化产品结构，迅速摆脱了国际船舶市场低迷的影响。中航鼎衡致力于开发化学品船、液化气船等特种船舶，建造的双燃料化学品船被世界权威机构评为2016年世界十大名船之首，目前在手订单达28艘，2018年计划交船8艘，实现开票17亿元，增长28%；中海造船的主力船型已经从散货船转变为油轮和集装箱船，2018年计划交船16艘，开票销售可达48亿元。同时，新能源汽车、智能电网、高端装备、节能环保等新兴产业加速集聚，成为经济高质量发展的新引擎。

三是国际合作不断深化。近年来，随着经济全球化高速发展，国际合作日益密切。德国大陆、法国阿尔斯通、美国通用、美国PCC、美国AZZ、日本日清纺、日本电装、韩国纳路等一批国外行业领军企业相继落户江都区重点园区，与相关企业开展深度合作。园区内企业抢抓国家"一带一路"发展新机遇，纷纷走出国门，开拓国际市场；同时加强与央企合作，抱团出海、借船出海。恒远国际在伊拉克、蒙古、坦桑尼亚等7个国家承建水泥厂、铜钼矿和地铁工程等项目；金世缘在泰国建设新工厂；亚威机床与意大利SELEMA（赛力玛）公司合资成立亚威科技（意大利）有限公司；目前全区累计在手对外合作项目达40个。

四是重大项目量质并举。把重大项目建设作为经济发展的"压舱石"，进一步建立健全重大项目推进机制，每年按序时推进新签约工业重大项目、新开工工业重大项目、新竣工项目、新达产项目，确保推动项目落实落地。2017年省级重大项目稳步实施，赛诺格兰PET/CT实现量产，扬州农科院科创基地有序推进。市级"四新"项目全面超额完成，新签约重大产业项目21个，金世纪轮毂、广船国际海上风塔等20个重大项目通过新开工认定，金阳光锂电池、金世缘环保家居、奥吉特生物科技等34个项目通过竣工投产认定，总投资100亿元的光线（扬州）中国电影世界项目签约落户。

五是创新能力不断增强。充分发挥企业在科技创新中的主体作用，年均达成产学研合作项目100项以上，国家高新技术企业数达140多家；诚德钢管获得国家科技进步一等奖，龙川钢管、华江祥瑞获得省科技进步一等奖，亚威机床被表彰为"江苏制造突出贡献奖优秀企业"，近年来获批省重大成果转化项目17个。同时，强化创新创业载体建设，省级以上创新平台达187家，大中型工业企业和规模以上高新技术企业研发机构建有率达94.7%。

（二）江都区规模以上工业企业运行质态

判断企业运行质态好坏的主要指标有四项。①银行存款。指企业存放在银行或其他金融机构的货币资金。按照国家有关规定凡是独立核算的单位都必须在当地银行开设账户，在经营过程中所发生的一切货币收支业务，除在规定的范围内可以用现金以外，都必须通过银行存款账户进行转账结算。②流动负债。是指将在1年（含1年）或者超过1年的一个营业周期内偿还的债务，包括短期借款、应付票据、应付账款、预收账款、应付工资、应付

福利费、应付股利、应缴税金、其他暂收应付款项、预提费用和一年内到期的长期借款等。③资产总计。指企业拥有或控制的全部资产，包括流动资产、长期投资、固定资产、无形及递延资产、其他长期资产。该指标根据会计"资产负债表"中"资产总计"项的期末数填列。④税收缴纳。指纳税人、扣缴义务人依照国家法律、行政法规的规定实现的税款依法通过不同方式缴纳入库的过程。纳税人、扣缴义务人应按税法规定的期限及时足额缴纳应纳税款，以完全彻底地履行应尽的纳税义务。除上述四项主要指标外，还有工业用电量、融资渠道、科技创新等外在指标和企业人才、知识产权、发展资源等内在指标，等等。

（1）从四项主要指标看，2018年1~9月，江都区规模以上工业企业发展稳定，资产总计、应付职工薪酬增幅、应收账款均高于上年同期，继续保持平稳运行态势。其中，规模以上企业资产合计同比增长0.7%；发生应付职工薪酬同比增长1.3%；企业应收账款同比增长12.1%；负债同比下降0.6%；实现主营业务收入比上年下降6.2%；利润总额同比下降3.2%。税收缴纳方面，2018年前三季度，江都区规模以上工业企业纳税29.52亿元，同比增长9%，在扬州6个县市区中排名第三。

（2）从工业用电量角度看，目前，江都区工业用电指标呈现缓慢下降，用电增长点匮乏。以春节为例，每年春节过后，既是规模以上工业企业复工潮，也会有企业停工不生产情况。根据2018年的春节全区用电监测情况，春节后一周，全区规模以上工业企业复工率达92%，部分化工企业受"263"专项整治行动关停、整改影响，存量企业大量进行节能改造引起工业用电量的下滑，少部分企业直接限产、减产、停产。前三季度，全区规模以上工业51家重点监控用电大户用电10.53亿千瓦时，占全区规模以上工业用电总量的65%，用电量同比上涨14.49%，但全区用电排名前10位的工业企业有4户用电量下降，且全区月均用电量超千万度的仅有3家，用电增长点还较为匮乏。

（3）从百强企业看，前三季度，全区工业百强企业合计完成开票销售426亿元，同比增长22.1%；百强工业企业中有77家企业开票销售呈正增长,比上年同期净增加33家,环比上月增加1家,开票销售增幅超10%以上企业67家,增幅超30%以上企业41家。百强中开票销售比上年同期净增亿元以上企业13家,累计净增70亿元,拉动全区经济增长19.4个百分点。

(4)从产业发展看,1~9月份,四大支柱产业开票销售全面实现正增长,占全区工业的82.3%;入库税收汽车产业和医药化工产业受特殊因素影响同比有小幅下降,其他都呈正增长,占全区工业的68.8。调查结果显示,2018年1~9月,工业企业中,特钢造船产业实现开票销售167.43亿元,同比增长14.5%,入库税收2.83亿元,同比增长32.9%,无论从产值还是销售来看,增幅都比较大,既是区域经济发展的亮点,更是经济新增长点的支柱;开票销售同比增长较快的是机械电子产业及医药化工产业,分别增长14.4%和17.8%(见表1)。

表1 2018年1~9月江都区四大产业主要工业经济指标完成情况

单位:万元,%

项目	开票销售		入库税收	
	本期累计	增幅	本期累计	增幅
特钢、造船产业	1674319	14.5	28295.1	32.9
汽车产业	628642	7.9	27416.6	-2.5
机械电子产业	1463017	14.4	62848.1	2.7
医药化工产业	1314359	17.8	71008.6	-0.1

(三)江都区规模以上工业企业发展中存在的问题和瓶颈

在日趋复杂的宏观政策和市场环境下,当前宏观需求不振,江都区规模以上工业企业内部发展不平衡,部分传统行业发展受到较大的冲击与影响,新旧矛盾和问题叠加,工业经济增长形势较为严峻,部分企业效益不甚理想。

一是整体规模不大,转型动力不足。经过多年的发展,江都区涌现了一大批重量级企业,建立了良好的工业基础和产业体系,但50亿元级、100

亿元重量级企业却寥若晨星。目前，江都区实体企业发展仍存在一些"短板"：整体规模不大，结构散、技术装备落后、产品档次低，且发展基础不够均衡；龙头旗舰型企业偏少，缺少自主创新能力，产品科技含量不高，产业结构不合理，产品以中低档为主，且同质化严重，低成本、低价格，在激烈的市场竞争中处于劣势；另外，面对经济供给侧结构性改革的新常态和转型升级动能转换的新形势，部分规模以上工业企业存在"小富即安"心理，缺乏长远发展意识，定位不高、动力不足，在复杂多变的经济发展新常态下应对无方、进退失当，有的甚至处在"空转"状态，很难跟上时代的步伐。

二是流动资金紧张，生产成本攀升。多数企业流动资金紧张，应收账款增加，融资成本呈上升趋势。同时，生产成本不断攀升，工人工资增长10%~20%，用煤、用电、用气等企业成本增长5%~10%，1~9月份财务数据显示：规模以上工业主营业务成本占主营业务收入的比重达到87.8%，成本上升压缩了企业的利润空间，导致企业谨慎经营，个别企业不愿扩大再生产，甚至出现"有单不愿接"的现象，生产进一步放缓。有两家规模以上工业企业反映，截至9月底，"两金"（应收账款净额和产成品存货）占用额合计2742.3亿元，占流动资产的22.1%。其中应收账款1990.02万元，同比增长52.1%；产成品库存752.28万元，同比增长15.3%。两项资金上升较快，严重挤占企业的流动资金，这让本来资金就缺乏的工业企业运营更加困难。

三是项目落地困难，新增户数较少。受城市总体规划、土地、生态等刚性制约，江都大多数园区存在较大用地缺口，很多新项目落不了地，导致工业经济持续增长的支撑力不足。同时，有些园区的亩均投入强度、产出效益还很低，闲置土地、停摆企业还很多，没有充分发挥土地市场价格机制作用，没有严格筛选供地项目，没有有效促进土地资源节约利用，导致土地浪费现象不同程度存在，且与周边县市相比，土地成本偏高，优惠措施少，项目难以落户，甚至本埠企业项目外迁，造成项目源流失。前三季度全区新增规模以上工业企业仅13家，对全区工业生产增长的贡献率仅为8%，拉动力偏弱，同时还有部分企业停产、倒闭，将退出统计范围。

四是资源要素制约，产业集聚不够。①人才瓶颈。企业竞争力的强弱在很大程度上取决于人才队伍，由于江都区多数规模以上工业企业影响较小，在企人才资源总量不大，高科技人才、管理人才、高端人才、专业人才、实用型操作技能人才紧缺，造成当前整体实力难以得到提升。②融资瓶颈。绝大多数规模以上工业企业是需要贷款的，停产、半停产企业多数是由于资金困难，有的是市场因素，有的是市场很好就是没有钱，所以启动不了，但目前融资渠道略显单一，银行在抵押物中只认房产、地产等固定资产，而江都区少数企业无土地证、房产证，银行贷款慎之又慎，前三季度实际工业贷款比年初减少7.34亿元，下降6.21%，政府定向支持贷款还处于锦上添花状态，且手续仍然烦琐，融资成本下降有限。③规划瓶颈。虽然规模以上工业企业产业集聚度不断提高，但产业大杂烩现象突出。江都各园区虽有明确的产业定位，但在项目招引过程中普遍存在"规划跟着项目走"现象，各园区产业"大而全、小而全"，或同一产业在各园区"遍地开花"的现象比较普遍。多数园区把高端装备、节能环保、汽车及零部件、机械电子作为主导产业，竞相发展，造成资源不够集中，企业不能够脱颖而出。

五是创新动能偏弱，服务不够及时。企业创新意识有待进一步增强，新技术、新业态、新模式等发展新动能还没有占据主导地位，在引进高层次创新创业人才、加快重大创新载体建设等方面仍需加压发力，新技术领跑者和行业领军企业较少，产学研合作层次普遍较低，研发投入仍显不足；部分企业反映，虽然明知缺少技术力量，研发投入可享受加计扣除，但高薪引才、引设备又缺资金，只能走一步看一步或者等待转机。而政府职能部门虽然积极融入"优化营商环境"的浪潮，但只能将主要精力放在服务重点企业和重点项目上，对规模以上工业企业的扶持力度仍需进一步加大，对政府已出台的优惠政策在落实过程中仍有"慢""拖"和"折扣"现象，有些该享受的优惠奖励，企业却没能及时享受到，便会挫伤实体企业的积极性；金融、财政、税务等部门的政策和资金支持力度还较弱，社会化服务体系尚未完全建立健全，创业辅导、信用评价、技术服务、人才培训、管理咨询、市场营销和法律援助等机构在服务中小企业过程中追求利润最大化、服务意识不强、对企业需求支持不足。

四 提升规模以上工业企业运行质态的几点思考

高质量发展，是中国经济进入新时代的根本要求。规模以上工业企业是工业经济的主引擎，园区是工业发展的主战场，项目是工业经济的牛鼻子，营商环境是工业发展的助推器。综合以上情况，建议围绕"高质量建设园区、高质量抓好项目、高质量优化营商环境"等关键领域持续、精准发力，推动全区规模以上工业企业更好更快发展。

（一）高质量建设园区，在产业强区上树立样板

园区作为江都规模以上工业企业主阵地、校地合作引领区和实体经济增长极，必须在全区经济社会发展中蹄疾步稳、奋力前行。一是产业为纲。念好"去疴、转型、升级、融合"四词决，秉持"以环境论英雄、以能耗论英雄、以亩产论英雄"发展观，促进传统产业转型升级，盘活低效闲置用地，促进集约高效和谐发展。加快构建园区现代产业体系，重点打造以汽车及零部件、高端装备制造、节能环保等为核心的主导产业，以人工智能支持的配套产业，以新一代电子信息技术为引领的先导产业，突出抓好特色产业链招商选资，促进产业链走向中高端。二是人才为基。实施"人才兴业"战略，不遗余力地抓好高端人才的培养与引进，强化与西安交大、南京大学、中科院等科研院所的合作，推动前瞻性、原创性、标志性科技成果落地转化，推动引才育才用才工作提档升级。要以政策和乡情鼓励江都在外能人回归江都，共打江都牌、共扛江都旗，确保人才引得进、留得住、用得好。三是培育为本。一方面，规模以上工业企业培育。规模以上工业企业新增数量，是准确反映一个地方经济发展活力的"晴雨表"。船大好顶浪，巨舰出远海。要高度重视规模以上工业企业培育、发展和入统工作，多措并举，大力扶持"专、精、特、新"中小企业成长发展，尽快提高企业规格。另一

方面，培育规模以上工业企业上市。对接江都地区市场建设和"513"行动计划，持续贯彻落实 IPO 扶贫政策，鼓励规模以上工业企业上市，落实专人跟踪帮扶；实施品牌战略，努力做大做强江都区工业品牌，鼓励企业争创名牌，支持企业开展标准化建设。

（二）高质量抓好项目，在招商选资上苦下真功

始终坚持把招商选资作为源头工程、第一要务，始终坚持把项目落地落实作为评价标准，以更多的优质项目积蓄规模以上工业企业发展后劲、带动工业经济发展。一是项目为王。更加注重项目源的拓展，紧盯世界 500 强、跨国公司地区总部、央企、国企、军民融合企业、上市公司、民企 500 强，锁定目标，排定计划，有针对性地进行接触洽谈。要持续引进像赛诺格兰、日清纺这样掌握核心技术、带动力强的优质项目，又要鼎力服务像金阳光锂电池、双汇电力、新马模具这样舍得重资投入，革新欲望强烈的龙头项目，还要加大扶持像龙川钢管、九龙汽车这样主动转型升级，实现"老树开新花"的老牌项目。努力形成园区"大项目顶天立地，小项目铺天盖地，好项目竞相勃发"的生动局面。二是考评为要。要狠抓项目投产达效，对企业所在地区加大考评力度，督促在建项目尽快完善相关手续，尽快投产，尽快形成销售实力，推动竣工项目尽快投产达效，确保完成全年新增销售目标。关注已投产形成销售的项目，要围绕开票销售 2000 万元规模以上企业标准，做好相关工作，对尚未开票销售的企业，加大推进力度，尽快形成销售。更要截长补短（入库税收、市级"四新"重大项目、净增规模以上工业企业等），对照目标、强化考核，制定冲刺目标，确保市级工业重大项目、净增规模以上工业企业数等任务的完成。三是要素为先。做好各方面要素协调，企业成本要素增长速度超过企业利润增长点，企业成本居高不下，企业长足发展就无从谈起。当前来看，企业的生产要素瓶颈主要有两个，资金瓶颈和用地瓶颈。一方面，积极拓宽直接融资渠道。企业融资困难，既有自身不足的原因，也有市场机制自发作用的原因。既要支持符合条件的企业以各种方式上市融资和发行债券，推动符合条件的中小企业在创业板上市。

也要充分利用民间资本雄厚的优势，鼓励民间资本和外资向符合条件的企业投资，帮助企业解决资金难题，变民间资本"体外循环"为"体内循环"。同时银行为优质规模以上工业企业开拓高效的直接融资渠道，不仅有助于资信良好的企业降低融资成本、满足融资需要，还有利于争取优质客户、实现中间业务收益。另一方面，要优化配置，盘活存量，破解土地瓶颈制约。当前，江都区坚持"亩均论英雄"，开展资源集约利用综合评价工作，这对于提高全要素生产率具有巨大作用。在全区范围内组织开展工业用地调查，建立工业用地利用现状成果数据库，这有利于引导工业项目用地走集中连片、集群发展之路。建立激励机制，鼓励项目入驻集聚区，从严控制集聚区以外的项目用地，提高区内公共资源共享程度，有效杜绝随意布局项目和无序利用土地现象。同时要千方百计，扩张土地增量。组织国土、住建、规划等部门积极开展建设用地批后核查、监管工作，建立健全已批项目建设情况动态监测制度，开展工业用地清理工作，对建设项目没有按照出让合同约定进行开发建设、存在闲置土地、涉嫌囤地炒地等长期闲置不用或用而未尽的工业用地，采取收取土地闲置费、依法收回土地、核减用地面积或政府回购再出让等手段，促进项目落地和土地利用效率的提高；鼓励企业以出租闲置场地、建多层厂房等方式盘活存量土地，鼓励企业在确保消防和建筑结构安全的前提下，经审批后在原厂房上加层或平房改多层，提高建筑容积率，向空中发展要土地。最后，企业要充分认识形势，以创新为动力破解生产要素制约，重点加大科技投入，实现产业化，形成新的增长点，加快现有科研成果的转化，提升企业效益。

（三）高质量优化营商环境，在强化服务上练好内功

市场经济是"候鸟经济"，从近年来国内外资本、人才、项目的流动规律看，哪里的营商环境优，服务质量好，办事效率高，投资成本低，企业就到哪里发展，资金就往哪里聚集，项目建设就会推得快。规模以上工业企业的发展同样如此，无论是新招选的重大项目，还是本地区的龙头企业，营商环境越好，企业发展越好，当地的经济建设就越好。所以，提升规模以上工

业企业运行质态，必须高质量优化营商环境。一是市场为大。企业发展最难的就是扩大市场，市场有了，企业发展自然好。但有的企业门路不多，单打独斗，虽然已经接近规模以上工业企业的统计门槛，但总是差临门一脚，原因就在于市场不够大。如果政府相关部门出个面，就能把市场打开了，这也就是习总书记讲过的"又亲又清"的新型政商关系。亲，是要把企业当亲人，不能给企业添麻烦，还要帮助企业抓市场规模、抓扩大市场；清，是要支持企业不添乱、帮忙企业不添乱，不接受企业的宴请，不接受企业的礼品、礼金。所以，政府要建立规模以上工业企业对政府部门的评议机制，来促使"又亲又清"新型政商关系尽快形成。二是政策为辅。以每年的政府"2号"文件为指导，对照文件明确分工、落实责任，学习周边县市的经验，比照周边县市的优惠政策，出台并落实本区相关政策。进一步对定向贷款政策和转贷资金政策意见进行修改完善，做大区级层面中小企业互助资金池，加大中小企业互助基金、定向贷款的投放力度，助推企业"小升规"。政府部门要建立沟通平台，成立专门协调小组，加强对拟挂牌企业关联方交易等风险集中的事项风险提示，为相关企业保驾护航。同时鼓励企业开放共享创新平台资源，积极打造"众创空间—孵化器—加速器—创业园区"科技创业孵化链条，组建"企业家联盟"平台，精心打造其为推动江都新一轮对外开放的标志性工程。三是意识为重。一个项目能否落得下、建得快、发展好，很大程度上取决于得到的"服务"，即支持有多少，因此服务意识很重要。服务意识主要体现在部门"一把手"上，因而要把优化营商环境作为"一把手工程"来抓，坚持问题导向，坚持"一企一策"，坚决整治营商环境中存在的突出问题。多出新招、多出实招，以"钉钉子"的精神一项一项推进、一个一个解决。优化营商环境，要做到以优质服务为规模以上工业企业保驾护航，系统集成供给侧结构性改革、"放管服"改革等要求，整合部门职能，体现精简高效水平。要坚决查处各类干扰企业生产经营秩序、侵犯企业经营权益的非法行为，切实维护企业的合法权益；规范对企业的各类检查活动，实行政府部门对企业检查活动在市纪委效能室备案等制度。要牢牢守住稳定、安全、廉政、生态"四条底线"，增强为企服务意识。

B.27
邗江区高水平全面建成小康社会的探索与思考

吴迪 朴锦珠 张德兰 廖谦*

摘　要： 我国全面建成小康社会已进入决胜阶段。破解邗江通往高水平全面小康社会之路一切问题的"金钥匙"，就是化"创新、协调、绿色、共享、开放"五大发展理念为艰辛的创新性实践。本文从近年来省定高水平全面建成小康社会指标体系及达标评定情况入手，分析邗江近年来高水平小康建设发展现状，剖析邗江高水平全面建成小康社会进程中的特点及不足，梳理邗江小康建设特色，最后针对邗江小康进程提出切实可行的对策建议。

关键词： 邗江区　高水平　全面小康

2020年全面建成小康社会是党的十八大确立的第一个百年奋斗目标。从现在到2020年，全面建成小康社会进入决胜的关键时期。建成一个贯彻新发展理念、体现强富美高新要求、惠及邗江人民的高水平全面小康社会，邗江已具备完全实现的充分条件，但同时也面临不少挑战。打好打赢这场攻坚战，必须聚焦高质量发展走在苏中前列的要求，直面重点难点问题，采取有效措施精准发力，才能交出人民满意的精彩答卷。

---

* 吴迪，扬州市邗江区统计局党组书记、局长（负责人）；朴锦珠，扬州大学外国语学院讲师，博士（执笔人）；张德兰，扬州市邗江区统计局副局长，高级统计师（执笔人）；廖谦，邗江区委宣传部新闻科副科长，邗江区社科联秘书长，助理工程师。

一 理体系，明晰高水平全面小康指标监测

为深入贯彻落实十九大和省第十三次党代会精神，推进全省高水平小康建设，2017年11月，江苏出台《关于开展高水平全面建成小康社会监测统计工作的意见》（苏〔2017〕73号）。江苏省全面建设小康指标体系始于2003年，由四大类18项25个指标组成；2013年升级为五大类22项36个指标；2017年为提升版，即江苏高水平全面建成小康社会指标体系（以下简称新版），共分经济发展、创新驱动、人民生活、生态环境、文化发展、社会治理六个大类45项54个指标，指标体系之外另设一项满意度指标。

（1）新版小康体系的研究背景。一是全面贯彻习总书记对江苏工作的新要求。2014年12月习近平总书记视察江苏，勾画了建设经济强、百姓富、环境美、社会文明程度高的新江苏美好蓝图。二是全面落实省第十三次党代会精神。紧紧围绕省十三次党代会确立的"两聚一高"主题，体现"六个更"目标，突出"高、全、新"要求，全面反映发展水平要更高、群众获得感要更强的高水平全面建成小康社会核心要义，通过指标监测工作，引导各地着力抓好重点、补齐短板和薄弱环节。三是国家统计局修订全面小康统计监测方案。国家统计局2003年起研究制订全面小康指标体系；2016年又对指标体系进行了修订，包括五大类42个监测指标。全国的目标值相对偏低，江苏省大多数指标目前已达标或接近达标，缺乏高水平全面建成小康社会的导向性；全国指标体系不适用于市县监测，不利于推动全局工作。四是现有全面小康指标体系的不适应性。根据省委省政府部署要求，江苏省先后于2003年和2013年制订并采用两套指标体系，对全省各地全面小康社会进程进行监测，对各地各部门加快全面小康建设发挥了重要的导向、激励和推动作用。同时也应该看到，现有指标体系在指标选择、目标值设置等某些方面已不适应新形势新任务的要求。在此基础上，新版小康指标体系应运而生，无论指标体系还是监测范围都发生了变化。

（2）新旧小康指标体系对比。与2013年版的小康体系相比，新版主要变化具体如下。在大类设置上：由原来的五大类调整为六大类。保留经济发展、人民生活、生态环境三个大类，增加创新驱动大类，单设文化发展大类，将原民主法治大类调整为社会治理，不再设置社会发展大类，相关指标调整到人民生活和文化发展中。在指标设置上：由原来的36个指标调整为54个指标。保留研发经费占GDP比重、文化产业增加值占GDP比重等10项11个指标，并对大多数指标目标值作了相应提升；替换了第二、第三产业增加值占GDP比重等11项14个指标；取消了恩格尔系数1项指标和城乡居民收入达标人口比例、村庄环境整治达标率等子项指标；新增了战略性新兴产业增加值占GDP比重、种植业"三品"比重等26项29个指标。在目标值设置上：总体而言，新版小康目标值要远远高于旧版。从同属两大体系16个指标的目标值设置情况来看，其中：除城镇登记失业率目标值相同外，其余15个指标的目标值要远远高于旧版。例如：文化产业增加值占比，原目标为3%，新体系则要达到5.5%，高出原小康目标2.5个百分点；城镇化率原目标为55%，现为72%，后者高出前者17个百分点；研发经费支出占GDP比重，原目标和现目标分别为1.5%和2.8%，提高1.3个百分点；城市万人公交车拥有量原目标为7标台，现目标为16标台，后者高出前者9标台；空气质量达到优良天数比例从60%提高到72%，地表水达到或优于Ⅲ类比例从60%提到67.6%；城镇污水达标处理率、林木覆盖率、城镇绿化覆盖率均提高2个百分点；公众安全感从90%提高到92%；法治建设满意度和党风廉政建设满意率均从80%提高到90%。

（3）高水平全面建成小康社会的达标评定。对高水平全面建成小康社会的达标认定，从2017年起，由原来的省级制定统一的小康体系并直接考核监测到县，改为省级监测至各设区市，县级由各设区市负责监测，且县级的小康指标体系，由各设区市在全省指标体系的基础上，结合本地实际自行制订，要求保留大多数，允许对少部分指标及目标值进行适当调整。

二 厘现状，摸清全区高水平全面小康的家底

对照省定六大类45项54个指标[1]，根据高水平全面小康监测情况，2017年[2]，全区达到或超过2020年省定目标值的指标有37个，实现目标值80%以上的指标有11个，实现程度低于80%的指标仅6个。预计2018年所有核心指标将全部达标，全区高水平全面建成小康社会呈现良好发展态势。

从指标属性看，核心指标可望年内全部达标。省定高水平全面建成小康社会监测指标体系分为核心指标、普通指标和评判指标三类。核心指标（地区生产总值、居民人均可支配收入和农村低收入人口累计脱贫率）必须达标；普通指标（除核心指标以外的指标）不要求各地每一项指标都必须达到省定目标值，可以有一定的弹性；评判指标（人民群众对高水平全面建成小康社会成果的满意度）未设目标值，每年开展一次抽样调查，作为评判各地小康进程的参考。核心指标中的地区生产总值，2017年全区实现度已达90.3%，预计2018年底可达邗江自身翻一番目标；人均GDP，2017年已达全省"翻一番"目标，预计2018年底可达邗江自身"翻一番"目标；居民人均可支配收入已提前实现"翻一番"目标；农村低收入人口累计脱贫率已达100%，农村低收入人口已实现全部脱贫。

从指标实现度看，近九成指标已达标[3]。根据省定方案要求，高水平全面建成小康社会指标体系中，3个核心指标必须达到目标要求；3个核心指标以外的其余51个普通指标，不要求每一个指标都必须达到省定目标值，可以有一定的弹性，因此，根据往年惯例，我们将指标的目标实现度在80%以上的都看作基本达标。经济发展类7个指标已达标6个。其中战略性

---

[1] 目前，扬州市对辖区内各县（市、区）高水平全面建成小康社会的指标体系尚未最终正式公布，因此，本文根据省定方案进行分析评价。
[2] 因高水平小康指标体系中部分指标为年度指标，为保持数据口径的一致性，故统一用2017年数据进行分析。
[3] 已达标指标包括目标实现度达到或超过100%的完全达标指标和指标实现度在80%~100%的基本达标指标。

新兴产业增加值占GDP比重为16.5%，超目标值1.5个百分点；服务业增加值占GDP比重为57.4%，超目标值4.4个百分点；种植业"三品"比重为55%、服务贸易占对外贸易比重为10%，远达到省定目标；常住人口城镇化率为85.7%，超目标值13.7个百分点；地区生产总值（2010年不变价）为718.88亿元，实现翻一番目标程度较高，达到90.3%，2018年底将实现目标。创新驱动类7个指标已达标6个。其中每万劳动力中研发人员数150人年，超目标10人年；高新技术产业产值占规模以上工业产值比重为48.7%，超目标3.7个百分点；科技进步贡献率为65.5%，超目标0.5个百分点；研发经费支出占GDP比重为2.71%，目标实现度达96.8%；每万劳动力中高技能人才数700人，目标实现度为93.3%；万人发明专利拥有量为17.21件，目标实现度86.1%。人民生活类16个指标已全部达标。其中居民人均可支配收入，省定翻一番目标为人均超过3.4万元，邗江自身翻一番目标约为3.6万元（2010年不变价），2017年底已达39699元，超省定及区自身目标；农村低收入人口累计脱贫率100%，已全部脱贫；劳动年龄人口平均受教育年限11年，超目标值0.2个百分点；城乡基本养老保险参保率99.69%，超目标值1.69个百分点；城乡基本医疗保险参保率98%、失业保险参保率98%，均已达省定目标值；城镇登记失业率1.86%，好于省定目标2.14个百分点；获证食品生产企业抽检合格率99.1%，超目标值1.1个百分点；药品生产环节抽验合格率100%，超目标值4个百分点；区域供水入户率100%，超目标值10个百分点；行政村双车道四级公路覆盖率91%，超目标值1个百分点；单位GDP生产安全事故死亡率0.02人/亿元，高于目标值0.04个百分点；每千名老人拥有养老床位数39.66张，目标实现度达99.2%；每千人口执业（助理）医师数2.4人，目标实现度达96%；城市万人公交车拥有量14.3标台，城乡居民家庭人均住房面积达标率52.6%，这2个指标实现度均在80%以上，分别为89.4%和87.7%。生态环境类11个指标已达标10个。其中单位GDP能耗0.258吨标准煤/万元、单位GDP用水量26.06立方米/万元、单位GDP建设用地使用面积19.19公顷/亿元，这三个指标完成情况较好，均在省定目标之内；生活垃圾无害化处理率100%，超目标值2个百分点；城镇污水达标处理率93%，超目标值1个百分点；一般工业固体废物综合利用率100%，超目标值5个百分点；林木覆盖率24.04%，超目标值0.4个百分点；城镇绿化覆盖率48.02%，超目标值8.02个百分点；农村无害化卫生户厕普及率99.04%，超目标值4.04个百分点；空气质量达到优良天数比例60.7%，目标实现度84.3%。文化发展类6个指标中已达标4个。其中居民文化娱乐消费支出占居民消费支出比重为19.6%，超目标值13.6个百分点；居民综合阅读率90.2%，超目标值0.2个百分点；社会文明程度测评指数91.79%，超目标值1.79个百分点；文化产业增加值占GDP比重为5.3%、注册志愿者人数占城镇常住人口比重为13%，这两个指标的目标实现程度较高，分别为96.4%、86.7%。社会治理类7个指标中已达标6个。其中公众安全感96.5%，超目标值1.79个百分点；法治建设满意度97%，超目标值7个百分点；党风廉政建设满意率99.23%，超目标值9.23个百分点；城市/农村和谐社区建设达标率均达100%，分别超目标2个和5个百分点（见表1）。

表1　高水平全面建成小康指标实现度情况

单位：个

指标分类	指标个数	其中:实现度≥100%的指标个数	实现度在80%~100%的指标个数	实现度在60%~80%的指标个数	实现度<60%的指标个数
经济发展	7	5	1	1	
创新驱动	7	3	3	1	
人民生活	16	12	4		
生态环境	11	9	1	1	
文化发展	6	3	1	1	
社会治理	7	5	1		2
合　计	54	37	11	4	2

从表1可以看出，对照江苏省高水平全面建成小康社会指标体系六大类45项54个指标，到2017年底，全区已有37个指标实现度达或超过100%，有11个指标实现度在80%~100%，也就是说，已达标指标达48个，占全

部指标个数的比重达89%。

从弱势指标看,强势推进预计年底将全部达标。在全部54个小康指标中,还有6个指标的目标实现度较低,目标实现度低于80%,此类指标即弱势指标。分别是经济发展类中的企业总资产利润率,2017年为6.7%,目标为达到或超过10%,实现度仅67%,预计2018年底将达到80%;创新驱动类中信息产业营业收入占工业和服务业比重,2017年完成值为20%,目标为达到或超过26%,目标实现度为76.9%,预计2018年底可望达到80%;生态环境类中地表水达到或优于Ⅲ类比例,2017年为50%,目标为达到或超过67.6%,实现度为74%;文化发展类中城乡社区综合性文化服务中心建成率60%,目标为达到或超过98%,实现程度较低,仅有61.2%;社会治理类中每万人拥有社会组织数7.74个,目标为达到或超过13个,目标实现度仅59.5%;每万人拥有律师数1.14人,目标为达到或超过2.8人,目标实现度仅40.7%。

三 看进程,邗江迈向高水平全面小康成果显著

经过改革开放四十年的不懈努力,特别是党的十八大以来,邗江经济社会发展取得瞩目成就,高水平全面建成小康社会已清晰可见、令人鼓舞。

综合实力新突破,高水平全面小康"高"的特征更加明显。改革开放之初,邗江所有制结构单一,经济体量极小,工业基础薄弱。为此,邗江先后提出了发展集体经济、规模经济、开放型经济、民营经济、特色经济等阶段性思路,促进区域经济大联合、大调整、大发展,全区经济呈现飞跃发展态势。综合经济实力明显提升。1978年至2017年,全区生产总值从2.25亿元增加到800.31亿元,增长355倍。财政一般预算收入从2047万元增加到54.75亿元,增长266倍。2017年人均地区生产总值138533元,是1978年的331倍。2018年上半年实现全区生产总值441亿元,可比价增长8.1%,增速位列扬州市各县市区之首;1~8月完成一般公共预算收入40.4亿元,总量居全市之首。产业结构不断优化。始终秉持"工业强区"和

"产业拉动"理念,培育区域产业集群、凸显区域经济特色,产业结构不断优化,实现从"一二三"向"三二一"的历史性转变,三次产业比例由1978年的48.4∶38.4∶13.2调整为2017年的2.5∶40.1∶57.4,服务业比重不断上升。与此同时,产业布局由散而聚、产品档次由低而高、企业规模由小而大,培育形成了以机械装备制造、汽车及零部件、生物健康为主导,以纺织服装、节能环保、新型建材为特色的"三主三特"产业体系。开放型经济硕果累累。1992年底,邗江县委①提出"三动两优"经济发展战略,把外向带动确立为邗江经济发展的战略之一,使邗江对外开放步伐加快,一批外资、合资企业发展壮大,成为邗江经济发展的重要支撑。2017年,全区进出口总额达20.79亿美元,其中:出口17.79亿美元,新设外商投资项目19个,实际使用外资2.41亿美元,其中工业1.23亿美元。注册外资实际到账1.2亿美元。生物医药、微电子、环保科技、高分子材料等一批产业类项目相继落户。板块经济初具规模。邗江打造了国家高新区—省级开发区—特色产业园"三位一体"的园区发展体系。拥有国家级扬州高新区、省级维扬经济开发区以及扬州(邗江)汽车产业园、扬州环保科技产业园"四大园区",规划总面积约120平方公里,已吸引入驻项目近800个。规划建设了建筑产业园、现代物流园、互联网产业园、北湖湿地公园、扬子津科教园和西区新城"五园一城",将成为邗江未来发展的新增极、转型升级的新亮点。

发展可持续性增强,高水平全面小康"全"的基础进一步夯实。"五位一体"总体布局统筹推进、协调发展。法治建设全面推进。持续推进"法治邗江""平安邗江"建设,社会保持和谐稳定。2017年,邗江公众安全感达96.5%,法治建设满意度达97%,党风廉政建设满意率达99.2%,均位居全省前列。持续推进以保障和改善民生为重点的社会建设。城市建设全面提速。改革开放以来,邗江的城市化稳步推进,特别是20世纪90年代以来城市化的规模和速度均达到了空前程度,改造建设了邗江路、文昌西路、润

---

① 邗江于2000年12月21日撤销邗江县,设立扬州市邗江区。

扬路、文汇西路等一批城市主干道。2011年，邗江与原维扬区合并调整为新邗江区，主城区范围进一步拓展，城市化程度明显提升。2017年，全区城镇化率达85.7%。"人民口袋"越来越殷实。系统化推进乡村振兴、增收富民、精准扶贫等工作，2017年城镇、农村常住居民人均可支配收入分别达到43602元、22148元；2018年上半年分别达23995元、12451元，同比增长8.2%、8.7%；两项指标总量在扬州各县市区中位居前列。消费需求加速升级。改革开放以来，消费品市场从无到有、从小到大、从总量不断扩张到结构优化升级，消费市场逐步多样化、多层次，消费对拉动经济增长和促进就业的作用不断增强。社会消费品零售总额由1978年的0.71亿元增加到2017年的271.33亿元，增长381倍，京华城、来鹤台、文昌阁西核、大王庙等城市商圈繁荣兴旺，城乡居民消费出现了多元化趋势。教育事业取得新成就。启动主城区新一轮教育布局调整，建成扬州天下小学，完成校舍加固1万平方米。创新开展"新家庭教育实验"，高考本一、本二上线率分别达40.3%、93.8%，再创历史新高，公道中学晋升省四星级高中。拥有各级各类学校36所，在校学生58641人，幼儿园（含民办）45所，在园幼儿19033人，专任教师5206人。九年义务教育入学率保持在100%以上，高中阶段新生入学率达99.4%，高等教育毛入学率达60.1%。卫生事业不断进步。随着国家医疗制度的改革，从建立健全城镇职工基本医疗保障制度，到新型农村合作医疗制度，再到遍及城乡的卫生服务体系。卫生机构由1978年的56个增加到2017年的262个，卫生技术人员也由1978年的900人增加到2017年的1560人。社区卫生服务站示范化率达97%，上下联动、统一协作的健康管理综合服务机制逐步形成。生态环境极大改善。2017年，全区林木覆盖率为24.04%，城镇污水集中处理率达93%。重点打造了20平方公里的蜀冈生态中心和60多公里的绿化长廊，建成明月湖公园、来鹤台广场、吉安路、樱之园等10座生态体育公园，人居环境明显改善。

转型升级动力转换加快，高水平全面小康"新"的内生动力持续集聚。主动适应经济发展新常态，大力调整经济结构，积极推进新旧动能转换，新动能对经济发展的引领支撑作用增强。创新载体建设取得新成效。建成科技综合体16万平方米，新增孵化企业252家，获批国家级众创空间2个、省级众创空间4个。强化企业创新主体地位，新增国家高新技术企业20家、省级以上"三站三中心"23家，数控成形机床产业成为扬州首个国家级创新型产业集群，牧羊创成国家级科技小巨人企业。扬州漆器成为地理标志商标，高新区创成国家知识产权试点园区。深化院地、校地合作，实施产学研项目90个。人才建设着力推进。新引进高层次人才235人，其中国家千人计划、万人计划专家和长江学者特聘教授等领军人才36名，获评省"双创计划"领军人才9名、团队1个。人才建设着力推进。新引进高层次人才235人，其中国家千人计划、万人计划专家和长江学者特聘教授等领军人才36名，获评省"双创计划"领军人才9名、团队1个。科技创新硕果累累。2017年，全区全社会研发经费投入占GDP比重达2.71%，高新技术产值占规模以上工业比重48.7%；战略性新兴产业总产值占规模以上工业总产值比重达35.8%；新一代信息技术迅猛发展，全年完成工业总产值增长达34.9%。专利申请总量达5107件，增长17.6%；发明专利申请量1321件，增长35.6%；专利授权量2438件，增长6.3%；发明专利授权171件，增长34.6%；PCT专利申请20件，同比翻了一番；万人发明专利拥有量17.21件。新认定省级以上高新技术产品207项，认定6项重大科技成果转化项目，其中40%的项目为电子信息、生物医药、新材料等重点领域项目。至年末，共认定省重大科技成果转化项目35项。经认定登记的各类技术交易合同86件，增长16.3%；合同金额1.91亿元，增长64.5%。

四 查短板，梳理邗江高水平全面小康冲刺期难点

在肯定成绩的同时，我们也要清醒地认识到，邗江实现高质量发展还存在诸多瓶颈制约和严峻挑战，决胜高水平全面建成小康社会仍然面临不少难点、痛点、堵点。

产业方面，自主创新能力不强。目前，邗江规模以上工业企业391家，资质等级建筑业企业126家，限额以上批发、零售、住宿、餐饮业企业234

家，规模以上服务业企业223家，虽有近1100家的"四上企业"，且涌现了一批像牧羊集团、扬州完美、扬杰电子等这样的龙头企业，但位居产业发展制高点的优质企业数量不多，更缺少像腾讯、华为这样具有较强国际竞争力的创新型领军企业。根据《2017年中国独角兽企业发展报告》，全国独角兽企业共164家，其中，北上杭深的独角兽企业占全国独角兽企业的比重高达84%，江苏共有6家，分别分布在南京（3家）、苏州（1家）、镇江（1家）、丹阳（1家），邗江至今还没有一家独角兽企业。从企业的研发投入看，研发投入强度偏低。R&D（研究与试验发展）经费[1]投入强度是R&D经费投入占主营业务收入的比重，这一指标是国际通用的反映企业自主创新水平的主要指标。国际上一般认为R&D经费投入强度达到2%，企业才能维持生存，而达到5%才具有竞争力。从邗江区规模以上工业企业的研发投入看，虽每年都在增长，但仍然存在投入强度偏低问题。2012～2017年，全区规模以上工业企业R&D投入强度分别为1.07%、1.13%、1.24%、1.12%、1.21%、1.61%，虽在扬州各县市区中名列前茅，但与2%始终还有一段差距，表明仍有不少企业缺乏自主创新意识，重当前轻长远，重生产轻开发，导致多数工业企业无力进行核心技术和前瞻性技术的战略研究，难以支撑企业提升核心竞争力，影响企业的可持续发展。2017年邗江专利申请量在苏中低于海安（7911件）、如皋（7834件）、启东（7286件）、靖江（6684件），专利授权量在苏中低于海安（4236件）、高邮（2579件）。

富民方面，居民增收还需努力。增加城乡居民收入仅是富民的切入点，而不是终点。高水平全面小康的核心目标定位，是让多数百姓感受到全面小康生活的幸福所在。老百姓认可的全面小康是生活消费数量和质量与收入水

---

[1] 研究与试验发展（R&D）经费（以下简称R&D经费），是指以货币形式表现的、在报告年度内全社会实际用于研究与试验发展活动（以下简称R&D活动）的经费总和。包括报告期内各调查单位用于R&D项目（课题）活动的直接支出，间接用于R&D活动的管理费、服务费，以及与R&D活动相关的基本建设支出和外协加工费等，但不包括生产性活动支出、归还贷款支出以及与外单位合作或委托外单位进行R&D活动而转拨给对方的经费支出。从活动类型看，R&D经费分为基础研究经费、应用研究经费和试验发展经费。从资金来源看，R&D经费可分为政府资金、企业资金、境外资金和其他资金。

平同步提高，是实实在在地感受到腰包鼓了，而不仅仅是城乡居民收入指标数据的增长。2017年，邗江的居民收入水平在全省列第11位，位居中上游，但与居民收入水平较高的地区，如与全省首位江宁相比，仅为其79%，可见差距依然明显。从收入与经济增长的耦合关系来看，2013年至2017年，全区人均GDP年均增长8%，而同期居民人均收入年均增长7%（扣除物价因素），明显滞后于经济增长。从经济增长的"含金量"来看，2017年，邗江居民人均可支配收入与人均GDP之比为31.9%，低于全省（32.7%）、全国（43.5%）平均水平。

资源方面，公共服务供需不平衡。在医疗卫生、教育、养老等诸多资源领域方面，公共服务供给规模、供给水平均不能满足人们需求，且公共资源配置存在总体短缺与局部浪费现象并存的问题。教育方面，农村教育资源匮乏、重点学校择校热、大班额、围绕升学率指挥棒造成的学生课外负担重等难点问题普遍存在。医疗方面，优质资源短缺、区域分布失衡，看病难、看病贵、因病致贫、因病返贫等问题依然存在。2017年，邗江护理型床位数占养老机构床位数比例为41%，明显低于兴化（50.4%）、姜堰（57.6%）；每万常住人口全科医生数3.4人，比上年回落3个百分点。社会保障方面，每千名老人拥有养老床位数39.66张，低于省定40张的目标值；老年社会福利床位数占总人口的比重仅为4.03%，离国际社会通行的标准5%~7%还有一定距离。

生态方面，环境质量建设短板突出。生态环境质量虽然总体改善，但大气、水、土壤等污染问题依然令人忧虑。2017年，全区空气质量优良天数比例63%，比上年回落8.3个百分点，距省定72%的目标仍相差9个百分点；地表水达到或好于Ⅲ类水体比例为50%，距省定67.6%的目标要求相差17.6个百分点。

五　寻路径，奋力冲刺高水平全面小康

随着高水平全面小康社会的时间节点日益临近，邗江要聚焦"六个高

质量"发展任务，坚持"领先领跑、稳中求进"基调，抓住解放思想大讨论、省运会和省园博会召开"两大契机"，精准发力，破解难题，补齐短板，使高水平小康建设的底色更亮、成色更足。

1. 以贯彻新发展理念为引领，始终坚持"三个第一"

习总书记强调，"发展是第一要务、人才是第一资源、创新是第一动力"，邗江要把发展的"蛋糕"做大做好，必须聚焦以新发展理念为引领的高质量发展要求，着力在实体经济发展、创新发展和人才环境建设这三方面狠下功夫。在实体经济发展上，要锚固主导产业压舱石。2017年，全区52%的开票销售、41%的工业入库税收、48%的规模以上企业都来自装备制造、汽车及零部件。因此，绝不能忽视两大主导产业的作用。装备制造要提层次、强大脑。以成套化、柔性化、智能化为方向，主攻数控系统、全自动生产线、工业机器人等领域，加强国际龙头招引，支持本土企业对标国际、追赶超越。汽车及零部件要提品质、壮链条。顺应电动化、智能化、网联化趋势，坚持整车、部件同步推进。整车重点发展新能源客车、专业化特种车；零部件主攻动力总成、三电系统等高附加值产品，在车联网、主动安全等领域寻求突破。要选准产业攻坚突破口。中兴事件的爆发、《我不是药神》的热议，折射出国内市场对芯片、药片的巨大需求，预示着生物健康、微电子的广阔前景。邗江要在新技术研发、新项目推进、新平台打造上攻坚突破。生物健康紧扣生物制药、保健食品、智能医疗器械三大方向发力，加快创新药物、动物疫苗研发量产。生物健康产业园要提升GMP厂房、检测中心、公共创新平台建设管理水平。微电子聚焦功率器件、微机电制造等核心领域，主攻大尺寸芯片、智能传感器等前沿技术，打造省内重要的微电子基地。要激发特色产业生命力。纺织服装是邗江的富民产业，节能环保是生态经济的重要门类，新型建材是增势强劲的蓝海领域。纺织服装利用省服装服饰产业基地品牌，放大笛莎、虎豹示范效应，向网络营销、智能设计、定制生产方向转型升级。做强以五亭龙为中心的毛绒玩具销售基地、公共平台，做优金槐等电商特色村，提升玩具特色小镇集聚力。节能环保向水气治理、土壤污染防治等环节延伸，提升环保产业园环境配套、公共服务水平,重点集聚装备研发、增值服务类项目。新型建材主攻装配式、可移动建材,不断提高产销规模和技术含量。创新和人才方面,目前,创新能力和人力资本不足已成为高质量发展的桎梏,因此,应更加注重基础研究、原始创新,把创新的着力点转到构建自主可控的技术体系,集聚创新资源,组织开展重大技术攻关,在推动创新链与产业链深度融合上用功发力,形成一批前瞻性、原创性、标志性的科技创新成果,逐步解决制约行业发展的瓶颈问题和"卡脖子"问题,让邗江制造技术更先进、制造更智能、产品更高端、品牌更响亮。不断优化人才发展环境,打造人才高地,以求贤若渴之意集聚人才、以"店小二"精神服务人才,择天下英才而用之。

2. 以补短补软补缺为关键,打赢打好"三大攻坚战"

在推进高水平全面小康建设的进程中,着力补缺补短补软,打赢打好"三大攻坚战"(防范化解重大风险、精准脱贫、污染防治),让人民群众更多地分享、更深地感受到全面小康的福祉。防范化解重大风险方面,控制企业杠杆率、控制地方政府的隐性债务是防范化解金融风险的重点,要着力解决经济债务化问题,高度关注互联网金融回归服务实体经济本源的投资方向,积极搭建金融供需对接平台,着力为企业"雪中送炭",同时对存在金融风险隐患的企业多引导、多服务,做到既不缺位也不越位。精准脱贫方面,以乡村振兴战略为引领,加快"田园邗江"建设,因地制宜招引一批田园综合体项目落户,推动沿湖村、长塘村创成省级特色田园乡村试点;突出毛绒玩具小镇、渔文化博览园、现代化生猪产业示范园、琴筝文化产业园、建筑产业园等田园产业载体打造;突出乡村文化铸魂,挖掘区域文化"基因"、倡导形成文明新风;加快构建"通达乡村",抓好产业扶贫、教育扶贫、健康扶贫、创业扶贫,通过农村生产生活条件的极大改善,不断提升整体发展水平,使重点低收入群体脱真贫、真脱贫。污染防治方面,牢固树立生态优先、绿色发展理念,扎实推进"水美邗江"建设,主动融入江淮生态大走廊和大运河文化带建设,着力打造生态经济亮点,致力降低"含碳量",不断提升经济发展的"含绿量"。

3. 以惠民实事工程为重点，协同充实"三个口袋"

居民、企业、政府这"三个口袋"实惠与否，既是衡量高质量发展的重要标准，也是高水平全面建成小康社会的宗旨所在。"三个口袋"都鼓起来了，百姓才能过上好日子，企业才能扩大生产规模、创造新财富，政府才有底气完善公共服务、改善民生福祉。在提高居民收入方面，以产业升级为切入点，优化产业结构，优化创业环境，以创业带动就业，实现经营性收入大幅提高；以提升就业质量为手段，完善劳动市场制度，改善劳动技能，推动产业向更高质量、劳动者向更充分就业迈进，实现居民收入和经济增长、与劳动生产率提高同步。在企业服务方面，当好"店小二""推车手"，要说到做到，凡是上级明确的奖补全部落实，只做加法，不做减法；凡是区级制定的政策，不打欠条，确保兑现。要"不叫不到"，杜绝任性检查、随意执法、以罚代管，力求无事不扰，让企业轻装上阵、专注发展。要"随叫随到"，及时回应企业合理诉求，努力化解生产经营遇到的矛盾困难，构建"亲""清"政商关系，在依法依规前提下，最大限度支持企业创新，最强力度服务企业发展，为企业解难分忧。在提高财政收入方面，突出"一条主线"，牢牢把握工业强区第一方略、创新驱动第一引擎，着力打造具有较强竞争力的"智造邗江"；强化"三个导向"，坚持规模总量与质态效益互促并进、新型工业化与现代服务业双轮驱动、政府引导与市场主导同向发力；实施"五大行动计划"，以微电子产业和生物健康产业"三年攻坚行动计划"、装备制造产业和汽车及零部件产业"三年提升行动计划"、工业园区"三年拓展行动计划"为抓手，打造全国有特色、省内有影响的先进制造业基地。

4. 以创新优化机制为保障，倾力打造"三大环境"

高质量发展，离不开良好的政务环境、市场环境和社会环境，离不开体制机制的创新优化。在打造政务环境方面，政府的高效率就是企业的高效益。要有效调动干部的积极性、主动性和创造性，突出"关键少数"作用，认真贯彻中央《关于进一步激励广大干部新时代新担当新作为的意见》、省委"三项机制"和高质量发展考核相关要求，进一步完善领导班子考核评价机制，充分发挥容错纠错和治庸治懒实施意见的导向作用，坚决破除"因循守旧"不想为、"怕字当头"不敢为、"能力欠缺"不会为、"患得患失"选择为、"软拖细磨"慢作为等现象，形成干事创业、奋发作为的浓厚氛围。重点在网上办、集中批、不见面上下功夫，以政务服务"一张网"建设为龙头，形成"一网通办、一套标准、一窗受理、一体运行"的政务服务体系，真正做到为人民群众增便利，为市场主体添活力，放大"不见面审批"品牌效应。在打造市场环境方面，以企业信用监管为核心，建立市场监管机制，探索构建覆盖面广、扎实有效的个人诚信体系，维护市场秩序，净化市场环境，保障公平竞争。在打造社会环境方面，以维护安全稳定为底线，抓住全省综治法治专网建设契机，与时俱进创新社会治理。整合资源构建社会治理"一张网"，高度重视城市小区治理问题，完善基层网格化治理体系，实现资源共享、功能叠加、不留死角，为群众创造安全、安定、安心的和谐社会环境。

B.28
广陵区特色小镇建设研究

广陵区发展改革委、扬州大学课题组[*]

摘　要： 十九大报告提出，要推进工业化、信息化、城镇化、农业现代化"四化同步"发展；要以城市群为主体构建大中小城市和小城镇协调发展的城镇格局；要实施区域协调发展、乡村振兴等一系列重大战略，这些都为新时代特色小镇发展提供了前所未有的机遇和空间。当下，我们正处于社会消费转型、产业体系重构和城镇空间重组的重要变革时期，特色小镇建设也面临严峻的挑战。

关键词： 广陵区　特色小镇　创新创业

特色小镇作为中国城镇体系的重要组成部分，是经济高质量发展和供给侧结构性改革的重要载体，是新型城镇化与乡村振兴的重要结合点，也是贯彻落实新发展理念的重要平台。2016年以来，扬州市广陵区在打造头桥医械小镇、湾头玉器小镇、沙头蔬艺体验小镇等特色小镇建设上已取得初步成效，也积累了一些经验，但近期学界、业界指出的特色小镇建设定位偏差、地方政府债务风险、地产化苗头等诸多问题是否或多或少存在，如何将特色小镇建成"产、城、人、文"四位一体有机融合的创新创业平台，真正做到政府有为、市场有效、企业有利，值得我们深入研究。

---

[*] 课题组负责人：徐质然，扬州市广陵区发展和改革委员会党委书记、主任。课题组成员：谢科进，扬州大学商学院党委书记；张坚，扬州市广陵区发展和改革委员会农经科科长；殷忠平，扬州市广陵区发展和改革委员会规划科科长。

一 文献综述

我国关于特色小镇建设的真正研究起始于2014年浙江省特色小镇的建设实践。从现有研究来看，主要围绕特色小镇的概念、本质，建设过程中出现的问题及发展路径等方面展开。

（一）关于特色小镇概念的研究

关于特色小镇的概念，不同学者有不尽相同的界定。

有的将特色小镇定义为"空间载体"或"空间平台"。浙江省2015年的政府工作报告赋予特色小镇的含义为：非镇非区的多功能创新空间，这与李强在《用改革创新精神推进特色小镇建设》中的描述一致；张鸿雁的《论特色小镇建设的理论与实践创新》通过规划面积区分指出，特色小镇是非镇非区概念，规划面积一般在3平方公里左右，不以行政区划为边界，取决于产业的区位选择，是产业发展的空间载体。

有的定义为"生活空间"或"现代化群落"，史云贵在《当前我国城市社区治理的现状、问题与若干思考》中从产业和空间维度进行界定，指出特色小镇是以特色产业为核心、融合多功能、集聚各种资源要素的综合生态生活空间；卫龙宝和史新杰在《浙江特色小镇建设的若干思考与建议》中指出，特色小镇是以某一特色产业为基础，汇聚相关组织、机构与人员，形成的具有特色与文化氛围的现代化群落。

有的则将特色小镇定义为"功能平台"，强调特色小镇要有明确的产业定位，具有文化内涵、旅游功能及社区功能，翁建荣在《高质量推进特色小镇建设》中认为，特色小镇是按照创新、协调、绿色、开放、共享的发展理念，结合自身特色、人文底蕴和生态禀赋，形成"产、城、人、文"一体有机结合的重要功能平台；刘超和胡宝贵在《北京市特色小镇休闲观光农业发展研究》中也指出，特色小镇是指特色鲜明、文化传承、环境宜居、设施齐备、理念创新的重要功能平台。在此基础上学者更进一步具体刻

画成创新创业平台，强调特色小镇对产业和发展要素的集聚。陈立旭的《论特色小镇建设的文化支撑》和程萍的《浙江特色小镇"特"在哪里？》指出，特色小镇有别于常规的行政区和产业园区，是融合了产业、社区、文化、旅游等多种功能的创新创业发展平台。

还有学者持有其他观点，李涛的《经济新常态下特色小镇建设的内涵与融资渠道分析》和金虹的《旅游特色小镇融资模式选择》表明特色小镇是地域性传统特色资源产业与现代化高端禀赋要素深度融合而打造的产业集聚、旅游开发、人文居住三合一新型城镇化模式；周晓虹的《产业转型与文化再造：特色小镇的创建路径》和马斌的《特色小镇：浙江经济转型升级的大战略》指出，特色小镇是优化生产力布局、注重内涵的区域发展模式，是破解有效供给不足、推动产业转型升级的经济模式，是多元参与、体制开放、协同共享的社区治理模式。

（二）关于特色小镇本质的研究

特色小镇的建设目标主要是促进区域经济转型升级，大多数学者都将其本质与产业相联系。兰建平在《特色小镇的可持续发展之路》中指出，特色小镇本质上是一个产业政策问题，其根本目标是实现产业转型和升级，因此，特色小镇在本质上是由产业带动和支撑的（王墨竹：《特色小镇模式下的供应链资源整合研究》）；卫龙宝的《特色小镇建设与产业转型升级》和王国华的《特色小镇是政府主导的市场经济行为》认为，特色小镇本质上是强调要在产业集聚的基础上，通过单个产业来打造完整的产业生态圈，通过产业的集聚优势，促进内需的扩大以及经济结构的调整。陈宇峰和黄冠在《以特色小镇布局供给侧结构性改革的浙江实践》中提到，特色小镇本质上是围绕核心产业或企业发展与之配套的其他行业。在整个小镇的建设和发展过程中，一切都是以推动其核心产业或企业的发展和强化为目的来进行规划的。而李铁的《培育特色小镇是对空间资源的调整与重塑》认为，从本质上看，特色小镇的培育实际上是对空间资源的一个调整；李跃军的《基于创造学原理的浙江特色小镇旅游创新研究》认为，从特色小镇空间功能看，本质上就是建设一个宜居宜游宜业的发展空间；卫龙宝的《特色小镇建设与产业转型升级》认为，特色小镇实质上属于发展平台，是区域经济发展新动力和创新载体，有利于克服新型城镇化建设出现的传统小镇发展瓶颈和弊端。也有学者认为特色小镇更多的是为更好地解决"三农"问题，是实现乡村振兴的有效手段（倪震等：《乡村振兴与地域空间重构：运动休闲特色小镇建设的经验与未来》）。

（三）关于特色小镇建设过程中存在问题的研究

在特色小镇的建设过程中，不少学者发现并指出了若干问题。占献骁等的《浙江省特色小镇建设存在的问题及对策研究》通过解读相关政策发现，在特色小镇建设过程中政府行为存在问题，干预过多，需要改变政府观念。行政干预过多所导致的运营主体错位问题，给特色小镇的申报和推进工作带来了较大困扰（张晓欢：《中国特色小城镇发展空间格局特征与政策建议》）；闵学勤的《精准治理视角下的特色小镇及其创建路径》中强调，特色小镇现存的特色形象不突出、功能叠加不足、运营主体错位、产业层次不高、创建进度差异较大等问题主要是由规划缺乏科学性、项目相对疏散、行政干预过当、创新集聚转化困难和要素保障制约等造成的；甚至导致某些特色小镇产业复制或同质化现象严重，部分小镇的识别性也极为模糊（吴一洲、陈前虎等：《特色小镇发展水平指标体系与评估方法》）。尤继民等人在《浅析农村区域协调发展的对策》中提出，国内特色小镇规划缺乏科学性导致特色元素不突出、产业层次不高的问题。由于市县一级产业基础薄弱、区位优势不明显、配套设施不完善，对行业领军人才或核心团队吸引能力严重不足等，人才引留困难（杨兆廷：《特色小镇建设中的典型问题、模式借鉴及金融支持路径——以河北省为例》）。苏斯彬、张旭亮在《浙江特色小镇在新型城镇化中的实践模式探析》中通过研究也发现，特色小镇建设过程中存在缺乏明确目标导向、联动功能不明显、不注重文化传承等问题。

（四）关于特色小镇发展路径的研究

为进一步促进特色小镇发展，众多学者进行了相关的路径探析。姚尚建在《城乡一体中的治理合流——基于"特色小镇"的政策议题》中提出，特色小镇建设在大的方面要融合国家大政方针、总体战略和地方政策制度三者间存在的细微差距，需结合三者以实现小镇功能；郭金喜的《浙江特色小镇建设的区域经济学考察》则从区域经济学的角度，围绕时代、产业和载体提出特色小镇建设的"三维度"，即消费社会转型与趣味效应升华、预期产业体系重构与竞争力提升、城市空间重组与经济空间优化；徐梦周等的《创新生态系统视角下特色小镇的培育策略——基于梦想小镇的案例探索》和盛世豪的《特色小镇：一种产业空间组织形式》认为，特色小镇建设需立足当地资源禀赋才能有效运行，基础在于构筑良好的"产业生态位"；闵学勤的《特色小镇：一种产业空间组织形式》认为，特色小镇的精准治理应实现小镇治理主体多元化和智库化、小镇运行机制平台化和网络化；唐步龙在《特色小镇的功能定位与发展路径》中将特色小镇归纳为传统建制镇发展、产业园区发展、交通枢纽站场建设发展、城市功能分区型、特殊的资源禀赋、市场机制、特殊的地理区位、产业资本投资这八种发展路径。张鸿雁在《特色小镇建设与城市化模式创新论——重构中国文化的根柢》中提出，必须从研究特色小镇发生的根源，探寻特色小镇发展的规律，其关键有三：一是正确认识和驾驭特色小镇发展的规律，建构符合中国国情的特色小镇发展"文化动力因"；二是在生态优先原则下建构特色小镇的市民生活方式，使特色小镇具有"区域核"和"反磁力中心功能"；三是"以充分就业"和共同富裕为要，使特色小镇既可宜居，又可创新创业，还能够成为中国文化根柢重构的场所。

综上所述，众多学者围绕特色小镇建设和发展这一主题，在"产、城、人、文"有机结合方面开展了卓有成效的研究，但特色小镇建设本质上很难找到普适的模式。浙江的经验值得借鉴，但不能复制。扬州市广陵区必须依据一定的经济理论，结合自身的独特区位、资源禀赋、产业基础、人文特质，进行有效的要素组合，特色小镇建设才有可能取得预期的效果。

二 概念界定和特色小镇建设的基础理论

（一）特色小镇的概念界定

根据众多学者的研究成果，结合《国家发展改革委办公厅关于建立特色小镇和特色小城镇高质量发展机制的通知》（发改办规划〔2018〕1041号）所明确的典型特色小镇条件，本文的特色小镇是指有别于行政建制镇和产业园区，按照创新、协调、绿色、开放、共享发展理念，结合自身资源禀赋状况，进行科学规划，集聚特色产业和高端要素，形成"产、城、人、文"四位一体有机融合的创新创业平台。

（二）特色小镇建设的基础理论

1. 产业集聚理论

1990年美国哈佛商学院教授迈克尔·波特在《国家竞争优势》一书中对产业集聚理论进行了经典的论述。其含义是：在一个特定区域的一个特别领域，集聚着一组相互关联的公司、供应商、关联产业和专门化的制度和协会，构建起专业化生产要素优化集聚高地，使企业共享区域公共设施、市场环境和外部经济，降低交易成本，从而形成强劲、持续的竞争优势。迈克尔·波特还根据要素产生的机制和所起作用的不同区分为基本要素和推进要素两大类，不同的要素对经济增长有不同的贡献度。

2. 产业融合理论

产业融合理论是当今产业经济理论研究的热点之一，国内外很多学者对此进行了开创性研究，内容涉及产业融合的内涵、动因、类型以及应对策略等。其核心思想是，不同产业之间或同一产业不同行业之间相互渗透、交叉，最终融合为一体，逐步形成新产业的动态发展过程。产业融合可分为产

业渗透、产业交叉和产业重组三类。产业融合有助于促进传统产业创新，进而推进产业结构优化与产业发展，有助于产业竞争力的提升，有助于推动区域经济一体化，产业融合已经成为很多地方产业发展的现实选择。

3. 差异化理论

差异化战略要求企业就客户广泛重视的一些方面在产业内独树一帜，或在成本差距难以进一步扩大的情况下，生产比竞争对手功能更强、质量更优、服务更好的产品以显示经营差异。其意义在于：①建立起顾客对企业的忠诚，使得替代品无法在性能上与之竞争；②形成强有力的产业进入障碍；③由于差异化战略提高了企业的边际收益，增强了企业对供应商讨价还价的能力；④企业通过差异化战略，使得购买商缺乏与之可比较的产品选择，从而削弱购买商讨价还价的能力。

综上，产业集聚理论可以为特色小镇对区域经济的推动作用提供规范的理论基础和科学的解释，产业融合理论可以为特色小镇产业发展提供理论分析思路与实现路径，差异化理论则可以为异质的特色小镇建设提供研究视角和方法指导。

三 广陵区特色小镇建设的初步成效

2016年以来，扬州市广陵区出台了《广陵区特色小镇建设推进实施意见》《广陵区特色小镇建设行动计划（2017~2019年）》《广陵区特色小镇建设扶持政策意见》《广陵区乡镇差别化发展实施意见》等一系列文件，旨在促进辖区内特色小镇的建设工作。2017年5月，头桥医械小镇入选江苏省首批25个省级特色小镇；2017年江苏省启动"12311"创意休闲农业省级特色品牌培育计划，培育100个农业特色小镇，沙头蔬艺体验小镇进入105个农业特色小镇创建名录；2017年5月，扬州市公布的首批10个市级特色小镇创建名单，广陵区的湾头玉器小镇和头桥医械小镇入选其中。此外，中交扬州智能生态小镇、维扬美食小镇、曲江商贸特色小镇等也列入了广陵区特色小镇建设行动计划（2017~2019年）。三年来，不同类型和层级的特色小镇，在区委区政府的领导下，按照建设要求，有条不紊地开展工作，取得了较大进展。

（一）编制了定位清晰的特色小镇发展规划

不同类型和层级的特色小镇，均以城市规划和土地利用规划为前置，挖掘地域、产业、自然、历史等资源优势，围绕核心产业进行谋划，着力打造空间结构清晰、功能布局合理、生产生活生态融合的特色小镇，聘请了专门机构编制了发展定位比较清晰的特色小镇发展规划。以头桥医械小镇为例，其定位是以现有医用材料产业为基础，逐步向高科技、高附加值医疗器械产业升级，并不断延伸医疗产业链，努力形成"生产、交易、流通"一体化的医疗科技产业集群。以高端医材及高端医械智能制造为核心产业，同时兼具康养宜居的特色小镇。湾头玉器小镇则遵循"政府引导、企业主导、市场化运作"模式，以项目公司为投资、建设、运营主体，重点围绕湾头玉器产业升级、片区文化旅游开发，打造"一核、两翼、三带、五片区"，把湾头玉器小镇建成全国闻名的玉雕艺术、玉器创意和检测中心，长三角知名的玉文化展示体验旅游基地，江广融合区核心的文化历史名镇。

（二）推进了规划中的一些重大项目

围绕特色小镇全面建设，各方都在积极推进重大项目建设。湾头完成了全镇综合管网方案设计及部分主要片区、道路管网深化设计工作。新中沟河环境整治工程完成二级挡墙以及保水闸底板浇筑，古邗沟整治工程完成围堰，正在实施景观打造工程。建新路西延、滨河路北延、京杭北路北延三条路工程已完成全部管网施工。壁虎河休闲公园完成场地整理，正在实施景观工程施工，工业遗址创意园方案完善工作同步推进；头桥丰裕北路已经建成并投入使用，文化路、朝阳路项目已开工建设。投资5000万元的头桥卫生服务中心已进入设备安装阶段，2018年底前将投入运营；沙头夹江风光带绿化工程、游客服务中心、休憩小站、草莓育苗大棚等项目均已竣工投入使用。

（三）集聚了符合特色小镇产业方向的一群企业

目前，头桥集聚了280多家医械企业，其中江苏兴通生物科技集团有限公司、江苏亚达科技集团有限公司、江苏省华星医疗器械实业有限公司、江苏亚光医疗器械有限公司、江苏省长丰医疗实业有限公司、江苏乾程医疗器械有限公司等骨干企业年销售5000万元以上，最近还成功签约亚光可视超声检测、华威海藻盐敷料两个项目。2018年医械产业预计总销售21亿元，税收9800多万元；湾头集聚了扬州金鹰玉器珠宝有限公司、扬州翠佛堂珠宝有限公司、菊兰玉器加工厂、华彩堂玉器雕刻厂、祥玉缘玉器经营部、扬州方寸之间玉文化发展有限公司等骨干企业。预计2018年湾头玉器小镇接待游客50万人，年旅游总收入1800万元，玉器销售额2亿元；沙头集聚了西江生态园、西江民族风情园、扬子江农业观光园、乐活农业观光园和紫福生态园等骨干企业，其中西江生态园内重点打造的扬州现代农业展示中心面积为10000平方米，分为南北两座智能温室。建成的连栋恒温玻璃育苗中心6000平方米，成为沙头集科技性、观赏性、参与性为一体的农业观光核心景观；紫福生态园占地面积146亩，现有农特产品展示中心，紫福餐厅等；乐活农业观光园占地面积256亩，有儿童实践项目、高效农业种植、农产品销售中心；扬子江农业园占地面积130亩，现有西江生态主题餐厅、蒙古包、垂钓中心、动漫主题园、烧烤区、儿童游乐园、迷宫等；西江民族风情园占地面积60亩，有儿童乐园、垂钓中心、高效农业种植及西江餐厅等。

（四）提升了特色小镇和产业的知名度

特色小镇的创建，加快了规划中道路工程、绿化工程、管网工程、河道治理等基础设施类工程的实施，提高了乡村公共产品的供给水平，构建了环境长效管护机制，改善了生产生活生态环境。政府和企业同方向、大力度、多方位的对外宣传和推广，使得湾头的玉器、头桥的医械、沙头的蔬果知名度愈来愈高，大大提升了特色小镇、产业、产品的美誉度。

四 广陵区特色小镇建设存在的问题

广陵区特色小镇建设虽然取得了初步的发展成效,但在产业、投资、技术人才吸引等方面,并未取得预期的效果。主要表现在以下方面。

(一)经验主义的创建思路存在偏差

特色小镇中的经济性内涵,要求有一定的经济发展和产业集聚基础,需要强调资本和市场因素的重要性,通过汇集高端要素完成产业升级。在走访调研中我们发现,从现有的实践指引来看,要求是发展特色小镇,但部分地方政府在操作中仍延续了美丽乡村、特色城镇的营造方法,理念上还是采用"政府投资、招商引资"的投融资方式,没有将特色小镇作为以打造产业为核心目的、突出企业核心地位的运营综合工程。导致无法创建出真正意义上的特色小镇,打造理念更像是以政府投入为主的美丽乡村2.0版。

(二)用地、财税、评价等机制的保障不力

特色小镇的成功创建,需要有上级政府机制保障方面的政策保驾护航。目前,虽然省、市进行了特色小镇的全面创见工作、提出了创建的目标,却没有出台政府性的特色小镇投融资、土地政策支持制度文件,也导致了广陵区的特色小镇创建工作难以获得支持。例如,在用地保障上,仅说明"由扬州市统筹安排建设用地规模""鼓励积极盘活存量土地";在财政上,仅提出市、区两级统一安排启动资金,实际上基本没有落实。就投融资而言,广陵区自身财力有限、地方平台投融资能力不强,需要有上级政府或外部企业的资金支撑。就用地而言,特色小镇项目落地需要土地指标的保证,目前头桥镇几乎无地可用,严重制约了项目落地。在评审机制方面,广陵缺乏创建的评选标准,同时在建设时序、成果效益等方面至今没有明确的评价标准。湾头镇、头桥镇也没有设立今后运营情况的评价考核、奖惩机制,无法对小镇建设发展进行刺激与制约,导致特色小镇建设的进度较慢,投资难以赶上计划进度。

(三)产业集聚高级要素的能力不强

特色小镇从本质上而言是块状经济的新业态。其产业应在较少空间扩张状况下具有明显的品质提升和规模扩张的发展前景。广陵特色小镇没有前瞻产业的科技含量和高成长性，还不能占据产业制高点，行业影响力远远不够，商业模式和业态创新有待深化。比如，头桥镇基于医疗器械耗材产业集聚了一批产业链上下游企业，但龙头企业不多，创新能力不足，依赖营销队伍，平稳发展有余，很难在短时间内集聚一批企业快速发展。同时，当下年轻创业者、科技人员创业者等人员普遍对创业创新环境要求较高，广陵一些乡镇区位优势不明显，生活配套设施不完备，创业氛围不浓厚，投资回报期较长，对创建专门人才或核心团队等高级要素吸引能力不强。

(四)特色小镇创建的协同、融合不够

广陵区区域面积不大，各个创建小镇距离较近，但在规划上各个小镇创建的协同性不足。比如，沿江三个乡镇由长江相连，中间还有夹江廊道，在旅游资源上有共通之处，但在规划、建设过程中未能充分考虑和利用彼此间丰富的旅游资源，让三镇发生互利互补。甚至还存在因自身产业定位的相对特色性而独立建设，未从全局开发旅游项目和产品，可能导致对游客的吸引力较弱而影响日后的旅游接待总收入和满意度。此外，沙头蔬艺体验小镇建设虽然成效明显、颇具特色，但农业生产投资大、周期长、比较效益低、吸纳投资能力弱的特点，影响特色产业的持续发展能力。且蔬艺产业缺乏与第二、第三产业的深度融合，附加价值不高，特色小镇的产业支撑度低。

五　广陵区特色小镇建设的对策建议

(一)加强区内统筹，促进镇镇新融合

广陵区各类特色小镇，均请专业机构做了发展定位较为清晰的控制性规

划,并正在付诸实施。特色小镇的健康发展必须遵循"产城融合"的原则,既要通过产业发展提供支撑力量,又要兼顾城市的基本公共服务功能。按照政府引导、企业主体、市场化运作的导向,相关部门应当在特色小镇的产城融合、镇镇互利互补、公共产品的提供方面发挥引导和统筹作用,尤其是各镇旅游资源的挖掘和开发过程中的协同和融合,以利旅游或体验行业的整体效应发挥。

(二)完善保障机制,激发创建新活力

调查问卷发现,被调查者无一例外都提到了特色小镇建设的政策性支持力度不够,这固然跟特色小镇建设的总体导向有关,但巧妇难为无米之炊,在缺人才、缺资金、缺土地的情况下,要想取得特色小镇的突破性进展,是一件不可想象的事情。因此,省、市、县(区)层面上出台一些涉及人才引进、土地使用、投资运营、项目布局方面的支持性政策,对于吸引各类主体参与特色小镇建设,激发特色小镇建设过程中各相关主体的积极性和活力具有其他要素不可替代的作用。

(三)注重分类施策,寻求增长新动能

这里的分类施策,有两个层面的含义:一是政府分管部门层面要根据广陵区不同类型的特色小镇,实行不同的引导和支持政策;二是各特色小镇的产业和企业,要根据差异化理论,产业、企业实行不同的发展战略。广陵区目前获批的头桥、湾头、沙头三个特色小镇分属工业、旅游业和农业,其特色产业分别是医械、玉器和蔬果。如何在竞争激烈的中低端医械行业中杀出重围,如何在总体下行的玉器行业中保持稳定和增长,如何在周期长、比较效益低的蔬果产业中脱颖而出,无论是产业还是产品,它的核心竞争力均来自于自身的不可替代性。商业的本质就是要在一个分工细密的竞争市场,根据多样化、个性化的需求,锁定目标市场,通过不断创新给客户提供独特的、异质化的产品和服务并获取利润。头桥医械产业链的延伸和产品的高端化,湾头玉器产业的持续发展以及沙头蔬果产业与第二、第三产业的融合问

题的解决，是广陵区特色小镇建设取得成功的关键，也是特色小镇获得经济增长新动能的有效途径。

（四）坚持四位一体，建好双创新平台

据统计，美、德等发达国家60%以上的人口居住在10万人口以下的小城镇，居住在特色小镇成为很多人的向往。诚然，这跟发达国家的经济发展阶段、城乡一体化、公共产品均等化程度有关。随着我国社会经济发展进程的加快，这一趋势已经初见端倪。围绕特色小镇"产、城、人、文"的总体建设目标，发挥本地产业优势、区位优势，挖掘本地人文资源和生态禀赋，融合产业、文化、旅游、社区功能，努力打造特色小镇，应成为各参与主体的共同目标。

从某种意义上讲，特色小镇的建设目标，就是要弥补城市病带来的某些不良后果，要通过建设小镇完善的公共设施和服务承担起集聚各种生产要素或某种特质要素的功能，从而发挥经济增长极作用。因此，广陵区特色小镇的建设，第一，必须培育和发展支撑小镇持续发展的特色产业，并不断延伸产业链；第二，创造可以和城市相媲美的条件和环境，提高要素的承载力；第三，必须营造以人为本的生产、生活、生态融合的创业环境，使各种要素尤其是人才留得住、引得来；第四，必须挖掘当地特质文化，大力发展文化事业，注重小镇形象设计和推广，提升特色小镇的品质。只有这样，才能将特色小镇真正建成创新创业的新平台。

参考文献

陈金涛、尤继民：《浅析农村区域协调发展的对策》，《农村经济与科技》2017年第12期。

陈立旭：《论特色小镇建设的文化支撑》，《中共浙江省委党校学报》2016年第5期。

陈宇峰、黄冠：《以特色小镇布局供给侧结构性改革的浙江实践》，《中共浙江省委

党校学报》2016 年第 5 期。

郝华勇：《湖北省特色小镇培育路径及对策研究》，《湖北社会科学》2018 年第 3 期。

河北金融学院课题组、杨兆廷：《特色小镇建设中的典型问题、模式借鉴及金融支持路径——以河北省为例》，《河北金融》2018 年第 1 期。

兰建平：《特色小镇的可持续发展之路》，《今日浙江》2015 年第 13 期。

李强：《特色小镇是浙江创新发展的战略选择》，《小城镇建设》2016 年第 3 期。

李铁：《培育特色小镇是对空间资源的调整与重塑》，《小康》2018 年第 3 期。

刘超、胡宝贵：《北京市特色小镇休闲观光农业发展研究——以怀柔区雁栖镇为例》，《中国农业资源与区划》2018 年第 7 期。

马斌：《特色小镇：浙江经济转型升级的大战略》，《浙江社会科学》2016 年第 3 期。

迈克尔·波特：《国家竞争优势》，华夏出版社，2002。

史云贵：《当前我国城市社区治理的现状、问题与若干思考》，《上海行政学院学报》2013 年第 2 期。

苏斯彬、张旭亮：《浙江特色小镇在新型城镇化中的实践模式探析》，《宏观经济管理》2016 年第 10 期。

唐步龙：《特色小镇的功能定位与发展路径》，《人民论坛》2017 年第 31 期。

王墨竹、姚建明：《特色小镇模式下的供应链资源整合研究——基于资源基础观的视角》，《未来与发展》2018 年第 7 期。

王玮、黄春晓：《江苏省农业特色小镇建设现状与路径研究》，《江苏农业科学》2018 年第 12 期。

卫龙宝、史新杰：《浙江特色小镇建设的若干思考与建议》，《浙江社会科学》2016 年第 3 期。

翁建荣：《高质量推进特色小镇建设》，《浙江经济》2016 年第 8 期。

吴一洲、陈前虎、郑晓虹：《特色小镇发展水平指标体系与评估方法》，《规划师》2016 年第 7 期。

姚尚建：《城乡一体中的治理合流——基于"特色小镇"的政策议题》，《社会科学研究》2017 年第 1 期。

姚尚建：《特色小镇：角色冲突与方案调适——兼论乡村振兴的政策议题》，《探索与争鸣》2018 年第 8 期。

占献骁：《浙江省特色小镇建设存在的问题及对策研究》，《现代商业》2017 年第 33 期。

张鸿雁：《论特色小镇建设的理论与实践创新》，《中国名城》2017 年第 1 期。

张鸿雁：《特色小镇建设与城市化模式创新论——重构中国文化的根柢》，《南京社会科学》2017 年第 12 期。

张晓欢：《特色小镇建设面临的问题与对策》，《新经济导刊》2017 年第 11 期。

权威报告·一手数据·特色资源

皮书数据库
ANNUAL REPORT(YEARBOOK) DATABASE

当代中国经济与社会发展高端智库平台

所获荣誉

- 2016年，入选"'十三五'国家重点电子出版物出版规划骨干工程"
- 2015年，荣获"搜索中国正能量 点赞2015""创新中国科技创新奖"
- 2013年，荣获"中国出版政府奖·网络出版物奖"提名奖
- 连续多年荣获中国数字出版博览会"数字出版·优秀品牌"奖

成为会员

通过网址www.pishu.com.cn访问皮书数据库网站或下载皮书数据库APP，进行手机号码验证或邮箱验证即可成为皮书数据库会员。

会员福利

- 使用手机号码首次注册的会员，账号自动充值100元体验金，可直接购买和查看数据库内容（仅限PC端）。
- 已注册用户购书后可免费获赠100元皮书数据库充值卡。刮开充值卡涂层获取充值密码，登录并进入"会员中心"—"在线充值"—"充值卡充值"，充值成功后即可购买和查看数据库内容（仅限PC端）。
- 会员福利最终解释权归社会科学文献出版社所有。

卡号：741241325741
密码：

数据库服务热线：400-008-6695
数据库服务QQ：2475522410
数据库服务邮箱：database@ssap.cn
图书销售热线：010-59367070/7028
图书服务QQ：1265056568
图书服务邮箱：duzhe@ssap.cn

S 基本子库
SUB DATABASE

中国社会发展数据库（下设 12 个子库）

全面整合国内外中国社会发展研究成果，汇聚独家统计数据、深度分析报告，涉及社会、人口、政治、教育、法律等 12 个领域，为了解中国社会发展动态、跟踪社会核心热点、分析社会发展趋势提供一站式资源搜索和数据分析与挖掘服务。

中国经济发展数据库（下设 12 个子库）

基于"皮书系列"中涉及中国经济发展的研究资料构建，内容涵盖宏观经济、农业经济、工业经济、产业经济等 12 个重点经济领域，为实时掌控经济运行态势、把握经济发展规律、洞察经济形势、进行经济决策提供参考和依据。

中国行业发展数据库（下设 17 个子库）

以中国国民经济行业分类为依据，覆盖金融业、旅游、医疗卫生、交通运输、能源矿产等 100 多个行业，跟踪分析国民经济相关行业市场运行状况和政策导向，汇集行业发展前沿资讯，为投资、从业及各种经济决策提供理论基础和实践指导。

中国区域发展数据库（下设 6 个子库）

对中国特定区域内的经济、社会、文化等领域现状与发展情况进行深度分析和预测，研究层级至县及县以下行政区，涉及地区、区域经济体、城市、农村等不同维度。为地方经济社会宏观态势研究、发展经验研究、案例分析提供数据服务。

中国文化传媒数据库（下设 18 个子库）

汇聚文化传媒领域专家观点、热点资讯，梳理国内外中国文化发展相关学术研究成果、一手统计数据，涵盖文化产业、新闻传播、电影娱乐、文学艺术、群众文化等 18 个重点研究领域。为文化传媒研究提供相关数据、研究报告和综合分析服务。

世界经济与国际关系数据库（下设 6 个子库）

立足"皮书系列"世界经济、国际关系相关学术资源，整合世界经济、国际政治、世界文化与科技、全球性问题、国际组织与国际法、区域研究 6 大领域研究成果，为世界经济与国际关系研究提供全方位数据分析，为决策和形势研判提供参考。

法律声明

"皮书系列"(含蓝皮书、绿皮书、黄皮书)之品牌由社会科学文献出版社最早使用并持续至今,现已被中国图书市场所熟知。"皮书系列"的相关商标已在中华人民共和国国家工商行政管理总局商标局注册,如LOGO( )、皮书、Pishu、经济蓝皮书、社会蓝皮书等。"皮书系列"图书的注册商标专用权及封面设计、版式设计的著作权均为社会科学文献出版社所有。未经社会科学文献出版社书面授权许可,任何使用与"皮书系列"图书注册商标、封面设计、版式设计相同或者近似的文字、图形或其组合的行为均系侵权行为。

经作者授权,本书的专有出版权及信息网络传播权等为社会科学文献出版社享有。未经社会科学文献出版社书面授权许可,任何就本书内容的复制、发行或以数字形式进行网络传播的行为均系侵权行为。

社会科学文献出版社将通过法律途径追究上述侵权行为的法律责任,维护自身合法权益。

欢迎社会各界人士对侵犯社会科学文献出版社上述权利的侵权行为进行举报。电话:010-59367121,电子邮箱:fawubu@ssap.cn。

社会科学文献出版社